100 百年航空系列科普丛书

丛书主编　周日新

灿烂群星

——外国航空人物

王钟强　编著

北京航空航天大学出版社

内容简介

百年航空系列科普丛书(共10种)从不同的角度和侧面展现了百年来人类挑战自我、征服天空的光辉历程。丛书选材新颖、视角独特、内容丰富、史料翔实,使读者既能了解航空航天历程的精彩与辉煌,也能注意到其间的坎坷和艰难,在作者的引导下,共同思索航空航天的深刻内涵和重要启示。本丛书是为广大航空航天爱好者精心策划的一份厚礼,也是为青少年提供的一套精美的航空航天科普读物,同时对航空航天业内人士具有一定的参考价值。

《灿烂群星——外国航空人物》较全面地介绍对航空发展有突出贡献的五种人:科学家、发明家、设计师、飞行家、企业家,爱好航空的读者可以从中受到启发和教育。

图书在版编目(CIP)数据

灿烂群星 : 外国航空人物 / 王钟强编著 . — 北京 : 北京航空航天大学出版社, 2003.9

(百年航空系列科普丛书 ; 3)

ISBN 978-7-81077-277-8

Ⅰ. 灿… Ⅱ. 王… Ⅲ. 航空航天工业—科学工作者—生平事迹—世界—普及读物 Ⅳ. K816.16-49

中国版本图书馆CIP数据核字(2003)第046671号

灿烂群星

——外国航空人物

王钟强 编著

责任编辑 胡 敏

北京航空航天大学出版社出版发行

北京市海淀区学院路37号(100191) 发行部电话:(010)82317024

http://www.buaapress.com.cn

E-mail:bhpress@263.net

涿州市新华印刷有限公司印装 各地书店经销

开本:787×1 092 1/18 印张:18 字数:383千字

2003年9月第1版 2012年11月第12次印刷

ISBN 978-7-81077-277-8 定价:23.00元

100

百年航空系列科普丛书编委会

主　编 周日新

作　者（按姓氏笔画排序）

王钟强　刘登锐　李成智　李周书

张钟林　周日新　庞之浩　孟赤兵

顾世敏　程不时　焦国力

序

科学时代的先驱者、哲学家弗朗西斯·培根在1605年所著《学术的演进》一书中说："智慧和学术给人类社会所造成的影响远比权力和统治持久。在《荷马史诗》问世以来的2500年或是更长的时间里，不曾有诗篇遗失，但却有多少宫殿、庙宇、城堡以及城市荒芜或是焚毁?"由此我想到一个"诗篇"，即100年前发生的一个事件：

1903年12月17日上午10时35分，在美国北卡罗来纳州基蒂·霍克南部海滩的一处沙丘上，一架外形古怪的"飞行机器"摇摇晃晃飞离地面，高度不过1米左右。它没有起落架，没有驾驶员座椅。俯卧在这架"飞行机器"上的飞行员和另一个站在机翼旁、穿夹克戴礼帽的人就是后来名扬世界的莱特兄弟。这架"飞行机器"就是他们发明的人类历史上的第一架飞机——"飞行者"1号。

莱特兄弟因其在人类航空史上的创举而载入史册。在美国物理学家麦克·哈特所著《影响人类历史进程的100名人排行榜》中，他们排在第28位。在华盛顿美国航空航天博物馆最显著的位置上，展览着他们发明的世界第一架飞机。

由他们所完成的人类首次飞行纪录是：飞行12秒，飞行距离36.6米。

区区12秒，这是何其短暂的飞行瞬间！对于乘飞机已成寻常事、太空遨游也是活生生事实的今天，人们很难理解这12秒的意义。但莱特兄弟的飞行瞬间宣告了飞机的诞生和航空时代的发轫，是一件具有划时代意义的大事。此后，在人类科学技术迅猛发展的20世纪，飞机一直以令人惊奇的速度发展着，并给我们的世界带来了广泛而深远的影响，可以毫不夸张地说：航空改变了世界，改变了人类历史进程！

——征服三维空间。千百年来，人们总是生活在地面上，面对空中自由飞翔的鸟儿，只有无可奈何地望天兴叹。广阔的地球，为人类生存和发展提供了必要的生活空间，也由于其广阔而使人类把无数时间和精力消耗在跋涉之中。长久以来人类只能在二维空间里活动，最多只能借助舟楫、车马之类节省体力，增加速度。日行千里，夜行八百，在相当长的时间内都是人们理想的行进速度。随着飞机的发明，最方便、快捷、安全的世界第5种运输方式——航空运输使人类进入了三维空间，而且速度得到空前的提高。100年前，欧洲到美国乘船需7～10天，而今天，乘民航大型喷气客机只需7个小时；100年前，只有莱特兄弟两人升空，而今天，日平均有300万人乘飞机旅行。航空使我们赖以生存的星球大大"缩小"，变成了地球村。由航空到航天，人类实现了宇宙航行，登上了月球，建立了太空站，发射了众多卫星……不远的将来，人类的许多太空梦想将成为现实。

——战争和恐怖活动从地面走向空中。伴随着飞机的轰鸣，诞生了空军，战争从平面走向立体，争夺制空权成了战争最重要的一环。本来平静的天空，从此充满硝烟。仅看下面的数字就够了：第一次世界大战期间共生产军用飞机18万架；第二次世界大战期间则生产100万架！时至今日，空中力量已经成为决定战争胜负的重要因素。近年来，世界所发生的局部战争中，包括2003年的伊拉克战事，空军都是至关重要的军事手段和震慑力量。如果说，航空改变了战争的形式是在人们预料之中的话，空中交通不能逃脱恐怖的威胁则是始料未及的。同样意味深长的是，从实现空中自由飞翔的美梦到飞机成为最先进的战争手段，只用了8年时间；而美国出现第一次劫机活动，则在飞机发明半个世纪之后。但空中恐怖活动的愈演愈烈，大大超出善良人们的想像力，9.11事件把这种针对平民的恐怖袭击发挥到了极至。人们应该永远记住，所有科技发明、发展，如果离开了道德和法律的制约，将会偏离人们最初良好的愿望——为人类的发展和前途造福。因此，绝不能让恐怖的死神插上翅膀。

——带动科学技术发展，推动社会进步。航空航天涉及到的都是最先进的技术，只有相关技术得到发展，才可能取得相应的进步。反过来，由于人们对航空航天技术的新需求，必然带动与之相关技术的发展。勿庸置疑，航空航天技术的需求已经成为整个人类科技发展的重要动力。此外，除用于民航和军事外，航空还广泛用于工业、农业和科学研究领域。飞机被美国国家工程院评为

20世纪最伟大的工程成就之一。

在航空百年到来的时候，面对五彩缤纷的航空航天器和兴旺发达的航空航天业，我们不能不看到，这是无数可歌可泣的航空航天人奋力搏击、锐意进取的结果。正是他们，使人类飞行王国的疆域不断扩展。但每一次扩展，不要说突破声障、热障之类的重大进展，就是一般的航程延长、载重增加和速度提高等等，都蕴涵着比其他行业大许多的风险，都需要开拓者超凡的智慧和勇气。可以说，航空航天技术的所有进步，都是人们付出了相当的代价后才取得的。从百年前试飞滑翔机献身的李林达尔，到2003年初，哥伦比亚号航天飞机事故中牺牲的7位宇航员，我们已经无法确切知道到底有多少人为航空航天事业献出了宝贵的生命。但是我们知道他们在使航空航天技术发展的同时，给我们留下了无价的精神财富，并将长久地激励后来的航空航天人，保持创新的锐气，不断开拓未来更为广阔的天地。在飞机诞生100年后的今天，我们要让全社会特别是青少年了解这一点。这正是出版这套丛书的初衷。

谈到这套丛书，不能不提及2002年1月31日，在北京航空航天大学出版社的一次会议上，出版社邀我共同策划、编辑出版一套10册的百年航空科普丛书，并让我出任丛书主编。尽管担子沉甸甸的，但强烈的航空情结驱使我接受了任务。

过去，我国也出版过多种航空航天科普书籍。如何使这套丛书出新，使我们颇费踌躇。

从一开始，编辑出版这套丛书的想法就得到了我国科学界和航空航天界著名专家学者张彦仲院士、孙家栋院士、屠基达院士、管德院士、李未院士和原空军副司令林虎中将的赞同和支持，他们欣然担任本丛书的编委，并给予指导。特别邀请的编委程不时先生、谢础先生、王直华先生和孟东明先生与我和作者、出版社有关人员共同商讨，确立了这套丛书的指导思想和编写原则，这也是本丛书的特色所在。

——突出思想性。既记述航空航天发展的艰苦历程，更注重对其科学思想、科学方法的探究，发掘杰出人物的内心世界，把人文精神融合到科技知识之中。

——突出行业性、专业性。紧扣航空航天领域的百年发展，充分展示其无限魅力。

——坚持独特视角、精心选材。百年航空，人事纷繁，内容丰富，即使以10册规模，也难窥其全豹。必须弘扬这一特色，力争出精品。

在本丛书付梓之际，颇有诚惶诚恐的感觉：究竟我们的初衷能否实现，“心想”能否“事成”，广大读者是最权威的评判者，敬祈不吝批评指正。

周日新

2003年8月

目录

100

发明家 41

飞行家 182

100

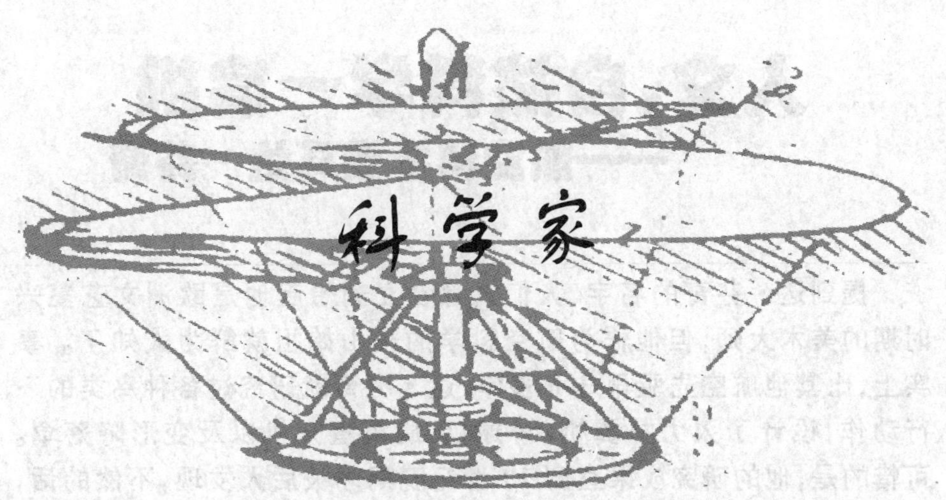

这部分包括 13 位科学家的故事，大致分为两个部分：

一部分是自然科学家，他们都有学术上的贡献，为航空的发展奠定了理论基础。例如，意大利人达·芬奇在人类历史上最早研究飞行问题，提出多种飞行器设计构想；英国人凯利第一个提出现代飞机的概念；美国人查纽特发表的《飞行机器的进展》被后人公认为当时最重要的科学文献之一；美国人兰利首先在旋臂塔上试验鸟翼的升力，从而阐释了鸟类毋须鼓翼就能在空中翱翔和滑翔的原理；俄国人茹科夫斯基创立了飞行器升力定理，从而避免仅凭经验办事带来的挫折；德国人普朗特为近代流体力学奠定基础；匈裔美国人冯·卡门发表过很多篇有关超声速飞行的论文和研究成果；德国人布泽曼为飞机插上后掠翼，使飞机飞得更快；美国人惠特科姆的研究成果使飞机飞得更快、更远。

另一部分是人文科学家，主要以意大利人杜黑、英国人特伦查德、美国人米切尔为代表。他们的"制空权"理论和实践不仅加快了空中力量发展的步伐，而且成为各国现代空军建设的指南。

在飞机问世以后的 100 年里，就是靠一大批诸如普朗特、布泽曼、冯·卡门、惠特科姆等科学家的努力，在一系列相关科学，特别是空气动力学方面取得的突出成就，才使飞机达到今天的水平。同样，当代人要想继续推动航空科学向前发展，就要学习先辈科学家的精神，不畏艰辛、甘于清贫，才能在各门学科上有所创新，取得新的突破。

人文、自然科学一肩挑

——航空科学泰斗达·芬奇

提到达·芬奇的名字，人们大都会立刻想起他是欧洲文艺复兴时期的美术大师，但他作为航空科学的开山始祖就鲜为人知了。事实上，比其他航空先驱早300多年，达·芬奇就研究过各种鸟类的飞行动作，设计了人力扑翼机、滑翔机、旋翼直升机以及变形降落伞。可惜的是，他的研究成果直到19世纪晚期才被后人发现，不然的话，人类上天的夙愿也许还可以更早地变成现实。

1452年4月15日，达·芬奇出生在意大利西部一个小镇。15岁时，他被佛罗伦萨著名的金匠兼雕刻家韦罗基奥大师收为徒弟，在绘画、雕刻、音乐等方面获得很高的成就，成为欧洲文艺复兴时期意大利一位著名的画家、雕塑家、数学家、科学家、工程师、发明家和音乐家。他的智慧和才能远居同时代人之上，可以说是名副其实的“几百年才出现一个的天才”。尽管最让他出名的是十几幅油画，但他几乎研究过科学的每一个领域，并卓有建树。属于航空学的很多学科是18～19世纪才形成的；然而，达·芬奇差不多在400年前就已经以他丰富的数学和物理知识进行过认真的研究，还写出著述来。因此，他被公认为是世界上伟大航空科学先驱的第一人。

达·芬奇和他的模型飞机

达·芬奇最早提出天空可能成为运输的媒介，并且他从理论上得出，空气本身是一种物质，因此飞行器能像鸟一样在空中飞行。达·芬奇对研究鸟类飞行特别有兴趣。他认为，“人应该有翅膀，假如我们这一代不能达到这个愿望，下一代也会实现。人是万物之灵，必定会像天神一样在天空飞翔。”他对鸟及鸟的飞行进行认真的观察和记录，达到痴迷的程度。他解剖鸟的骨骼，研究鸟翼的构造，还打开鸟笼让鸟飞出去，用以研究鸟的起飞、展翅和升降动作。他利用他的解剖学和物理学知识，分析鸟在作不同动作和在不同风力条件下鸟翼的运动。在他大量的科学笔记中有 200 多幅航空题材的草图，其中很多用今天的科学眼光来衡量仍然正确无误，绝对不过时。

达·芬奇从 1485 年开始研究设计了几种扑翼机。他最先提出用两个旋翼绕垂直轴转动，以支撑飞行器的思想，并预见到降落伞的应用。1490 年，达·芬奇发明了"空气螺旋桨"。他在粗陋的螺旋桨状物体上扎上羽毛，做成一个能飞的小直升机模型。

1505 年，他完成了对鸟类生理学及其飞行动作的详尽研究。他发现，鸟是在稠密得足以支持其质量的气流中飞行。他还发现，鸟翅下面的压力大、上面的压力小，从而为鸟飞行提供了必要的升力。这一发现在人类对动力飞行的认识中迈出了一大步。根据鸟儿向下扑动羽翼，扇动空气对鸟产生升力的作用原理，达·芬奇设计了"鸟人"飞行器——人力扑翼机。这种扑翼机是想借机械杠杆的作用，不光用手，而且用脚一起扑动两翼，进行飞行。他还想到，可以利用上紧弓弦的办法提供辅助动力，在他后期的一些草图中，设计了一种固定翼外端装扑翼翼片的装置。

遗憾的是，受当时思潮的影响，他过分地坚持人只有模仿鸟类才能飞行，因而把研究重点放在扑翼机上，企图靠人力扑打机翼来获得升力。直到晚年，达·芬奇才明白，这个目的是达不到的。有人说，"如果达·芬奇当时把他有关航空科学的认识应用到固定翼飞机上，而不是扑翼机上，滑翔机乃至后来的飞机的发明也许不需要到 300 多年后，人类上天的愿望也许可以提前实现。"

达·芬奇的直升机草图

达·芬奇以他惊人的想像力绘制了世界上第一个直升机飞行器草图，时间是 1483 年。7 年后，他便设计了一种以木料和上了浆的麻布为原料、以弹簧装置为动力的飞行器。达·芬奇称它为螺旋体。在当时,和许多设计者一样,他曾设想,所谓垂直升空的飞行器应该像螺钉那样,旋转着笔直地钻到空中去;驾驶员可以拉着绳子使之倾斜,以改变飞行方向。这就是现在用自动倾斜盘改变旋翼的桨距来控制飞行方向的先驱。因此,在后人看来,他的螺旋体是螺旋和机翼的"莫名其妙的组合",是一项很了不起的设计。

达·芬奇按照"自然界的一切都服从于客观的必然规律"的信念,进行逻辑思维,并在按客观规律设计和经验积累的基础上,设计了滑翔机。1505 年,他在佛罗伦萨一座 400 米高的山顶上,准备进行滑翔机的飞翔试验,当时连四角锥的降落伞也设计好了。

后人按达·芬奇的设想制作的飞行器

达·芬奇绘制的螺旋图和他设计的飞行器虽然没有实现升空飞行的夙愿,但开创了人类设计制造垂直升空的飞行器的先河。他吸取了希腊文化的科学营养,并将其用于设计和制造原始直升机,也被历史记录下来。据分析,现代直升机的英语单词,就是起源于希腊文"螺旋"和"翼"两个词,意为"旋转的翼"。

达·芬奇的学术著作总计有 5 000 多页。其中最完整的一部分用 18 张 30 厘米×20 厘米的亚麻布纸对折成 72 页,使用鹅毛笔蘸深色颜料,用左手从右向左书写,平常人要借助镜子才能看懂。手稿中每一页都密密麻麻地写满了注解,还配有 360 幅插图。

1519 年 5 月 2 日,达·芬奇这位文艺复兴时期伟大的科学家和思想家在法国波斯城附近的住所里与世长辞,享年 68 岁。他的墓碑上敕记着:法国国王的首席画师、技师和建筑师、国家机械师、米兰的贵人,莱奥纳多·达·芬奇。他

的一生标志着文艺复兴时期的那个“需要巨人，造就巨人”的伟大时代。他是创立航空科学的泰斗，是直升机科学探索的“开山祖”。为此，美国直升机学会特设立一项最高奖赏——“达·芬奇奖”，用来颁给对直升机事业有突出贡献的人。

达·芬奇在去世前，将自己毕生的著作统统托付给他最要好的朋友。这位友人忠心耿耿地把达·芬奇的这些著作严加看管，致使达·芬奇的研究成果长期不为世人所知，更无从付诸应用，以至后来在航空界有“别人‘重新发明’直升机、螺旋桨”等航空设备的说法。达·芬奇的著作在友人死后的数百年岁月里，几经转手，到1980年前一直保存在英国莱斯特伯爵图书馆里。1980年12月12日，美国石油大王哈默以560万美元买下这批手稿，1994年11月11日，美国软件大王比尔·盖茨又以3 080万美元的天价买下了这部价值连城的手稿，创下了书刊和手稿拍卖史上最高价格的记录。

第一个提出现代飞机概念
——“航行之父”凯利

伦敦科学博物馆内收藏着一件1799年制作的小银盘。盘子的一面刻着对作用在机翼上的力的说明；另一面刻着一架滑翔机草图。当年制作这个小银盘的，便是航空史上被称为“航行之父”的英国人乔治·凯利爵士。

凯利

1773年12月27日，凯利出生于英国一个有地产的绅士家庭，早期受过很好的教育。父母为了满足他的求知欲望，聘请英国当时著名数学家沃克作他的家庭教师。沃克在教学过程中发现凯利聪明过人，勤奋好学，有意识地向他灌输自然科学领域各学科的知识，为他以后在航空科学上做出开创性贡献和在自然科学诸多领域均有建树打下良好的基础。凯利10岁那年，亲眼看见法国第一次载人气球飞行。那雀跃欢腾的热烈场面、惊心动魄的紧张时刻以及凯旋的天之骄子，都使他激动不已。这一切在他那幼小的心灵中播下了飞天的种子。他想，轻于空气的气球能升天，那比空气重的鸟儿为什么会在天上翱翔呢？于是，他开始构思重于空气的航空器。

1792年，他开始用一种玩具作一连串的试验，这就是从中国传到欧洲的“竹蜻蜓”。1796年，凯利在科学计算的基础上制作出第一个飞行器——相对旋转的模型直升机。1799年，年仅26岁的凯利设计出几乎已具备现代飞机主要部件的飞行器草图。但因当时科学技术发展的局限，这个方案仍旧以扑翼作为动力和产生升力的方式。但凯利的可贵之处在于他不满足对现有知识的掌握，而是通过不断试验来丰富自己的理论水平。1804年凯利研究鸟的推动力，在旋转臂上试验了一架滑翔机模型。不久，他把带翼的抛射体发射到海上。几乎与此同时他还设计了一架复合式飞机，轮车上装有固定翼，在翼尖上有扑翼。1807年，凯利研究热气发动机和另外一种采用火药的发动机。1808年，凯利研制了

“旋翼”和“桨轮”飞机，并于同年设计了一架扑翼机。

1809年，凯利开始研究鱼与我们今天所说的流线型的关系，成功地制造出航空史上第一架全尺寸滑翔机并进行试飞。就在同一年，他的题为《论空中航行》的论文在自然哲学杂志上发表。在该论文中，他提出了十分重要的科学论断：1. 为作用在重于空气的飞行器上的四种力——升力、重力、推力和阻力下定义；2. 确定升力的机理是与推力机理分开的。至此，凯利已认识到鸟类翅膀不仅具有推进功能，也具备了产生升力的功能。人类飞行器如果用不同装置分别实现上述功能，将会比单纯模仿鸟类的飞行动作进行飞行容易得多。这一重要发现奠定了固定机翼形式的飞机的基本构思和理论基础。他在论文中一再强调，制造固定翼飞机的重要性，详尽地勾勒出现代飞机的轮廓，对空气动力学理论的产生和形成做出了重要贡献。他描绘出固定翼、机尾、机身以及升降舵等操纵面，解释了机翼的作用，并指出适当的安定性要从精心设计翼面使其有一点点角度获得；接着他又提到飞行器必须迎风而起，必须有垂直的和水平的舵面。凯利的论文还阐述了速度对升力的关系，机翼负荷、张力、重力的减轻，甚至内燃发动机的原理以及流线型对飞行器设计的重要性等等。

在他的学说中，有一段阐述飞行器基本原理的论述，在今天看来依然十分精辟和准确，即：“机械飞行的全部问题是向一块平板提供动力，使它在空气流中产生升力，并支持一定的质量。”他的《论空中航行》的论文被后人视作是航空学说的起跑线。

在凯利那个时代，许多人认为，升空飞行无异于痴人说梦，“假如上帝要人飞，他创造人的时候就会给人一对翅膀了！”有些人甚至引述古人的这句“至理名言”嘲讽凯利这样的“疯子”。凯利矢志不渝，他深信，只要能找到合适的发动机，他的飞行器一定可以高飞。他痛心地写道：“我的发明无法试验而达到目的的惟一原因，是如何产生一种推进的动力。”

直到1848年凯利75岁高龄，轻质量的合适的发动机仍杳无音信，他感到时日无多，惟一可试一试的只有无动力载人飞行，也就是用滑翔机飞行，来证实他的空气动力学理论。于是在1849年，他造了一架三翼滑翔机，让一名10岁的小孩坐在一只吊篮里，从小山上滑下来，一些人用绳子拉着滑翔机，飞机竟迎着微风飘飞了一段距离。这是人类历史上第一次载人滑翔机系留牵引飞行。

1853年，凯利又造了一架滑翔机，并装上了灵巧的刹车杠杆，进行历史上第一次有人乘坐的重于空气的航空器升空自由飞行。这次他把家中的马车夫放在驾驶室里，究竟飞了多远，没有明确的记录。有趣的是，马车夫从飞机上下来后，竟辞职不干了。他说：乔治爵士，我想请你注意，我是你雇来赶车的，不是来飞行的。

1858年，凯利84岁，临终前仍在工作间内敲敲打打，希冀制成一台轻质量的发动机，然而终无所成。凯利的研究工作，特别是他的论文《论空中航行》，在航空发展史上占有重要的地位，100 多年来，一直被翻印转载，被后人视为航空学说的经典。飞机发明人之一的奥维尔·莱特 1912 年曾说，他们的成功完全要感谢这位英国绅士在 100 年前写下的重于空气的飞行器的理论。他说，“乔

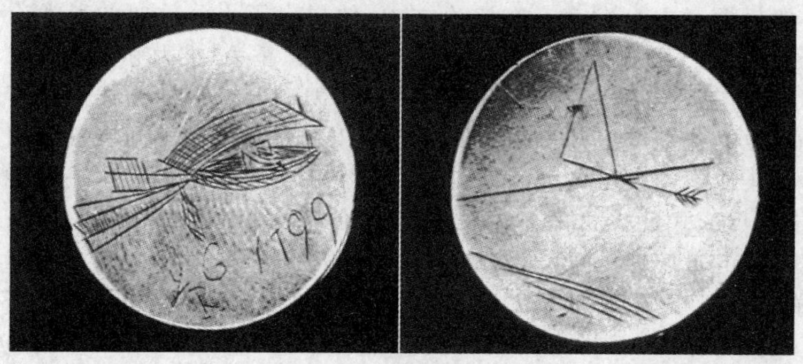

刻有凯利滑翔机设计草图的银盘

治·凯利爵士所知道的有关航空原理可以说前无古人、后无来者，直到 19 世纪末叶，他所出版的作品毫无错误，实在是科学史上最伟大的文献。”威尔伯·莱特也说，“我们设计飞机的时候，完全是采用凯利爵士提出的非常精确的计算方法进行设计计算的”。

1857 年 12 月 15 日，凯利在约克郡布鲁姆顿去世。临终前不久，他曾写下这样两句话：“给你，查看笔记的朋友！我已去了，愿你在这些涂鸦中寻找出智慧的火种。”

“廉颇”不服老
——“双翼滑翔机之父”查纽特

在莱特兄弟1903年历史性飞行之前的十年中，一个生于法国的美国土木工程师查纽特研制并飞行了当时世界上最先进的飞行器，他的双翼滑翔机是当时世界上所有飞行器中的成功杰作，是20世纪现代飞机的基础。他的助手们成为有经验的滑翔机驾驶员，突破了当时所有重于空气飞行器的飞行记录。

奥克托夫·查纽特1832年2月18日生于法国巴黎，他父亲是历史教授，在他6岁那年父亲接受了新奥尔良一家公司的聘用，他便随父亲一起来到美国。1854年，他加入了美国籍。查纽特对工程制作十分痴迷。17岁时，他跑到哈德逊河铁路局，要求一份不拿工资的工作，只是为了学习铁路工程。在此后的40年中，他成为全美国最有经验和最成功的土木工程师之一。但直到1884年时，由于获得两家私人企业的支持，52岁的他才得以沉湎于自己对飞行的好奇之中。

查纽特

起初，查纽特只是从纸面上谨慎地探讨“飞行机器”这类的新发明。到1890年，他在康奈尔大学给学生上空中导航的课程，并且每个月为铁路杂志撰写关于飞行机器进展的文章。

1893年，在芝加哥举办的哥伦比亚世界博览会期间，他被任命为航空大会的主席。1894年，受到德国滑翔机先驱奥托·李林达尔的启发，查纽特开始设计自己的载人滑翔机。此刻他已经62岁，亲自飞行显然已经力不从心了，虽然有些照片上有他抓着滑翔机起飞的样子。但这年他发表的《飞行机器的进展》一文成为当时对飞行器历史和现状分析的权威著作，也成为莱特兄弟获取信息的主要来源，被后人公认为当时最重要的科学文献之一。

1895 年冬，查纽特雇佣了两位年轻的助手：威廉·艾弗利——一位来自芝加哥的木匠和奥古斯塔斯·赫林——一位纽约来的工程师，并和他们一起设计和制造飞行机械。

1896 年夏，查纽特退休，随即全身心地投入有人驾驶飞行器的研究。他在沿密歇根湖南岸(今日的加莱市)的沙丘上建立了一个“飞行营地”。这是进行飞行实验最好不过的地方了：它靠近芝加哥，一年四季有风；有众多的沙丘，滑翔机可从任何方向起飞；有广袤的沙地，滑翔机降落时软软的，不致摔伤。

从 6 月下旬到 7 月 4 日，查纽特和两个助手对 6 种机翼布局进行了试飞。每次改变机翼数量和设置都很容易识别出来，并详细记录了机翼位置、风向、风速、飞行距离和飞行时间。他们完全采用科学的方法进行试验，甚至取下前缘的羽毛来研究机翼表面的气流情况。7 月 4 日，三人一起返回芝加哥研究试验数据，并重新设计飞行器。

查纽特的滑翔机准备试飞

不久以后，他们带着新飞机回到沙丘。这是一架三翼机。三片机翼一片在另一片之上，其间用张线和桁条相连，这是查纽特造铁路桥时最熟悉不过的结构了，完全经得起考验，承受得住飞行时所受的力。飞过几次后，他们去掉了下面一层的机翼，于是就诞生了双翼机。这一简单的修改使赫林和艾弗利能飞行 109 米，留空 14 秒。

“这种双层翼式飞行机代表着结构上的极大的进步，这是现代桁架桥的原理第一次全面用于飞行机结构上。”飞机发明人威尔伯·莱特后来如是说。美国航空航天博物馆馆长汤姆·克劳奇博士后来在他的著作中写道：“查纽特-赫林的设计对其他飞机制造者的影响是显然的”，“在美国，莱特和差不多每一个人都把张线式双翼机结构作为他们搞航空设计的起点，这架小小的双翼滑翔机也明显地影响了欧洲人的设计思想。”查纽特的这架滑翔机是当时世界上最成功的重于空气的飞行器，这是向飞机的发明跨出的重要一步。

查纽特与许多想成为飞行员和飞行机设计师的人保持通信联系，他们都希望从查纽特那里得到指导和忠告。莱特兄弟就是这些人中的一对，从 1900 至 1911 年查纽特去世，莱特兄弟一直和查纽特保持着密切的联系。

1900 年 5 月，莱特兄弟给查纽特写了第一封信，信中讲了兄弟俩的想法，还向查纽特征询，什么地方适于进行试飞。兄弟俩坦言，他们正在经受“自己信念带来的苦难，这就是人类是可以飞起来的。”

1901 年 7 月，查纽特在和莱特兄弟持续通信一年多之后，第一次应莱特兄弟之邀，到代顿的试飞基地基蒂霍克去看望莱特兄弟。看过他们的几次试飞后，他认为，这些试飞的结果比以往人们的试飞都好，他鼓励莱特兄弟务必要坚持试验，决不要放弃，最后一定会获得成功。

这年晚些时候，查纽特当上了美国西部工程协会的主席，他邀请威尔伯·莱特出席 1901 年 9 月 18 日在芝加哥召开的大会，并以飞行试验为题进行大会发言，促进了全美国对飞行研究和试验的关心。

1903 年 11 月 6 日，十分关心莱特兄弟试飞进展的查纽特再次来到他们的试飞基地，遗憾的是，那些天天公不作美，风越刮越大，查纽特等了将近一个星期无奈地回去了，没有等到莱特飞机上天的历史性时刻。经过一番紧张的准备和等待，莱特兄弟终于迎来了 1903 年 12 月 17 日的成功试飞。

飞行成功后，莱特兄弟以最快的方式向查纽特作了报告。10 天后，1903 年 12 月 28 日～1904 年 1 月 2 日的美国科学发展协会在圣路易斯召开的大会上，查纽特在一篇论述航空问题的报告中提到了莱特兄弟的飞行。

1903 年春，查纽特回到他的出生地法国。他出访的目的之一是同住在巴黎的巴西飞艇驾驶员桑托·杜蒙商谈在圣路易斯市举办飞艇表演的事宜。在巴黎，查纽特应法国航空俱乐部的邀请发表讲话，介绍航空事业在美国的发展。查纽特的努力扭转了法国人对飞行失去信心的不利局面，在法国以至全欧洲重新掀起一股研究飞行的浪潮，以致在 1904 年 1 月，法国人根据查纽特提供的数据造出了不少于 6 架“莱特 1902 型”滑翔机。可以说，查纽特在推动美国和欧洲之间航空技术信息的交流，推动早期航空事业的发展方面功不可没。

1910 年 11 月 23 日，查纽特在芝加哥去世。

功亏一篑
——离成功一步之遥的兰利

1903年12月，美国航空史上发生了两件大事：一件发生在8日，美国政府支持的兰利教授研制的飞机第二次试飞又告失败；另一件发生在9天之后的17日，莱特兄弟试飞第一架重于空气、带动力、有人操纵、可连续飞行的飞机获得成功。两个事件如此地接近，以致媒体连篇累牍讨伐“兰利的蠢事”时，竟忽略了莱特兄弟划时代的创举。

兰利是美国马萨诸塞州人，1834年8月22日出生在波士顿。他年轻时没有受过高等教育，主要靠自学成材，从20岁开始，在波士顿建筑师设计所工作。23岁去芝加哥，在铁路上工作。后来因为内战，回到波士顿，给哈佛天文台台长当助手。30多岁时在美国匹兹堡大学任物理学和天文学教授。就在这期间，他首先向铁路和其他单位提出天文时制度，后来被定为共同使用的制度。

兰利

1878年，他发明精密测量热量的辐射热测试仪，并用它进行太阳辐射的定量研究。1886年，他52岁时创建了旋臂塔，用以研究空气动力。塔臂长9米，圆周行程60米，线速度为112千米每小时，用蒸汽机作为动力。他用不同的方法将铜片置于旋臂顶端，测量所受空气阻力的大小。这时候，他研究的目的还只是认识物理学上的问题，而不是为研究飞机。

1887年，兰利到史密森博物院当助理秘书，有机会接触到世界各地寄来的航空资料和实物，使他下决心创造一种能飞的机器。

他买了许多大鸟的标本，把鸟翼拿下来，放在旋臂塔上，试验鸟翼的升力，从而解释了为什么鸟类毋须鼓翼就能在空中翱翔和滑翔的原理。1891年，他由独立研究改为仿制别人试飞成功的飞机模型，尤其是法国人阿尔诺斯·贝诺的扑翼机。5 年后，第 5 架模型飞机研制成功，从而实现了世界上首次重于空气的不载人动力飞行。

兰利的模型飞机用金属制成，有前后两副机翼，翼展 4.27 米，蒸汽发动机装在两副机翼之间，两副螺旋桨分别置于发动机的两侧，由链条传动，最长的飞行距离达到 1 280 米。在模型试飞成功的鼓舞下，兰利打算集中精力制造一架能载人的飞机。恰在此时美国-西班牙之间的战争迫在眉睫。

工人们在装配兰利设计的飞机

美国内战时期，气球曾发挥过作用，这时如果能有载人的飞机岂不更好。1898 年美国总统麦金莱决定，提供 5 万美元经费（当时是一笔很大的费用），由兰利制造一架全尺寸的军用飞机。两年后，兰利制造了 1 比 4 的样机。该机装一台小型汽油发动机，是第一架内燃发动机驱动的飞机。又过了两年，兰利的助手曼利制成了全尺寸的载人飞机，装 5 缸气冷式发动机，翼展 14.63 米，起飞质量 331 千克。这次试飞使用的方法，仍然和模型飞机一样，在波托马克河的船上用弹射车起飞。弹射车由压缩了的弹簧顶着，切断拉紧弹簧的绳索，弹射车就会推动飞机起飞。这时，兰利已经 69 岁，自己试飞显然不行，只好由他的助手曼利代劳。

1903 年 10 月 7 日第一次试飞，但飞机掉进了河里。飞机修复后，12 月 8 日，也就是莱特飞行成功前 9 天，第二次试飞，遭到同样的失败。虽然曼利无恙，但飞机全毁了。

两次试飞失败，连飞机是否能飞都无法判断，为此，政府取消了对研制飞机的支持。兰利也被斥之为“浪费国家资产的蠢货”，是个“虚幻的梦想家”。年愈古稀的兰利感到灰心丧气，只好停止创造活动了。

1906 年 2 月 27 日兰利在南卡罗来纳州逝世，享年 72 岁。兰利去世后，接任史密森博物院的某些领导有意抬高兰利而贬低莱特，他们想把兰利奉为最先

1903 年 10 月，兰利的助手曼利操纵飞机，但掉进河里

发明飞机的人，结果与莱特兄弟爆发了一场旷日持久的官司。最后莱特兄弟打赢了官司。尽管如此，兰利仍然被人们称为伟大的航空先驱。1990 年，美国发行了一枚纪念兰利的航空邮票，邮票的图案就是兰利的半身像和兰利的蒸汽模型飞机。

“俄罗斯航空之父”
——苏联航空奠基人茹科夫斯基

尼古拉·耶戈洛维奇·茹科夫斯基是俄国著名空气动力学家、现代航空科学的开拓者，为苏联发展航空科技奠定了基础。苏联政府高度评价这位把毕生精力奉献给航空理论问题研究的俄罗斯学者。1920 年 12 月 3 日，人民委员会为表彰他从事航空科研活动 50 周年而颁布一项特别决议，其中称茹科夫斯基为“俄罗斯航空之父”。

茹科夫斯基 1847 年 1 月 17 日出生于俄国奥列霍沃镇，1868 年毕业于莫斯科大学物理系，1886 年起历任莫斯科大学和莫斯科高等技术学校力学教授，直到 1921 年去世，一直在这两所学校任职。他一生有 170 多部著作，其中 60 部左右是论述空气动力学和飞行器的。这些著作为创立实验空气动力学和理论空气动力学奠定了基础，使飞机制造和整个航空事业的发展有了可靠的依据。

茹科夫斯基

茹科夫斯基创立了飞行器升力定理。根据他的定理，人们在制造飞机和试飞之前就能预先从理论上计算出飞机的升力，能选定飞机升力面的尺寸，从而避免光凭经验办事带来的挫折。茹科夫斯基的升力定理是“单位翼展上机翼升力值是空气密度与速度环流和飞机飞行速度的乘积”。显然，这个结论是现代机翼升力理论和理论空气动力学的基础。没有这个发现，航空科学的发展是不可能的。正是基于对自己理论的信念，茹科夫斯基坚信，人类能够征服天空。他曾经在一本书里写道：“人类没生翅膀。就人的体重与肌肉之比而论，人类要比鸟类弱 72 倍……然而，我认为，人类凭借自己的智慧而不是依靠自己的肌肉，定会翱翔于天空。”

茹科夫斯基还十分重视实验的作用。1902 年，他在莫斯科大学建立了空气动力实验室，在里面建造了一座截面尺寸为 75 厘米×75 厘米、长 7 米、流速 9 米每秒的矩形风洞，是当时世界上最早的风洞之一。

1900 年，茹科夫斯基被选为俄罗斯科学院院士候选人。按当时的规定，凡院士都要到彼得堡去。茹科夫斯基因为不愿离开莫斯科富有成效的科研和教学工作，只好放弃了当院士的机会。

茹科夫斯基教授十分重视培养人才，在他的周围，聚集了一大批热心航空研究并卓有建树的年轻人，著名飞机设计师图波列夫就是其中的一个。1910 年，在茹科夫斯基的倡议下，在莫斯科高等技术学校成立了浮空科学小组，其中很多人后来成为飞机研究、设计、制造等各条战线的主力。

第一次世界大战前，为了培养飞机设计师和使用飞机的飞行员，茹科夫斯基到军官飞行员训练班任教。第一次世界大战开始后，他又到莫斯科高等技术学校附属的志愿飞行员训练班任教。1919 年，根据茹科夫斯基的建议，该训练班被改为莫斯科航空技术学校。1926 年，在该校的基础上创办了红色空军工程学院，1922 年被改为茹科夫斯基空军工程学院，成为培养空军各专业工程师的摇篮和航空技术装备及其技术维护与战斗使用问题的科研中心。

“俄罗斯航空之父”雕像

十月革命后，苏维埃政府非常重视航空发展。在列宁的亲自过问下，1918 年建立了中央流体动力研究院。当年 12 月，在茹科夫斯基主持下，在他的住宅里召开了研究院第一次委员会会议，由茹科夫斯基担任第一任院长。该研究院是在莫斯科高等技术学校动力实验室和计算实验室基础上创建的，后来成为世界上规模最大的航空科研中心之一。

综观茹科夫斯基的一生，他为建立苏联航空事业做出了巨大贡献。他的学生图波列夫在老师的《飞机动力学概论》再版前言中写道：“茹科夫斯基相信国家的新生力量，并愿意同新生力量一道前进。他始终是一位真正的爱国主义者。他热爱祖国，为祖国的成就而欢欣鼓舞，为祖国遭受挫折而痛苦。他总是期望自己能成为一个有益于祖国的人。”

1921 年 3 月 17 日，茹科夫斯基在莫斯科逝世。在他去世的前一年，文章开头提到的《决议》中，决定解除他的日常授课任务，“只讲授内容比较重要的课程”，还规定破例为他颁发月薪、每年颁发以他的名字命名的数学和力学成果奖、出版他的学术著作。1947 年，茹科夫斯基诞生 100 周年时，苏联部长会议决定，每年给优秀航空科学著作和优秀航空教科书颁发茹科夫斯基奖章和奖金，同时在莫斯科大学、莫斯科高等技术学校为高年级学生建立茹科夫斯基奖学金。在莫斯科和茹科夫斯基故乡，弗拉基米尔州奥列霍沃镇开设茹科夫斯基博物馆。

“制空权理论”的鼻祖
——意大利的朱里奥·杜黑

飞机发明后不久，许多国家的军事统帅因看不到在它身上潜藏着扭转未来战争乾坤的巨大潜力，而将其束之高阁，严重影响了空军的建设和使用。在这个关键时刻，意大利出现了一个伟大的人物，为空军未来的发展和建设指明了方向，他就是被世界公认为制空权理论的鼻祖、发展空军的理论奠基人——朱里奥·杜黑。

1869 年 5 月 30 日，杜黑出生在意大利南部濒临地中海一个叫卡塞塔的小镇。他的家庭是一个富足、殷实的商贾之家。优越的家庭条件使杜黑从小就受到严格的学校教育。小时侯的杜黑对科技知识有着浓厚的兴趣。他特别喜欢科技读物，并且经常自己动手搞些小制作。15 岁时，他迷上了军事，并立下志向，长大后要成为一个掌握最新科技知识的军官，为自己祖国服务。

杜黑

1887 年，18 岁的杜黑参加意大利陆军，随后考入当时科技含量最高的炮兵工程学校。毕业后，他获得中尉军衔，成为一名炮兵军官。但他并不满足于已有的学历，不久又考入陆军大学深造。大学毕业半年后，美国莱特兄弟成功地进行了首次有动力飞行试验的消息传到意大利，再一次激发了杜黑对科技知识的兴趣。于是，他又考入特里诺技术学校，专攻电学，取得了很多研究成果。

1907 年，法国人亨利·法尔芒驾驶自己研制的“瓦赞-法尔芒”I 型双翼飞机成功地进行了 1 千米闭合航线飞行，使欧洲进入航空飞行的新时代。翌年，美国莱特兄弟在法国进行了一次轰动一时的飞行表演，令欧洲人为之刮目，飞行运动很快风靡整个欧洲。

学自然科学的杜黑有着比常人更灵敏的嗅觉，他意识到，飞机将在未来战场上有光明的发展前景。于是，他开始着手对航空技术用于军事领域的可行性进行研究。1909 年，有少数几个国家的陆军开始装备飞机，准备用于战场侦察和炮兵射击校验。这一年，杜黑发表了一篇文章，披露了他的研究成果。杜黑认为，飞机用于战争将彻底改变战争的面貌，引起战争革命：战场上将出现新的军种——空军，新的战争领域——空中战场，新的战争样式——空中战争，新的军事学术——空中战争理论。杜黑的文章发表后，产生了很大反响，有人赞同，有人怀疑，然而更多的是反对和讽刺。

尽管杜黑的观点遭到很多批评和反对，但仍受到意大利军政当局部分人的重视。意大利首先在陆军中建立了第一支航空部队，并率先在意大利与土耳其的战争中，试验使用飞机作战，从而拉开了空中战争的序幕。1911 年 9 月，意大利为争夺殖民地向土耳其开战。10 月 23 日，航空队长皮亚扎上尉首次驾机飞往土耳其阵地上空，进行航空侦察，这是世界战争史上飞机参战第一例。11 月初，加沃蒂少尉又创造性地带 4 枚质量各为 2 千克的炸弹升空，在土耳其上空投下，开创了航空轰炸的先河。翌年，意大利还派出了 35 架飞机组成的第二航空队参战，并开创了夜间作战的记录。

1911 年 10 月 23 日，皮亚扎上尉进行空中侦察后与布莱里奥飞机合影

鉴于航空队在意土战争中的表现，1912 年 6 月 27 日，意大利政府决定，在航空连的基础上组建一个航空营，并任命杜黑为航空营营长。杜黑一边参加飞行训练，一边潜心研究制空权理论，并编写了战争史上第一本航空兵作战手册。他坚信，在未来战争中，空中进攻力量必将成为决定性因素，因而他积极支持飞机设计师们开展对重型轰炸机的研究。也正是由于杜黑的不懈努力和全力支持，使意大利当年在轰炸机研制方面走在了欧洲其他国家的前面。

1916 年，秉性率直的杜黑因为在寄给内阁成员的备忘录中，尖锐地批评了意军统帅部的作战指导错误，猛烈抨击陆军总司令指挥无能，所以激怒了总参谋长卡多纳。杜黑被送交军事法庭，并被判处一年监禁，不久又勒令他退役。但可贵的是，无论身处监狱，还是退役为民，杜黑都没有气馁，仍执著地进行他的理论研究。后来，意军在卡波雷托吃了大败仗，从反面证明了杜黑当初的批评是正确的。于是政府于 1918 年为他恢复了名誉，并任命他为中央航空管理局局长。几个月后，新上任的意军总司令把杜黑重新召回，任命他为国防部航空署主任。但杜黑觉得受到各方面的制约太多，工作难以展开，上任刚 5 个月即辞去官职，潜心研究他的制空权理论。

1920 年 11 月，意大利最高军事当局经过认真审议，正式承认杜黑的理论，晋升他为少将，并责成陆军部出版杜黑的理论著作，于是军事学术史上的辉煌著作《制空权》得以问世。多年苦心研究的成果终于得到了认可，对杜黑来说是莫大的安慰和鼓励，用他的话说，“这是我长久而艰巨的劳动获得的第一次成功！”

在这部著作中，他开宗明义：“航空为人类开辟了一个新的活动领域——空中领域，结果就必然形成一个新的战场。”他认为，未来将有三个，而不是两个战场，原来控制陆地和海上战场的军人，必须学会防御空中攻击，懂得掌握制空权。他第一次给制空权下了一个比较科学的定义：“制空权是指这样一个态势，即我们自己能在敌人面前飞行，而敌人则不能这样做。”他指出，获得制空权就意味着胜利，反之，在空中被击败就是最终的失败。

如何夺取制空权呢？他认为，陆地和海洋上面的天空是一个不可分割的整体，在这个整体空间活动的航空兵，是不能从属于陆、海军的，因此必须建立一支独立的空军，只有这样才可真正看出能在战场上作战的一个实体。独立空军建立后，必须通过空中攻击才能充分发挥飞机的独特性能，夺取制空权。

制空权理论具有划时代意义。杜黑的制空权理论问世后，很快引起各国的普遍重视，成为两次世界大战之间空军建设的主题。尽管由于杜黑缺乏实践，他的理论有相当的预测性、主观性和片面性，但它给世界军事发展带来了重大的影响，人们给予它很高的评价，并誉杜黑为“战略空军之父”。当代许多军事理论工作者把《制空权》与克劳塞维茨的《战争论》、马汉的《海军对历史的影响》并列为军事科研及军事工作者的必读书籍。

1930 年 2 月 15 日，71 岁的杜黑在罗马逝世。

“英国空军之父”
——世界第一支独立空军缔造者
特伦查德

在空军发展史上，英国的休·特伦查德与意大利的杜黑、美国的米切尔齐名，是奠定空军理论的三巨头之一。与杜黑、米切尔相比，特伦查德是一个地地道道的实干家，其特点是：理论著述不多，但事业辉煌，他的思想精华主要体现于在英国创建世界上第一支独立空军的卓越实践活动中。

特伦查德生于1873年2月3日，青年时学业平平，想报考海军或工程士官学校，却落了榜而不得不去当兵。1893年他进了皇家英格兰陆军，在将近20年时间里游荡于世界各地，事业上毫无建树，只是在南非服役时受过伤。1912年，一位朋友劝他去学飞行，一来飞行是当时一项时髦的运动，再者也有助于他的升迁。特伦查德接受了朋友的建议，自费到索普威斯学校学飞行。

特伦查德

在学习期间，特伦查德就强烈地意识到，飞机将开辟新的战场空间，引起军事领域的革命性变化。他认为，空中力量与炮兵不同，可以独立于陆海军之外进行大规模作战。在不久的将来，从空中大规模攻击敌国领土，破坏其工业和居民中心，将成为战争主要方式。传统的陆、海战争可能退居次要或从属的位置。

事情很凑巧，当时刚刚组建的皇家飞行队需要有经验的军官，39岁的特伦查德被抽到统一为飞行队培养飞行员的中央飞行学校当副校长。

1914年8月，第一次世界大战爆发；同年11月，特伦查德被派到法国，指挥皇家飞行队第一联队。次年8月,接替大卫·汉德森当了在法国值勤的皇家飞行队的司令,直到1917年底。在法国参战的实践使他更加坚定了建立统一空军的信念。因为他切身体验到航空兵在战争中所发挥的作用,同时也深深感受到分属海军和陆军的飞行队各成体系而形成的互相掣肘的弊端。因此,他极力鼓吹并积极活动,以促成建立一支统一的空军。他以战地航空司令官的威望,卓有成效地使他的观点变成英国当局的国防政策。1918年4月1日,英国在世界上率先建立了第一支统一的并且是与陆、海军平起平坐的独立空军,特伦查德被任命为独立空军第一任司令官。

第一次世界战结束后,英国由于经济萧条,军费不足,进行了大规模裁军。陆、海军借机提出撤消空军,并将航空兵配属给陆、海军。在英国空军生死存亡的关键时刻,特伦查德承受着当时贬斥空军作用的巨大压力,竭力争取使空军得以保留,虽然当时英国皇家空军被裁减得只剩12个中队,但仍然使空军的组织与指挥保持了统一性和独立性。

1922年,特伦查德以皇家空军参谋长的身份,向内阁提出加强空军建设的方案。虽然内阁采纳并批准了特伦查德提出的方案,但拨给空军的经费却很有限。在这种困难情况下,特伦查德以非凡的组织才能,致力于建设一支少而精的空军部队,使皇家空军得以发展。

特伦查德因此备受英国当局的青睐。1927年,他成为英国的第一个空军元帅。这为他争取进一步发展空军创造了条件。

特伦查德根据自己丰富的实践经验和对空军发展的科学性预见,对20世纪30年代初希特勒上台后德国加速发展军事航空有着极为敏锐的洞察力。他明确指出:未来战争中,英国空军将面临德国空军最严重的挑战。虽然他于1929年就辞去空军参谋长职务,并退出现役,但是仍以英国上院咨询空军工作"总检察"的身份,为皇家空军建设摇旗呐喊。在特伦查德的倡议下,英国开始加强空军和防空设施建设,规划到1939年初本土皇家空军增加到124个中队、1 736架飞机;海外增加10个中队。从1937年到第二次世界大战爆发前,共训练了5 000多名后备飞行人员,机场扩建到138个,在沿海地区建立了20个雷达站。到第二次世界大战爆发时,英国空军已有作战飞机1 911架(本土1 476架,海外435架),兵力达到11.8万人,后备军6.8万人,使皇家空军逐步成为具有一定攻、防和协同陆、海军作战能力的空中力量。第二次世界大战证明,这支空中力量使英国在保卫本土和对德作战中发挥了重大作用。

特伦查德对夺取制空权问题有独特的见解。他认为,夺取制空权与空中进攻作战是无法分开的。这两项任务是空中突击部队同时完成的、不可分割的任务。也就是说,突击敌方政治、经济中心本身就是夺取制空权。特伦查德十分重视战略轰炸的作用,他认为,战略轰炸是航空兵通过对敌后方实施空袭,为己方军队能够在决定性地域突破敌人的防御、夺占敌人的国土创造条件。航空兵对敌后方政治、经济和军事中心等重要目标发动强有力的空袭，就能迫使敌人用重兵防护这些目标，从而陷敌于防御境地。

英国皇家空军第一中队及其 S.E.5a 飞机

特伦查德对战略轰炸的看法是一贯的。早在第一次世界大战期间的 1918 年，他领导的皇家独立空军就已经有了世界上第一支专门执行战略轰炸任务的部队。特伦查德的战略轰炸思想后来成为英国空军战略思想的主要组成部分。第二次世界大战前夕，皇家独立空军曾经先后制定了 16 个战略轰炸方案，以应付即将来临的大战。1940—1945 年间，英国空军依据特伦查德的战略轰炸思想，先后多次对德国进行了大规模的战略轰炸，取得了举世瞩目的辉煌战绩。

1956 年，特伦查德离开人世，埋葬在英国首都伦敦著名的威斯敏斯特大教堂。

近代流体力学奠基人
——路德维希·普朗特

19世纪末、20世纪初,德国有一个叫路德维希·普朗特的青年人,他在制造一种吸取木屑的设备时,遇到一个特殊的流体理论问题:在锥形管道中未出现应有的压力恢复。对于流体从管壁上分离而不是沿管壁流动的现象,无法用当时的流体力学知识解释。这个问题后来就成为这位年轻人终身研究的对象。

普朗特1875年2月4日出生在德国弗莱辛。1894年中学毕业后进入慕尼黑工业大学学习机械工程。1899年获弹性力学博士学位后,曾有一段时间在纽伦堡机器制造厂当工程师。

普朗特

1901—1904年,普朗特先后在汉诺威工业大学和格丁根大学任教。他一直在考虑锥形管道中的流体分离问题,后来他终于在水槽试验中观察到边界层和它的分离现象,并得出了边界层方程及其解,从而使人们理解到表面的摩擦阻力,而流线型设计则是减少飞机机翼和其他运动物体阻力的方式。1904年,普朗特在国际数学年会上宣读了有关论文,受到了学术界的高度重视。这以后,普朗特受聘在格丁根大学建立应用力学系,创立空气动力实验室和流体力学研究所,并终身从事空气动力学的研究和教学工作,享有“空气动力学之父”的崇高荣誉。

普朗特一生在高等学校任教45年,治学严谨,诲人不倦,在教学和科研中取得了丰硕成果,使德国在空气动力学这一领域走在世界前列。第二次世界大战结束前,德国曾搞出很多在气动力上有创新的飞机设计,使战后美、苏两个超级大国得以在德国研究的基础上把航空科技继续推向前进。不少世界上知名的科学家都是普朗特的学生,如冯·卡门、赫尔曼·施利希廷等。1918—1919

年间，普朗特论述了大展弦比的有限翼展机翼理论，为近代高效能飞机设计奠定了基础。他还是流线型飞艇的先期开拓者。在设计风洞和其他动力学设备方面，他也有显著的创新。后人为了纪念他，将他的150篇论文及著作、译文编辑成《应用力学》、《流体力学》和《空气动力学》三本论文集，1961年由德国著名的施普林格出版社出版。普朗特写的《流体力学概论》成为一本经典的教科书，在很多国家一版再版，我国也有中文版发行。普朗特于1953年8月15日逝世，享年78岁。

我国著名的女空气动力学家、北京航空航天大学的陆士嘉教授(1986年8月29日病逝)是普朗特惟一的女弟子，深得老师的器重。1933年，陆士嘉毕业于北平师范大学物理系，她渴望继续留学深造，以改变祖国科技落后的面貌。1937年，她克服重重困难，借钱自费进入德国格丁根大学学习。她想到祖国正在遭受日本帝国主义的狂轰滥炸，便毅然选择了航空专业，以期报效祖国。

由于当时的中国正处在半殖民地时期，中国人在国外毫无地位，加上正在该校任教的普朗特教授根本不收中国学生，更何况他从来不收女生，所以，年轻的陆士嘉被拒之门外。陆士嘉抱着“外国人看不起中国人，我一定要为中华民族争气”的信念，向普朗特提出考试的要求。面对这位倔强的中国姑娘和她优异的考试成绩，普朗特不得不收回成见，破例接收陆士嘉作为自己的研究生。陆士嘉终于成为世界流体力学权威惟一的中国留学生和女弟子，也是他的关门弟子。最后，陆士嘉终于获得了博士学位，为中国人争了光，也为中国妇女争了气。

陆士嘉概括普朗特老师的主要学术成就是：第一，提出了边界层理论，研究了层流稳定性和湍流边界层，为计算飞行器阻力、控制气动力分离和计算热交换等奠定了基础；第二，建造了格丁根风洞，开创了风洞模型的实验技术，推动了空气动力学的研究；第三，提出了升力线和升力面的理论，充实了机翼理论。

北京大学前副校长、我国著名学者季羡林教授在他写的《留德十年》一书中描写了一位他于第二次世界大战结束前夕在德国遇到的科学家。当年，盟军飞机向季羡林所在的格丁根市投掷了许多气爆弹，用以震碎房屋的玻璃。季羡林说：“在清扫碎玻璃的哗啦声中，我从远处看见一个老头儿，弯腰屈背，在仔细地看着什么，他手里没有拿着扫帚之类的东西，不像是扫玻璃的。走到跟前，我才看清了这位老人原来是德国飞机制造之父、蜚声世界的流体力学权威普朗特教授。”普朗特对季羡林说，他正在看操场周围的一段短墙，观察炸弹爆炸引起的气浪是怎样摧毁这段短墙的。当时，普朗特还自言自语：“这真是难得的机会！我的空气动力学实验室是无论如何也再现不出来的。”季羡林在书中说道：“我陡然一惊，立刻肃然起敬。面对这样一位抵死忠于科学研究的老教授，我还能说什么呢？”

但对科学无比忠诚的普朗特，在对待让自己的学识为谁服务的问题上却又显得十分幼稚。第二次世界大战刚结束，当年在格丁根大学师从普朗特的匈牙利籍美国气动力学家冯·卡门作为美国空军科学顾问团团长，为处理缴获的科技资料和审问接收的德国科学家，有机会重返格丁根，他还带着自己的高徒、中国的钱学森。师生三代在一次谈话中，普朗特声称自己不是纳粹分子，但他不能不忠于自己的国家。

冯·卡门直率地说，纳粹制造的惨案令人发指，一个人对如此罪恶的行径根本就不该多讲什么忠诚。普朗特回答说，他对纳粹干的坏事一无所知，因此不能用他们的罪恶来指责他。冯·卡门怎么也不相信像他这样的一个知识分子，对自己国家发生的事情竟然一点也不知道，真是“两耳不闻窗外事，一心只读圣贤书。”

“空军制胜论”的殉道者
——美国军事思想家米切尔

米切尔和杜黑是同时代的人，两人在学术思想上有许多共同之处，并有相似的坎坷经历。他们都是在第一次世界大战前就在航空部队任职，从大战中看到航空兵战略使用的巨大前途，认为在未来战争中，空军的战略作战可决定战争的胜负，因而力主成立独立的空军。他们都针砭时弊，猛烈抨击陆军和海军领导人的保守思想，批评政府的军事政策，因而都遭到军法审判。但他们虽然身处逆境，却始终坚持自己的信念，写下不朽的著作，成为人类宝贵的军事遗产。

威廉·米切尔1879年12月29日出生在法国。1898年，美国与西班牙爆发战争时，19岁的米切尔应征入伍，成为威斯康星州第一步兵团的一名列兵，在古巴，他给菲茨休·李将军担任参谋；1899年菲律宾暴动时跟随麦克阿瑟将军；1901—1903年，他接受架设阿拉斯加电报线的任务。此后，他就致力于研制陆军第一个无线电台和机动车装备。1904年，他成为莱文沃思参谋学院的教官。在部队服役期间，他坚持继续深造，1909年毕业于陆军参谋学院，1913年在美国陆军参谋总部任职。后来，他再次先后到菲律宾和远东、墨西哥边界服役。此外，他还设法以战斗部队陆军学校和陆军参谋学院出色毕业生的身份去访问遍布世界的许多国家。

米切尔

1916年，米切尔自费学习飞行，随即被调到陆军通信兵的航空处工作，这是当时美国军队中最早设立的与航空有关的部门。

1917年3月，米切尔到了西班牙，当时他是个少校。美国对德宣战后，他立即出发去巴黎，加入了贝当将军的部队，成为参加法国部队作战的第一名美国正规军官，同时也是第一个乘飞机跨越德军战线和第一个由于完成战场任务而被授予战争十字勋章的人。

在第一次世界大战中，航空兵力集中最多的一次战役是圣米耶尔战役。这次战役是以美军为主力的一次进攻，由米切尔指挥，当时他是美国第一集团军的空军指挥官。米切尔领受了夺取制空权和支援作战进攻的任务。他深知，如果战役取得胜利会使空中形势发生转折性的变化。经福煦元帅和潘兴将军的

米切尔指挥协约国近 1 500 架飞机参战(DH.4 飞机前三人中，左边是米切尔)

批准，他集中了 1 486 架飞机，包括 701 架歼击机、323 架昼间轰炸机、96 架夜间轰炸机、366 架侦察机，其中约三分之一是美国飞机，其余的是从英、法等国抽调的。在米切尔的指挥下，协约国的歼击机部队夺取了前线纵深 10 千米的战区制空权，有效地保障了己方航空侦察兵的行动，并使己方轰炸机的损失从 60% 下降到 8%，有效地配合了地面部队的作战。一个月后，米切尔在另一次战役中再次运用集中兵力的原则，取得局部空中优势。如果战争继续下去的话，米切尔将会被选为协约国空军的领导人。

米切尔在第一次世界大战中的经历对他的学术思想产生了重大的影响。战后，他晋升为准将。从 1921 至 1925 年，他一直担任美国陆军航空勤务队副司令。面对当时社会上流行的过分依赖“大炮巨舰”模式的制海权理论，米切尔认为，航空兵可以击沉任何水面舰船，从而使海上力量的影响失去独立的战略力量地位。为了证明他的观点，他以极大的热情致力于实验飞机击沉水面舰船的试验。经过多年努力，米切尔终于争取到国会的批准，进行公开的试验。1921 年 6 月 23 日～7 月 20 日，他先后组织试验了用飞机击沉前德国潜艇

U-117号、前德国鱼雷驱逐舰G-102号和前德国巡洋舰“法兰克福”号。随后，又获准使用飞机攻击曾参加过日德兰海战的前德国海军战列舰“东弗里斯”号，并获得成功。米切尔的试验使各国海军不得不修改他们的传统海军理论，动摇了战列舰在舰队中的核心地位。由此米切尔得出了“没有制空权就没有制海权”的结论。

米切尔组织飞机炸毁军舰的试验

在这期间，他积极主张航空兵部队应从陆、海军中独立出来，建立统一、独立的空军，并对陆、海军当时的政策进行了激烈的批评。他还直言批评军人特权阶层。1925年，米切尔被调往圣安东尼奥任职。同年12月，由于他对美国军事政策尤其是航空政策的过激言论而受到军法审判，被判停止军职5年，降为永久上校军衔。1926年2月，米切尔提前退役。在此后的10年中，米切尔为推行自己的理论继续四处奔走呼号。然而，处处碰壁，无人赏识。最终他只能带着无奈和失望离开了人世。他于1936年2月19日逝世，终年57岁。

米切尔为建立空军理论勇于探索、大胆试验，并为传播其学术思想著书立说，撰写论文和进行演讲。他一生写了5本书，生前出版了《空中国防论》、《空中之路——一本论述现代航空学的书》等四部书。他的空军理论十分丰富，主要涉及肯定空中力量的作用和地位、呼吁建立独立的空军、界定制空权、组织防空作战、关于航空人员队伍的建设等方面。

真理常常被一些庸人视为谬误。米切尔的主张在美国军界和国会引起了一场旷日持久的争论，直到第二次世界大战结束，这场争论才见分晓。战争实践证明：米切尔的主张是正确的。1946年，美国国会决定将“美国空军之父”的崇高荣誉授予已经逝世10年、退役20年的米切尔，并追授其准将军衔，由罗斯福亲手授予米切尔之子，以表达国家对这位伟人的敬意和厚爱。此举也最终结束了当年的一桩冤案，还米切尔以军事思想家的本来面目。

“超声速时代之父”
——美国空军科技奠基石冯·卡门

西奥多·冯·卡门是20世纪最伟大的科学家之一。我国著名科学家钱学森博士是他的学生，并尊称冯·卡门是“全世界闻名的工程力学和航空技术权威”。冯·卡门在一生艰苦研究的基础上，对航空航天技术的发展有过很多重要的预见，后来都一一成为现实，例如超声速飞行、远程导弹、全天候飞行、卫星……

冯·卡门1881年5月11日出生在匈牙利的布达佩斯，兄弟3人中他是最小的，还有一个妹妹。他们的祖父是很有名望的犹太人，父亲是布达佩斯大学的教授，对冯·卡门的成长有很好的影响。1902年，冯·卡门在布达佩斯皇家理工综合大学完成了他的研究科目，获得硕士学位。1903—1906年，他在理工大学任职，而且是匈牙利一家发动机制造厂的顾问，在航空器结构和材料强度方面进行了一些有价值的工作。这段时间，他还到德国格丁根大学读博士学位，师从现代流体力学开拓者之一的路德维希·普朗特教授，1908年获得博士学位。

冯·卡门

20世纪头十年，飞机刚发明不久，莱特兄弟试飞成功的消息传到欧洲，在欧洲特别是法国掀起一股“飞行热”，涌现出一批不屈不挠的航空先驱，法尔芒就是其中的一位。1908年的一天，冯·卡门亲眼目睹了法尔芒又一次打破记录的飞行。飞行结束后，冯·卡门从人群中挤过去，与飞行家之间有过一段精彩的对话。

冯·卡门问法尔芒：“我是研究科学的。有一位伟大的科学家用他的定律证明了比空气重的东西是绝对飞不起来的，怎么……”。法尔芒幽默地回答：“是那个研究苹果落地的人吗？幸好我没有读过他的书，不然，今天就不会得到这次飞行的奖金了。我只是个画家、赛车手，现在又成了飞行员。至于飞机为什么会飞起来，不关我的事，您作为教授，应该研究它。祝您成功，再见！”在回家的路上，冯·卡门坐在疾驶的车里久久地沉思。他对陪他一起来的一位记者说：“看来伟人的话也不一定都对。现在我终于决定我今后的一生该研究什么了。”冯·卡门拉住记者的手伸出车窗外，立刻有一股风吹过手面，他说：“我要不惜一切努力去研究风以及在风中飞行的全部奥秘。总有一天我会向法尔芒讲清楚他的飞机为什么能上天的道理的。”正是这次参观把冯·卡门引上了毕生从事航空航天气动力学研究的道路。

不久，他的老师普朗特邀请冯·卡门到格丁根大学去做他的助手，从事教学和研究工作。1912 年，冯·卡门成为阿亨大学气动力研究所所长。他在那里工作了 14 年，在气动力学方面有许多重要突破，还为一些企业研制飞艇、全金属运输机、火箭担任顾问。

1926 年，冯·卡门移居美国，指导古根海姆气动力实验室和加州理工大学第一个风洞的设计和建设。在任实验室主任期间，他归纳出钝体阻力理论，即著名的“卡门涡街”理论。这个理论大大改变了当时公认的气动力原则。他还提出了附面层控制的理论，1935 年又提出了未来的超声速阻力的原则。1938 年，冯·卡门指导美国进行第一次超声速风洞试验，发明了喷气助推起飞，使美国成为第一个在飞机上使用火箭助推器的国家。在他的指导下，加州理工大学一批航空工程师，包括他心爱的中国弟子钱学森开始搞喷气推进和液体燃料火箭，导致后来成立了喷气推进实验室。该实验室是美国政府第一个从事远程导弹、空间探索的研究单位，有很多重要的研究成果。

冯·卡门对人类实现超声速飞行的贡献是十分巨大的。1932 年以后他发表了很多篇有关超声速飞行的论文和研究成果，首次用小扰动线化理论计算一个三元流场中细长体的超声速阻力，提出超声速流中的激波阻力概念和减小相对厚度可减少激波阻力的重要观点。1941 年还发表了著名的高速飞行中机翼压力分布的计算公式——“卡门-钱学森公式”，即冯·卡门应用钱学森 1939 年一篇论文的观点做出的亚声速气流中空气压缩性对翼型压强分布的修正公式。1946 年，冯·卡门提出跨声速相似律，它与普朗特的亚声速相似律、钱学森的高超声速相似律和阿克莱的超声速相似律合起来为可压缩空气动力学形成一个完整的基础理论体系。同年，他在第 10 届莱特兄弟纪念演讲会上作了题为《超声速空气动力学的理论和应用》的重要演讲，向人们宣告了超声速时代即将到来。1947 年 10 月 14 日，根据冯·卡门的构思而设计的 X-1 火箭飞机终于首次突破了声障，把人类带入超声速飞行的时代。

第二次世界大战行将结束时，美国陆军航空队(美空军前身)司令阿诺德将军请教冯·卡门教授，要他评价美国航空技术发展的现状，预测未来 20 年、30 年甚至 50 年的发展，并就如何确保美国空军未来的领先地位提出建议。1944

年12月1日陆军航空队正式成立了科学顾问组，由冯·卡门任组长。它的任务是评价航空研究和发展的趋势，为空军准备有关科学技术事务的特别报告。

1945年初夏，冯·卡门受命，以少将军衔率领美国空军顾问团一行36人，赶赴德国考察纳粹德国秘密研究火箭技术的情况。通过这次调查，冯·卡门摸清了德国火箭技术的水平，返回美国后，先写出一份《我们在何处》的考察报告，对比了美、德两国在战争期间的科技发展，并指出美国已有可能研制射程达9 600千米的导弹。

接着，冯·卡门又拿出了名为《通向新地平线》的第二份报告。该报告包括25位作者的32份分报告，主题涉及从空气动力、飞机设计到炸药、末端弹道等。《通向新地平线》报告的主要观点是"科学是掌握制空权的基础"。报告强调，要成为航空大国，没有一劳永逸的解决办法，只有不断地加强研究和发展，才能确保国家安全。报告预测，新的作战能力肯定会陆续出现，超声速飞行是可能的，卫星和有相当精度的远程导弹将研制出来，涡轮喷气和涡轮螺桨发动机将取得重大进展。

1950年冯·卡门获美国空军协会大奖

报告中的各项建议在美国空军都得到了很好的贯彻，如组建了航空研究和发展司令部，后来改组为空军系统司令部，独立负责全空军的研究和发展工作。

冯·卡门1963年5月7日去世。在美国空军成立50周年纪念文集中，很多人认为，在阿诺德对美国空军未来发展所做出的所有贡献中，最重要的是他依靠冯·卡门为美国空军打下了科技建军的坚实基础。多亏有了不断创新的技术，美国空军才能一路乘风破浪，包括美国空军在1991年海湾战争中大获全胜都是阿诺德和冯·卡门开创的技术进步结出的硕果。

美国“空军之父”
——为空军独立奠基的阿诺德

阿诺德是美国十大五星上将中惟一的空军五星上将，绰号叫“乐天派”。1944—1946 年的一段时间，他是第 20 航空队的总指挥，该航空队的 B－29 重型轰炸机执行了对日的原子弹投放任务，加速了日本的投降。美国总统罗斯福对阿诺德的评价是：“阿诺德算不上卓越的统帅和战略思想家，但他却是一位坚定的改革者和脚踏实地的实干家”。

亨利·哈里·阿诺德 1886 年 6 月 25 日生于美国宾夕法尼亚州格拉德温，父亲是个医生，曾在美国西班牙战争中当过军医。阿诺德兄弟姐妹 4 人，小时候家里人都希望他成为一名牧师。但他愿意继承父业，于是 17 岁那年进了西点军校。在全班 110 名学员中，阿诺德只是个中等生，成绩始终排在第 62～66 名之间。在西点的最后一年，他被关过禁闭，因为他用炸药搞了个恶作剧，弄得学校里沸沸扬扬。

阿诺德

西点军校毕业后，阿诺德首先随第 29 步兵师在菲律宾服役 2 年，后来回到美国。在回国途中经过巴黎，他观看了法国著名飞行大师布莱里奥的表演，激发了他对航空的极大兴趣。返回美国本土后，他在纽约州的总督岛服役。他请求陆军通信兵让他干点“航空工作”。1911 年 4 月 21 日，阿诺德和托马斯少尉奉命去代顿报到，在莱特兄弟的亲自指导下学习飞行。

当时莱特的飞机特别难飞，但阿诺德在空中累计飞了 3 小时 48 分就放了单飞。1911 年 6 月 5 日，在又学了 6 周飞行之后，托马斯和阿诺德分别获得美国陆军飞行员的第一和第二号飞行执照，并被分配到马里兰州的一所学校任飞行教官。

在那个年代，飞行是特别危险的事情。1909—1913 年间，陆军总共才培养出 24 名有资格的飞行军官，但其中 18 名在空难中丧生。用托马斯的话说，“每个人都准备随时去死”。尽管危险，阿诺德却很有飞行的天赋，不仅打破了记录，也打破了惯例。

1912 年 11 月，在堪萨斯州赖利堡，阿诺德驾一架莱特 C 飞无线电试验科目。在 120 米的高度上，飞机突然旋转 360 度，然后朝地面冲去。阿诺德心想，这下完了，必死无疑了。在他坦然面对死亡时，无意中动了一下驾驶杆，奇迹出现了。飞机竟然拉起改出了俯冲状态。这时飞机离地面只有 2 米多！

1917 年 4 月，美国参加第一次世界大战后，阿诺德应召回到华盛顿担任陆军通信兵航空处情报主任。他官运亨通，平步青云，被破格提拔为上校，当上了负责军事航空训练和征用民用机场的副局长。

1925 年，发生了陆军军事法庭审判米切尔的重大事件。米切尔是当时美国陆军航空兵的主要领导人之一，受杜黑制空权思想的影响，认为飞机是未来战争的决定性力量，要求建立脱离陆军控制的独立的空军。米切尔对陆军部领导漠然的态度极为不满，指责他们玩忽职守，如同叛国。结果，米切尔被带上军事法庭，以违背上级罪判处停职两年半。阿诺德觉得不能袖手旁观，必须据理力争，为米切尔辩护，也为空军的命运和前途辩护。在法庭上，阿诺德慷慨陈词支持米切尔；在法庭下，他夜以继日地写作，一口气写了 5 本书，为米切尔主张发展航空兵和建立独立空军的思想呐喊、助威。为此，他受到牵连，被“发配”到堪萨斯州的赖利堡。

山穷水尽疑无路，柳暗花明又一村。后来证明这不幸的“发配”反而成为他起飞、进而飞黄腾达的起点了。20 世纪 30 年代末，阿诺德接任陆军航空队执行司令一职，从此进入了军界高层领导。1938 年 9 月 28 日的一次会议上，罗斯福总统要求增加 1940 年的航空预算。他要美国次年生产的飞机不是原计划的 178 架而是 10 000 架！他要求将工厂扩大到每年可生产 20 000 架的水平。这是一次前所未有的大发展的开端。

阿诺德心里明白，在总统的要求中，除了一年制造一万架飞机外，还包含着极其繁重的任务，即建设基地、培训飞行员和地勤人员、建立支持性的服务机构。总之，不是一般地建立飞机编制，而是要创建一支强大的空军。过了几天，阿诺德被提升为少将，并正式被任命为陆军航空队的司令。

第二次世界大战期间，阿诺德几乎参加了盟国所有决定军事战略的重要会议，他的思想影响了这些会议所做出的决策。阿诺德长期酝酿的最基本的思想是：由于空军的出现，战争已变得立体化，空军可以大规模地袭击敌人的地面部队和水面舰艇，可以深入敌人的战略后方，破坏敌人的后方补给、工业经济、交通枢纽，甚至人口密集的中心城市，从整体上摧毁敌人的抵抗意志。因此，根本无须入侵和占领敌国的领土，仅用空军就可以迫使敌人投降，从而结束战争。

1943 年 11 月阿诺德的第 15 航空队和英国的一支轰炸部队进驻意大利。阿诺德指挥他的航空队集中打击了德国的航空工业和运输系统，并组织了第一次对柏林的空袭。

在广岛投放"小男孩"的 B－29

为了尽快打败日本法西斯，1944 年阿诺德领导组建了陆军第 20 航空队，装备新式的 B－29"超级堡垒"，对日本进行战略轰炸。1945 年 3～6 月间，美军对东京、大阪、名古屋、神户、横滨和长崎六大城市共进行了 17 次大规模的轰炸，出动 B－29 轰炸机 6 960 架次，投燃烧弹 401 592 吨。阿诺德本来是不同意对日本使用原子弹的，但他服从参谋长联席会议的决定。他挑选最优秀的飞行员，并进行了精心的部署。8 月 6 日和 8 月 9 日，B－29 分别在广岛和长崎先后投下了称为"小男孩"和"胖子"的两颗原子弹，加速了日本的溃败，促进了日本政府的迅速投降。

战后，他继续为实现空军独立而努力工作。他认为最重要的是必须让独立的空军具备高技术作战能力，为此他请求冯·卡门教授来领导由国内一批顶尖科学家组成的科学顾问组。他们的任务不是考虑第二次世界大战用过的那些武器，而是要把目光瞄准未来。1945 年夏，阿诺德集中力量做陆军航空队 300 万复员退伍军人的工作，组织起一个称为"美国空军协会(AFA)"的组织，为即将独立的空军网络了大批有用人才。

1946 年 6 月 30 日，阿诺德退休了。但他坚信，很快会出现一个独立的空军，而且令他高兴的是，他的好朋友斯帕茨将军接任了陆军航空队司令。当 1947 年 9 月 18 日独立的空军诞生时，斯帕茨就任第一任空军参谋长。1949 年 5 月 7 日，阿诺德改授空军五星上将，他是第一个也是美国迄今惟一的空军五星上将。

阿诺德死于 1950 年 1 月 15 日，享年 64 岁。

给飞机插上后掠翼
——德国气动力学家阿道夫·布泽曼

在航空发展历史上，一个德国年轻人的发明改变了飞机发展的方向，他把平直机翼换成后掠翼，使飞机飞得更快。他的名字叫阿道夫·布泽曼。

布泽曼1901年出生在德国吕贝克，1924年获得工程学位。后来他有机会在格丁根大学为德国著名的力学家和近代航空流体力学的奠基人路德维希·普朗特工作，并深受其赏识。

布泽曼

1935年沃尔塔基金会在罗马举行第5届沃尔塔大会，会议主题是高速飞行。在被邀请的德国学者中，既有著名的普朗特教授，也有年轻的阿道夫·布泽曼。为准备会议报告，布泽曼伤透了脑筋。因为当时正值希特勒上台不久，他撕毁了凡尔赛和约，重新武装德国空军，包括空气动力学在内的许多航空研究项目被列为机密。科学家和工程师出国旅行也受到严格限制，布泽曼申请出国开会能否批准是个未知数。另外，选个什么题目，既能反映他的学术水平，又能避开政府的审查，也是难题。最后，布泽曼决定与一个瑞士学者合作，研究一个颇具挑战性的课题——超声速时的升力。正是在这一段研究工作中，布泽曼首先提出了后掠翼的设想，对此他欣喜若狂，嘴里不停地喊着："我找到了！找到了……"这一天便是后掠翼的诞生日。

布泽曼提出后掠翼的设想绝非偶然，是他多年来刻苦钻研，在超声速空气动力学领域积累了丰富的知识和经验的结果，同时，与他早期的经历和对自然现象的关注及所受的启发也是分不开的。

布泽曼从小在波罗的海边的吕贝克港长大，父亲是港口的一位工程师。很小的时候，布泽曼就喜欢站在海边观看一艘艘船只从海面驶过。现在，我们都知道，航行中船只拖出的尖楔形的波迹与超声速飞行产生的激波在直观形式上是相似的。布泽曼在为沃尔塔会议准备论文而进行课题研究时，脑海里就浮现出童年记忆中疾驶的船所拖出的波迹，猛然间他意识到：如果将飞机的机翼做成后掠的，让机翼在气流中有一个倾斜角，那么按照力的分解原理，垂直于机翼前缘的气流速度将会小于飞机的飞行速度，从而可减少超声速飞行带来的负面影响。这一设想一经出现，并用蓝图的形式勾勒出来后，布泽曼感到很兴奋。后又经过反复试验，证明这一结论是正确的，自然使他惊喜到难以自我控制的地步。

沃尔塔高速飞行会议如期举行。当布泽曼宣读完他的论文后，全场代表均感到非常吃惊，其研究成果得到了与会科学家的一致肯定，年轻的布泽曼从此一鸣惊人。世界著名的空气动力学家、美国航空事业创始人之一的冯·卡门后来在一篇文章中写到："在那次会议上，最精彩的论文出自一位德国年轻人之手，他就是阿道夫·布泽曼博士"。

罗马的那次会议被后人认为是世界航空发展史的一块里程碑，它不但发现了新的航空人才，而且使航空界的众多科学家们交换了新的观点，取得了共识。然而，由于种种原因，主要是当时还没有能提供足够推力的发动机，布泽曼的后掠翼研究并没有在其他国家继续，而仅有德国开展了这项研究。

布泽曼在德国领导研究后掠翼时，他们很快发现：当飞机达到比较高的速度后，翼面会出现局部超声速流，后掠翼可以推迟局部超声速流的出现，对提高飞机的飞行速度具有很重要的应用价值，尤其对军事航空来说，意义更大。于是，在后掠翼理论提出一年后，德国军方很快就将其纳入了秘密研究计划。从此，布泽曼也在世界航空界公共场合消失了。布泽曼的研究所被迁到很少有人知道的不伦瑞克森林里，他们在那里潜心工作，得出大量关于后掠翼的风洞实验数据。实验表明：机翼后掠不仅在超声速和高亚声速时可以减少阻力、增加升力、使飞机突破声障变得容易，而且可大大提高飞机高速飞行时的稳定性。

德国梅塞施米特公司 Me. 163 首先成功地应用后掠翼

当时，德国梅塞施米特公司的工程师们对后掠翼研究成果感到异常兴奋，他们成功地将后掠翼技术应用到世界上最早的喷气式战斗机 Me. 262 和最早的实用火箭飞机 Me. 163 上。到战争末期，经过多次改进的 Me. 262飞机的机翼后掠角达到了 45 度。Me. 163 飞机甚至只有后掠的主机翼，没有水平尾翼，这实际上就是后来的三角翼飞机的前身。

第二次世界大战结束时，冯·卡门率领一个美国科学家代表团到德国搜寻科研成果，他们在不伦瑞克见到布泽曼，并对他的研究所感到大为震惊。代表团成员之一是美国波音公司的飞机设计师乔治·斯启勒。当时波音公司正在与其他 4 家美国公司一起参与一项设计新型高速轰炸机的竞争。到不伦瑞克研究所后，斯启勒仔细阅读了布泽曼的一些论文和风洞实验数据，然后还就后掠翼的一些问题与布泽曼进行了讨论。斯启勒非常激动，并立即与波音公司的设计部门联系，决定原来采用平直机翼的轰炸机改用布泽曼的后掠翼。设计工作进展顺利，不久就推出了美国第一架后掠翼轰炸机 B－47。

第二次世界大战结束后，布泽曼及其同事被盟军带到英国逗留了 9 个月，美国人认识到他的巨大价值，聘请他到国家航空咨询委员会兰利研究中心工作。

苏联人借鉴布泽曼的成果，研制了著名的米格－15 喷气式后掠翼战斗机；美国人则借此对北美公司的 NA－140 的平直机翼的方案进行了重新设计，最后变成 F－86"佩刀"后掠翼战斗机。

波音推出后掠翼轰炸机 B－47

米格－15 和 F－86 的成功应用标志着布泽曼的后掠翼技术得到认可。此后，后掠翼被世界上所有高速飞机所采用，后掠翼成为飞行器突破声障的重要"功臣"之一（另一个是喷气发动机），后掠翼飞机后来又成为超声速飞机的代名词。

布泽曼到美国后，先作为高级顾问在国家航空咨询委员会工作了 15 年；1963 年受聘于科罗拉多大学任教授，从事教学和科研工作，为美国培养了不少出色的工程技术人员，他的研究范围很宽，涉及航空航天的许多方面。

1986 年，布泽曼在美国科罗拉多州博尔德去世，享年 85 岁。

现代气动力奇才
——拥有三项发明的惠特科姆

第二次世界大战后，美国国家航空航天局突现出一位出色的空气动力学家惠特科姆。他的三项发明——跨声速面积律、超临界机翼和翼梢小翼，使全世界军用和民用航空大大受益，一批跨声速战斗机顺利进入超声速，一批高亚声速飞机飞得更快、更远。

惠特科姆1921年2月21日出生在美国伊利诺斯州伊万斯顿，但在马萨诸塞州长大，在那里进入伍斯特理工大学学习。1943年毕业后应聘进入美国国家航空咨询委员会兰利研究中心，从事与超声速飞行有关的研究工作，主要是飞机减阻和激波谱的研究。自那时以来，他就围绕着三个里程碑式的思想展开了他辉煌的生涯。他的这些思想与传统的气动力是如此不同。

惠特科姆

惠特科姆的第一个绝妙的发现是跨声速面积律。他自己说，正当美国空军在20世纪50年代初为实现超声速日常飞行而搞得有点焦头烂额的时候，“跨声速面积律”的想法“像一道光”在他脑海里闪过。当时F－101、F－102等被称为“百字号”的一批新战斗机正在研制之中，为了使这些飞机能达到超声速，设计师们在跨声速阶段遇到很大的困难。

1951年11月，在一次气动力研讨会上，当时的首席气动力学家阿道夫·布泽曼博士的一篇论文激发了惠特科姆的灵感。布泽曼于1935年提出了后掠翼概念，并讨论过跨声速气流的基本特性及其相关问题。后来，惠特科姆回忆道，“这篇论文给我留下深刻印象，布泽曼博士对基本的气动力理论有很深的造诣。他提出了十分有洞察力的观点。这引起我的思考，突然灵感来了，脑子里出现了跨声速面积律的基本思想。这个基本思想很简单，就是让空气有个去处。那天，我脑子里出现了一个像可乐瓶的形状。第二天，就得出了这条经验法则：即飞机跨声速阻力是整架飞机截面纵向展开的函数。”

在又一次气动力研讨会上，人们要求惠特科姆讲讲他的新理论。他讲了20分钟。当他讲完时，只有一个人有水平和他讨论这个具有里程碑意义的发现。这个人就是布泽曼。他站起来说："有些人拿出一些不成熟的想法，就把它们称为理论，而惠特科姆捧出一个光芒四射的思想，却只把它称为一条经验法则。"

惠特科姆成功了。在这次会上，他的截面积经验法则申请了"面积律"这个名称。在这个模型上，机身像蜂腰一样缩进去，根据最小波阻力旋成体的横截面积分布来调整飞机的横截面积，以获得较小的波阻力。

惠特科姆的实验当时是极端机密的。这使美国得以生产它的第一批超声速战斗机。其中较为成功的生产型机有F-102和F-105。它们都是首批按跨声速面积律设计出来的超声速飞机。

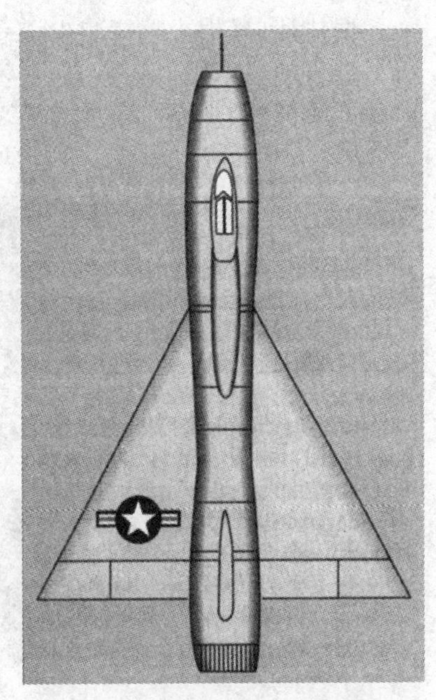

像可乐瓶的蜂腰形机身

惠特科姆通过他的第二个项目——超临界机翼，减少了空气摩擦和飞机主要气动面——机翼的涡流，从而减小了飞机的阻力。1964年，惠特科姆开始考虑提高机翼效率。他当时的设计思想与20世纪30年代以来一直沿用的翼型曲线相去甚远。经典翼型是上面较圆的弧形。人们认为，这样能产生最大的升力。惠特科姆用了三年时间，对机翼的形状进行了耐心的研究，并在风洞里进行了几周的试验。他发现，机翼顶面越是平坦，上面的气流越是趋于平滑。1967年，惠特科姆终于取得了一种全新的翼型。

惠科科姆的超临界机翼后来首先在洛克韦尔公司的T-2教练机上试验，它的改进型又在经过改型的沃特公司的F-8"十字军战士"上接着试验。在试验中，这种机翼非常成功，致使20世纪70年代后半期之后，几乎被所有主要跨声速飞机计划所采用。

搞出超临界机翼后不久，惠特科姆又开始进行一项先进气动力研究项目——翼梢小翼。这种装置可减少翼尖阻力，从而节省约5%的飞机燃油成本。据他讲，是1973—1974年间的石油禁运激发了他开发新翼尖的灵感。

惠特科姆从鸟翅膀尖部的小翅得到启发，1976年提出了翼梢小翼的概念。在小展弦比机翼的翼梢处装一个小翼片，从而既提高了展弦比，又不会使结构质量和摩擦阻力增加很多。这一思想一经试验果然奏效。翼梢小翼的安装有直立或斜置等几种方式，有上单小翼、下单小翼、上下双小翼等布局形式。

据估计,翼梢小翼能减少诱导阻力 20%~35%。美国首先在里尔 28/29 飞机上进行加装试验。在 KC-135 加油机上加装翼梢小翼后,提高了承载能力并改善了经济性。此后,在干线和支线飞机上加装小翼的研究和试验工作在各国广泛展开,效果十分显著。实验证明,它对高亚声速后掠翼大型运输机有很大

可节省 5%燃油成本的翼梢小翼

的应用价值。欧洲空中客车公司在 20 世纪 80 年代初研制的 A310-200、A320、A330/340 系列客机都安装了这种翼梢小翼,改善了运营经济性。俄罗斯的伊尔-96、图-204,美国的 C-17 军用运输机、波音 747-400,MD-11 客机也都采用了翼梢小翼。

在惠特科姆的办公室里,书桌长 1.8 米,看上去十分陈旧,三面围着成摞的书、纸张、文件,在桌子中央有一块 0.8 平方米的工作面。他大部分时间总在思考,有时抓过手边一小块纸写点什么。而那一刻的思想很快就能得到检验,因为他可以立即下楼,到楼下大厅的风洞中,用试验得出的最新数据与其进行比较。在办公桌后面的矮柜里放着三个航宇工程界最有价值的奖杯:一个是 1955 年为他发现面积律奖给他的"科利尔奖杯",一个是 1973 年前总统尼克松为他在航空上的发明与发现授予他的"国家科技奖杯",以及为他突出的公众航空服务成就而颁发给他的"莱特兄弟纪念奖杯"。这些都是他在美国航空航天局兰利研究中心工作时所取得的成就。他即使在最放松的时候看起来也是与众不同的:生动有神的蓝眼睛、雪白的头发、机智敏锐、才华横溢。他似乎就是飞行理论的化身。

1980 年 2 月 29 日,惠特科姆从美国航空航天局退休。退休后的惠特科姆也并不清闲。他还自学固体物理学。他把自己一个房间改造成一间实验室兼车间。据说,他不愿公开自己在闲暇时间搞什么课题,但是人们普遍认为,只要他在工作,有朝一日会听到他的好消息的。

发明家

这部分要介绍15位航空发明家的故事。顺序是按年龄长幼排列的，所以第一个发明飞机的莱特兄弟排到了第5位。他们当中一部分是各国率先研制飞机的精英，如俄国的莫扎伊斯基、美国的莱特兄弟、法国的阿代尔、德国的魏斯科普夫，尽管他们大致生活在同一年代，所做的工作也大致相同，但由于各方面条件的限制，最后取得的成就有所不同，他们对航空的贡献都应受到后人的尊重。

另外一部分是各种不同飞行器和设备的首创者，包括硬式飞艇发明家齐伯林、滑翔机发明家李林达尔、发明自动驾驶仪的斯佩里父子、第一台航空发动机的制造者泰勒、发明水上飞机的法布尔、第一个提出喷气飞机的科安达、直升机发明家西科尔斯基、为"飞翼"奋斗一生的诺斯罗普、首先发明喷气发动机的惠特尔和奥海因、首先发明带"伺服襟翼"旋翼系统的凯门等。

发明家的使命是要把设想中的东西变成现实，为此每个发明家都要付出极大的努力，经过无数次的失败，甚至以生命为代价。航空发明家也不例外，李林达尔和他的学生皮尔彻就是为航空献出生命的先驱。然而，他们的牺牲并没有吓退后来人。相反，在他们勇于牺牲精神的感召下，莱特兄弟等下定决心，没有过几年，终于把人类上天的夙愿变成现实。

海军军官出身的航空先驱
——俄国飞机发明家莫扎伊斯基

莫扎伊斯基是沙皇俄国时代留着大胡子的一位海军军官，多年从事飞行器研究，一段时间曾被苏联奉为世界上第一个发明飞机的人。直到20世纪六七十年代，才对莫扎伊斯基其人给出了新的评价。现在的一些出版物上说他是“研制重于空气的飞行器的俄国研究家和发明家”，“他在航空领域里的首创活动，作为在历史上制造有人驾驶飞机早期的尝试之一是有很大的历史意义的”。

亚历山大·费德罗维奇·莫扎伊斯基1825年3月21日生于罗琴萨尔姆(今芬兰科特卡)。1841年，他毕业于海军武备学校，两度在海军服役。1854年12月11日，29岁的莫扎伊斯基服役的“吉安纳”号军舰在返回俄国途中在日本外海遭遇海啸，他险些送命。当时他是个中尉军官，回国后不久，晋升为“德维纳”号运输舰的舰长。那次遭遇使莫扎伊斯基萌生了发明一种能飞的东西的念头：波涛汹涌的海面，水墙似的巨浪撞击军舰的情景一次又一次地浮现在他的眼前。他想，如果军舰能凌空飞翔，不受海上风暴的袭击，那该有多好啊！

莫扎伊斯基

为了寻找能否实现人类飞行的正确答案，莫扎伊斯基和很多同时代的航空先驱一样，也是从观察研究鸟类飞翔开始的。他仔细地观察各种鸟类的飞行姿态，还画了一张鸽子飞行的近似图样，图上注明了鸽子的翅膀和尾巴的面积、体重和重心，并且分析了这些数据之间的关系。

在他全面研究过鸟的结构及其飞行能力之后，他得出结论：倘若采用动力学飞行原理，则必须研制固定翼飞机。这使他与同时代一些热衷于研究扑翼机的人分道扬镳，坚定地走研制固定翼飞机的道路。

当时研制飞机没有理论指导，也没有先进的试验设备，完全是一种凭直觉的摸索。为了证明重于空气的东西能飞起来，莫扎伊斯基决定先造飞机模型。他设计出一种具有空气动力天平雏形的活动托架，利用这种简单的仪器能标出飞机模型的迎面阻力和机翼升力。他的第一架模型飞机外形像一块平板，也像鸟儿张开的翅膀，用钟表弹簧作为螺旋桨的动力。1876 年，他的飞机模型曾在彼得堡的跑马场上进行表演，飞行速度达到 15 千米每小时，放在模型飞机上的载荷是一把军官佩剑。

1879 年 3 月，莫扎伊斯基准备研制全尺寸飞机。他撰写了简单的说明书、绘制了飞机图纸、编制了必要的开支预算。1880 年 6 月 4 日，他把飞机发明权申请书连同飞机说明书和图纸一并寄到贸易与实业局。1881 年 11 月，他获得了发明“空中飞行器”(飞机)的俄国第一个专利权。

根据莫扎伊斯基的设计，他的飞机由以下几部分组成：容纳乘员的船体(机身)、动力装置和仪表设备；两个固定翼；垂直与水平尾翼；前面的大螺旋桨和后面的两个小螺旋桨；两台蒸汽机和 4 个轮子的起落架等。飞行器的起飞质量为 950 千克，比预计的大很多。为了做飞行试验，专门造了一条带轨的倾斜跑道，让飞机沿着轨道下滑加速，以达到起飞所需的速度。1882 年 7 月 6 日，彼得堡军区和近卫军参谋部组成的专门委员会，对莫扎伊斯基造好的飞机进行了检查，随后在彼得堡近郊皇村练兵场进行试验。

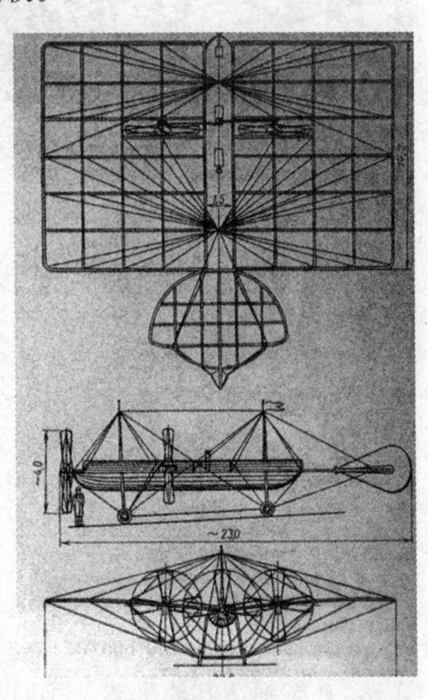

“空中飞行器”的三面图

关于这次试飞的结果，各方说法不一。据西方航空史书记载：1884 年莫扎伊斯基试图让飞机沿斜坡下滑，做“跳跃飞行”。当时他的飞机翼展 22.8 米、翼弦长 14.2 米。装两台蒸汽发动机，前面一台 14.70 千瓦，驱动四叶拉进螺旋桨；后面一台 7.45 千瓦，驱动两个小一点的推进螺旋桨。飞行员叫叶戈鲁别夫。在苏联的文献上，有的说：“试验持续到 1885 年，可是在结束阶段，考虑到军事价值，对试验进行了保密，因此有关这一阶段的材料保存下来的很少”；有的书上则直截了当地说，“官方文件没有保存下来，1909 年和以后的一些记载证明，试飞未获成功。”

20 世纪 80 年代初，苏联一家杂志载文说，“遗憾的是，直到目前为止，未查清事件发生的全过程，包括进行试验的确切日期、试验结果、资助过莫扎伊斯基的人士的姓名……各种史料——文献、书籍、报刊中对莫扎伊斯基试飞结果的记载和评论众说纷纭，出入很大。俄国航空史权威弗·勃·沙夫罗夫在一本书中列举一些史料后得出结论："莫扎伊斯基的飞机的确飞离了地面，但起飞后折断一侧机翼"。他强调指出，"这次试验的重要意义——载人飞机首次起飞，但是又谨慎地用了'起飞'一词，而没有使用'飞行'一词。试验之际，莫扎伊斯基已年近花甲，不能亲自驾驶飞机，只好把心爱的宝贝托付给别人操纵，显然这也是失利的原因之一。"

莫扎伊斯基的"空中飞行器"

另外一位航空史学家对莫扎伊斯基飞机的功率进行过核算。结果表明，需用功率至少 80.85 千瓦，而不是 22.05 千瓦的发动机。

通过试飞，莫扎伊斯基自己也很清楚：发动机功率太小。因此，在皇村试飞之后，他立即着手制造功率更大的新飞机。那次试飞中，飞机受损并不太严重，如果及时修好，装上功率更大的发动机，就可以再次试飞。不幸的是，他虽然曾两次请求军事部门给予物质支援，但均毫无结果。由于沙俄官僚们的冷漠态度，这位俄罗斯航空先驱晚年穷愁潦倒，身陷绝境，于 1890 年 4 月 1 日死于彼得堡。

在莫扎伊斯基逝世 110 多年后的今天，人类升空的夙愿早已变成现实。眼下，人类不仅能够飞上蓝天，而且能以比声音还快的速度频繁往返于地球各个角落，甚至到达其他星球。我们对所有为实现人类这个夙愿做出过贡献的人，不管他是不是飞机的第一个发明人，都同样地深深怀念并向其致以崇高的敬意。

老当益壮，矢志不渝
——硬式飞艇发明人齐伯林

在人类发明飞机之前，已经借助气球和随后的飞艇实现了上天的夙愿。硬式飞艇的发明者是德国一位军官费迪南·冯·齐伯林。他大器晚成，从军队退役后专攻飞艇时已年过半百。但他以坚韧不拔的毅力，最终获得成功。他的名字至今仍是硬式飞艇的同义语。

齐伯林 1838 年 7 月 8 日生于德国南部博登湖畔康斯坦兹的一个贵族家庭。青少年时代经历了典型的贵族子弟生活：先在家里接受教育，1855 年，18 岁时进入军官学校学习。毕业后成为符滕堡帝国陆军的一名尉官，获准到美国实地考察战争进展。1863 年，他抵达美国，拿着林肯总统的介绍信，采访了很多部队。一个偶然的机会使他接触到军事观测气球。齐伯林从此迷恋上了气球，认为通过对气球的改进，有可能使人类在空中自由飞行。1866 年，他参加德奥战争，4 年后又参加普法战争。他虽在带领骑兵作战，但从未间断过对气球的研究。1891 年 53 岁时，他毅然离开军界，全身心地投入了飞艇的研制工作。

齐伯林

他埋头工作了 2 年，对先前的设计作了许多改进，决心靠自己的力量来制作完成。但他缺钱买材料，使得飞艇的制作时断时续。尽管他节衣缩食，但省下的钱毕竟有限。1895 年，齐伯林不得已向德国军部申请，要求经费支持。不料，没有人相信他，并把他当作狂人，说他想入非非，一定是得了神经病。他先后求助于德国皇帝和美国报界一位大富豪，但都碰了壁。

但齐伯林对飞艇事业的信心和执著丝毫不减，生活虽已处于困境，而心中的发明之光依然不灭。他变卖了全部家产，在德国工业协会的帮助下，设法募集股金，成立了世界第一个飞艇制造股份有限公司，抓紧制造酝酿已久的飞艇。这艘飞艇代号叫LZ-1，用铝材做骨架，外面包亚麻布和绸，再涂上胶。飞艇内部分成16段，每段放置16只用亚麻布和胶做的气袋，总容积为11 300立方米。飞艇总长128米，直径11.58米，下方有两只吊舱，各装1台11.76千瓦发动机，各自带有4叶螺旋桨。当时为避免飞艇与地面碰撞，决定在水面试飞，他选择了在自己家乡康斯坦兹的博登湖上。第一次升空是1900年7月2日。吊舱里带了5个人，齐伯林和他的总工程师路德维希·迪尔都在其中。尽管飞行高度和方向控制有问题，但飞艇在300米高空飞行了15千米，然后安全降落。遗憾的是，LZ-1仅试飞了3次就坠毁了。

LZ-1试飞成功使德国民众认识了齐伯林，不少人把他称为“战胜天空的人”，讥讽和诽谤失去了市场。但对齐伯林而言，这次飞行远不是最后的成功。这时，他筹集的资金已经用完，政府对订购飞艇又没多大兴趣，股东们也不想继续投资。LZ-1散架了，发动机、铝材和工具被卖掉了，经过训练的助手也纷纷离他而去。最后，公司不得不宣告破产。

天无绝人之路。这时，曾在当王子时听过齐伯林讲座的符滕堡国王向他伸出了援助之手，为他提供了一笔特别经费。加上戴姆勒公司的发动机有了新的进展，即功率达到62.48千瓦，而质量只有360公斤。与LZ-1的发动机相比，新发动机质量略轻，而功率增大6倍。而且戴姆勒公司和生产铝材的公司都同意免费提供产品。这才使年近7旬的齐伯林重新鼓起勇气，再筹集资金建造第二艘飞艇LZ-2。

1907年首次升空的LZ-3交予德国陆军作为练习艇

1905年11月，LZ-2试飞成功，但在第二次试飞时又坠毁了。接连两次失败并没有动摇他的决心。9个月之后，他制成第三艘飞艇LZ-3。试飞后于1909年6月交给德国陆军，成为第一艘军用飞艇。

1908年7月1日，70岁高龄的齐伯林驾驶LZ-4飞越阿尔卑斯山，进入瑞士。接着他开始执行留空24小时的飞行计划。8月4日创造了飞行21小时的世界记录，却没能实现飞行24小时的计划。齐伯林伤心至极，但他的精神已为众人所折服，他不再感到孤立。1908年11月，德皇威廉二世亲自到弗里德利希港视察重建的LZ-3飞艇，并授予齐伯林黑鹰勋章。威廉二世还称赞齐伯林是“本世纪最伟大的德国人”。

在全德举国上下热情支持下，1909年春，LZ-5制造完成。艇长136米，直径13米，满载燃料可续航48小时，装有77.17千瓦的发动机2台，速度达48千米每小时。第一次试飞就飞行了11小时，后来又飞了38小时，一路顺利。

这个伟大成就是齐伯林坚定、自信、忘我拼搏的结果。

至此，齐伯林飞艇逐步走上了健康发展之路。他在 1909 年 11 月 16 日成立了世界上第一家民用航空运输公司德莱格飞艇公司。从 1910 至 1914 年战争爆发的 4 年中，该公司共飞行 273 600 千米，载运旅客 35 000 人次，无一伤亡。在航空发展的早期，尤其是“齐伯林”飞艇看来非常容易发生事故的时候，这样的业绩几乎是难以置信的。

1914 年，第一次世界大战爆发。当时德国有 246 架飞机，其中包括 7 艘“齐伯林”飞艇，是拥有飞机最多的国家。在整个第一次世界大战期间，德国百余艘“齐伯林”飞艇加上其他飞艇总共 160 艘在欧洲肆意横行，空袭伦敦 51 次，空袭

LZ－129 在美国雷克赫斯特着陆前坠毁是 20 世纪 30 年代最引人注目的空难之一，飞艇全盛时代随之结束

巴黎 3 次，被敌方击落、因故障被敌方俘获以及因积雪自行坠落等原因共损失 38 艘。与此同时，美、英、意等国像德国一样也积极地将飞艇作为一种航空兵器用于轰炸、反潜和侦察。此外，各国还用飞艇护航近 9 万艘舰船。

1900—1917 年，齐伯林共制造各型飞艇 113 艘。1917 年 3 月 8 日，这位飞艇巨擘以 79 岁的高龄与世长辞。在世界飞艇发展史上，有很多有过杰出贡献的设计家、制造家、飞行家，但既是设计家，又是制造家，还是飞行家，一身数任而获得成就的就不很多了。齐伯林则正因此为世人所称颂和敬仰。

飞向蓝天第一人
——滑翔机发明家李林达尔

1896年8月9日，德国一位伟大的航空先驱从15米高的空中滑翔的飞行器上摔到地上，第二天在柏林一家诊所不治身亡。临终前，他对周围人留下的最后一句话是“必须有人为此做出牺牲”，可见他醉心航空研究的执著。他的名字叫奥托·李林达尔。

李林达尔1848年5月23日出生在德国普鲁士安克拉姆市。青年时学习机械工程，后来在一家小工厂当过几年学徒，之后创办了自己的公司，设计和销售轻型蒸汽发动机和海上信号灯，生意很成功，使他有可能把更多的金钱和时间用于从小就有极大兴趣的飞行研究上。普法战争期间，因服兵役中断了研究。据他的同事说，“在部队里，他除了讨论制造飞行器之外很少说话。”

李林达尔

在李林达尔生活的年代，飞行尚被人们视为异想天开。1811年，德国乌尔姆的一名裁缝进行了一次失败的飞行表演，结果不仅遭到世人的耻笑，连他的裁缝铺也因此而破产，最后在贫困和绝望中结束了一生。当年在德国手工业行业里，有这样一条训诫：“鞋匠，别离开你的楦子！”

李林达尔不信这一套。12岁时，他就同自己的兄弟古斯塔夫一起制作了一架简易的飞机。有朝一日冲上蓝天的念头，随着他年龄的增长愈加坚定。

受当时流行观念的影响。李林达尔也认为像鸟一样扑翼飞行是人类上天的惟一途径。因此，李林达尔对飞行的研究就是从研究鸟类飞行开始的。他观察鸟的飞行，积累了很多鸟翅形状、面积及升力大小的数据。为了制造能飞起来的机器，他和弟弟古斯塔夫·李林达尔一起造了很多飞行器模型，进行试验。

1889年，李林达尔把研究和试验结果写成一本名为《作为航空基础的鸟类飞行》的书。这本书尽管有一些结论不尽正确，但在航空史上却是划时代的，成为同时代很多航空先驱的必读书。美国威尔伯·莱特 1901 年 11 月在写给美国另一位航空先驱查纽特的信中说，“我多次阅读及研究李林达尔的著作及附图，这是一部相当出色的著作。”

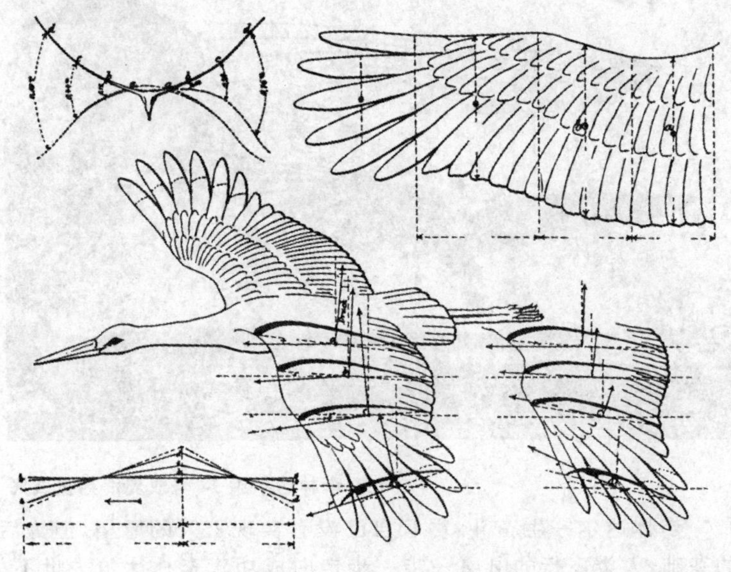

李林达尔研究鸟翼结构的工作图

接着，从 1891 至 1896 年，李林达尔先后制造了 18 种不同形式的滑翔机，有一种是蝙蝠状的弓形翼，中部装设吊架，飞行员悬吊在架上，靠移动身体来掌握重心位置，借以控制滑翔的方向和速度。李林达尔采用从高处往下跳的办法，台子的高度从 1 米到 2.5 米、5 米，后来又搬到一座 15 米高、用垃圾堆成的小山顶上。他先后滑翔了二三千次，飞行的距离一般在 100～250 米左右，最远的达到 300 米。法国航空先驱费贝尔说：“1891 年李林达尔在空中首次成功飞行 15 米的那一天，我认为那就是人类能够飞行的时刻。”

李林达尔的一系列成功很快引起人们的注意。他的技术成果开始被投入成批生产。作为世界第一位“飞机”出口商，李林达尔的滑翔机远销到俄国和美国。

为了对滑翔机进行研究和改进，李林达尔在弟弟古斯塔夫的帮助下，拍摄了很多飞行场面的照片，保留下来后成为同时代及后人进行航空研究的宝贵财富。各国报刊上不时出现报道李林达尔飞行的文章和照片，使李林达尔成为 19 世纪最后 10 年的名副其实的“空中飞人”。世界各地很多航空先驱和爱好者慕名去拜访他，其中有美国人兰利、英国人皮尔彻等。有记载说，莱特兄弟看了报道李林达尔的文章，暗下决心“要加快研究，不能输给德国人”，后来当看到李林达尔不幸坠机身亡的消息时，又感到无比惋惜。

李林达尔乘 14 号双翼滑翔机试飞

李林达尔一生奋斗，尽管自己没有实现上天的愿望，但为后人奠定了成功的基础，人类飞行的夙愿一步一步走向成功。李林达尔去世不久，英国人皮尔彻改进了他试飞过的李林达尔滑翔机，在尾部装了能移动的水平尾翼，滑翔时可以转动角度，还在机身下装了轮子，以便着陆后滑行。不幸的是，皮尔彻只成功飞行一次，在 1899 年 10 月第二次试飞中也由于机翼折断而遇难了。李林达尔、皮尔彻相继牺牲并没有吓倒后来人，没过多久，到了 1903 年，美国莱特兄弟终于驾驶他们设计的飞行器成功地实现了人类第一次持续有动力飞行。

今天，世界各地广泛开展的滑翔运动是对“空中飞人”李林达尔最好的纪念。

他们把“盲目”飞行变成现实

——发明自动驾驶仪的斯佩里父子

飞机发明不到10年，就能实现自动稳定飞行，又过了15年，世界迎来了第一次安全“盲目”飞行，这里，人们不应忘记美国人斯佩里父子的贡献。他们把古代中国早已有的陀螺应用在飞机上，发明了早期的自动驾驶仪，使飞行变得轻松自在。

老埃尔默·斯佩里1860年生于美国纽约，中学毕业后进康奈尔大学学习电气。他很快掌握了这门科学，不久发明了新型发电机和弧光灯，投产后销路很好。他还有很多发明，如采矿设备、电动汽车等等。1896年，他开始研究陀螺的用途。利用陀螺搞发明是他最钟爱的。1910年，美国海军采用了他的精确陀螺罗盘。1912年，他帮助美国航空先驱寇蒂斯开发一种飞机的自动稳定装置。这种早期的自动驾驶仪第二年在寇蒂斯水上飞机上进行了表演。1914年，他继续发明许多有价值的飞行设备，包括航向陀螺、陀螺地平仪和偏航指示器。这些装置使杜立特得以在1929年成为世界上第一个进行完全盲目飞行的人。

埃尔默·斯佩里

这种惊人的盲目飞行的秘密在于完美地控制飞机的仪表系统，精确地操纵飞机穿过云雾、爬升和转弯。这种设备的发明和研制应追溯到古老的陀螺原理——即垂直旋转的轮子总是要设法保持自己的方向，不管它的基础是歪的还是转的。

老斯佩里生活的年代是20世纪即将来临的时候，资本主义发展进入旺盛期，各种发明创造层出不穷，电话、汽车、飞机……在这样一个令人晕眩的环境中，埃尔默抛弃安稳的工作，自己创业就不足为奇了。埃尔默本是个穿戴得规规矩矩的生意人，眉宇间经常流露出好奇探索的神情。他藐视一成不变的惯例，以发明家自居。他搞电气和化学的工业应用，后来突然发现神秘的陀螺力总是要保持它的稳定，他觉得这将大有用场。在他400多个专利中，就有用于当时远洋大邮轮的陀螺罗盘和陀螺稳定器。

老斯佩里有三个儿子。二儿子劳伦斯·斯佩里1892年出生。到1903年，埃尔默已完成了他的大量发明，却很少注意莱特的第一次飞行。但来自基蒂霍克的新闻却极大地激励着他的三个儿子，特别是老二劳伦斯。当时他11岁。他善于动手，喜欢摆弄机械。不久，他仿效莱特，在他家地下室开了一个自行车修理铺。1910年，在弟弟的怂恿下，他制作了一架滑翔机。为了把尺寸很大的滑翔机部件拿出室外去组装，他们不得不把卧室的窗户都拆了。滑翔机飞得很好，但他们并不满足。劳伦斯设法贷款，买了一台5缸44.10千瓦的发动机。当秋天开学时，他的飞机升空了，转了几个弯，安全着陆。但学校当局却突然来家访，絮絮叨叨地讲什么校规。劳伦斯知道，不管以什么方式，他总有一天会成为飞行员的。他说服父亲同意他去上寇蒂斯航校。

劳伦斯·斯佩里在练习驾驶飞机

他先当学员，然后代表他父亲，在飞机上实验陀螺控制器。人们都喜欢他，干脆叫他“小陀螺”。寇蒂斯发现，劳伦斯无论学什么，从来不需要给他再重复讲一遍。他说：“劳伦斯天生就是飞行的料。”20岁那年，他拿到飞行执照，成为全美最年轻的飞行员。他英俊漂亮，身高1.88米，脸上总是带着微笑，深得姑娘们的喜爱。

在海军的监管下，劳伦斯开始完善他父亲发明的在飞机上用的陀螺稳定器。他虽然没有学过工程，但他不知疲倦的务实的天性让他对每个器件、每项改进都亲自到空中去试验。他们做的两个陀螺仪都能对飞机的俯仰和横滚作出反应。劳伦斯将它们放在飞机的重心上，把它们与带动操纵面的伺服马达连

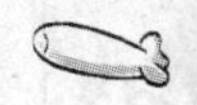

起来；然后当海军驾驶员操纵时，反复观察它们的反应。麻烦在于，海军飞行员不相信陀螺，只管自己操作而不用他的陀螺。劳伦斯想，要解决问题，只有自己动手。于是在一个星期天的清晨趁人们还没有起床之际，他偷偷把一架水上飞机开出去。他躺在座舱的地板上，在能够得着脚蹬的地方守着他的陀螺仪。他让飞机偏离航向，观察陀螺如何让飞机回到原来的航向上。有时，他将头伸出窗外，看看是否对着月亮。卫兵发现后立刻把寇蒂斯叫醒，他说："老板，有一架飞机在天上飞，但里面没有飞行员。"寇蒂斯起床后看到劳伦斯的飞行十分惊讶。在他着陆后，寇蒂斯让他到法国去参加飞机安全竞赛。

在法国，劳伦斯雇了一个能吃苦的机师，按他的说法是一个"不需要吩咐，就知道该干什么的人"。他们是报名参赛的第 57 架飞机。老斯佩里也到场观看，并邀请了各主要国家的海军使团。令人振奋的伟大时刻来到了，劳伦斯和他的助手从塞纳河上起飞，并冲着人群飞去。当接近人群时，就低飞。劳伦斯站在机舱里，两手高高举起，在飞过裁判台的一刹那，他的助手走出机舱，走上一侧机翼，而劳伦斯再一次将手举过头顶。飞机稍稍降下来，然后又恢复。在

自动驾驶仪试飞

飞第三圈时，助手走到机身后面，使飞机一下失去平衡。同样，不需要驾驶员的帮助，飞机又恢复了平衡。飞机一着陆，两人就成了名人。他们赢得了 10 000 美元的大奖。一家法国报纸称，这次飞行是空中导航的历史性时刻，从此诞生了今天完美的自动驾驶仪，大大减轻了大型客机驾驶员的工作。这个特别的日子就是 1914 年 6 月 18 日。

第一次世界大战爆发，各种合同定单纷至沓来。斯佩里家族由于陀螺稳定器而兴旺起来。孩子们努力帮父亲干活。劳伦斯想参加拉斐德飞行队，但他没有大学学历。他后来被任命为斯佩里公司稳定器部门的经理；但办公室工作令他厌烦，他常常去飞行。旅行使他产生很多创造性想法。1915—1923 年间，他获得 26 项专利，其中包括转弯和侧滑仪。该仪表很长时间来一直是飞行设备的核心。

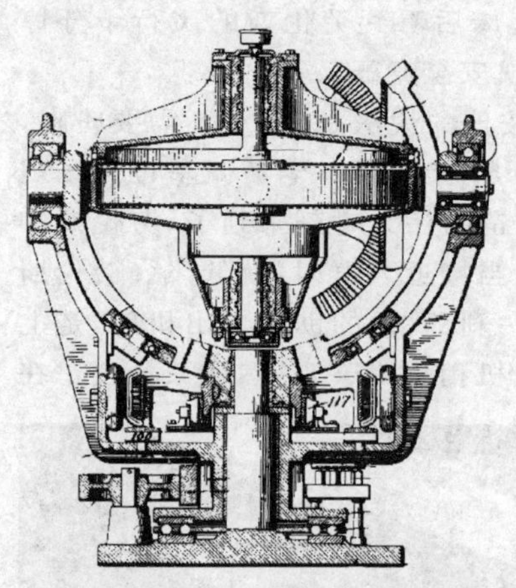

1918 年老斯佩里发明的船用陀螺的示意图

最后，他从父亲的公司分离出来，建立了自己的飞机公司——劳伦斯斯佩里飞机公司。他的公司制造实验飞机，一种细长的比赛机，1919 年制造出一种水陆两用的三翼机，带可收放的轮子。但最值得纪念的是一种小型单座双翼机“信使”。它原是为陆军训练和联络而设计的，但劳伦斯用它实现了美国人“使用廉价小飞机飞行”的梦。

20 世纪 20 年代初，许多人怀疑航空究竟能不能成为日常的交通工具。这架小小的飞机就是一个看得见摸得着的实例。劳伦斯将它放在自己的机库里。每天驾着它去上班，在不繁忙的公路上着陆，驾着它去打高尔夫球，驾着它去华盛顿……

英国空军想好好看看这架飞机，1923 年，劳伦斯将其运到英国。那时，荷兰飞行人员也都很感兴趣。于是，劳伦斯计划驾驶“信使”飞越英吉利海峡到阿姆斯特丹去表演。12 月的一天，他从克洛伊登起飞，不久就消失了。1924 年 1 月中旬，一具尸体浮上海峡岸边，他弟弟认出，这就是他哥哥。弟弟分析，也许哥哥劳伦斯想游上岸，但英吉利海峡水太冷，将他冻僵了。当时劳伦斯只有 31 岁，真是英年早逝。

1929 年，美国人杜立特完成了第一次完全靠仪表的“盲目”飞行，证实了斯佩里父子的发明对航空事业的贡献。第二年，老斯佩里也告别人世，享年 70 岁。

自行车作坊飞出金凤凰
——美国飞机发明家莱特兄弟

1903年12月17日,这是一个载入人类史册的日子。在美国北卡罗来纳州基蒂·霍克的一块空地上,莱特兄弟先后四次驾驶他们经过4年努力研制出来的"飞行者"1号,成功飞上蓝天。最成功的第4次飞行留空时间达到59秒,飞行距离达到260米。这次成功的飞行标志着人类征服天空的梦想开始变为现实,也标志着人类进入了航空时代。

莱特兄弟二人,哥哥威尔伯·莱特,1867年4月16日诞生于美国印地安那州的米尔维尔;弟弟奥维尔·莱特,1871年8月19日生于美国俄亥俄州的代顿。父亲是一位教父,他鼓励莱特兄弟学习科学知识,培养他们的动手能力。1878年,父亲给莱特兄弟买了一个能飞行的竹蜻蜓,兄弟俩十分着迷,尽兴之余,他们开始仿制不同尺寸的竹蜻蜓,从而使莱特兄弟的一生与飞行结下了不解之缘。

威尔伯·莱特(左)和奥维尔·莱特

莱特兄弟没有接受过严格的正规教育,中学毕业后先在代顿开办了一家自行车作坊。他们一方面制造和修理自行车,一方面又都是十分出色的自行车赛车手。这些经历为他们后来制造并亲自飞行各种飞行器提供了高超的工艺技能和强健的体格。

1894年之后,莱特兄弟的主要兴趣转向飞行。他们开始刻苦钻研德国著名滑翔飞行家李林达尔的飞行理论和经验,还求教于当时美国著名航空科学家塞缪尔·兰利和史密森学会。1899年,他们成功地制造了一个大型盒式风筝。1900年,莱特兄弟制造了一架翼展5米的滑翔机。他们在一座30米高的山上飞行了上千次,熟练地掌握了滑翔机的横向、纵向和俯仰操纵。

为了更好地掌握气动理论，莱特兄弟决定制造一个试验风洞。在两个月内试验了 200 多个翼型，并研究了双翼机、三翼机的气动布局。莱特兄弟不仅掌握了大量数据，而且对李林达尔和兰利的数据与理论进行了修正和补充。

1903 年，莱特兄弟开始了有动力飞行的探索。根根莱特兄弟的设计，与兄弟俩合作的机械师泰勒帮助他们制造出一台质量为 79 千克能产生 5.88 千瓦功率的发动机。他们还利用翼型试验数据并参考船用螺旋桨参数制造出两副效率高达 66%的螺旋桨。这种先进的螺旋桨在当时是绝无仅有的。飞机停放在 18 米长的滑轨上。飞机上有 3 个仪表：风速表、计时秒表和连在发动机上的计数器。这架飞机被命名为“飞行者”1 号。

1903 年 12 月 14 日试验失败了，飞机刚拉起来就重重地摔在地上，为此，兄弟俩紧张地把受伤的“飞行者”1 号修理了三天，终于迎来了 12 月 17 日的成功。

1903 年 12 月 17 日奥维尔准备起飞，站在旁边的是威尔伯

莱特兄弟的成功在美国引起的反应很冷淡，当时人们对刚刚 9 天前发生的、名噪一时的兰利博士的“空中旅行者”的失败还记忆犹新，不相信这两个名不见经传的三十几岁的年轻人会完成历史性创举。有人还认为这两个未受过正规教育的弟兄在编造谎言。“人类用重于空气的机器去飞行，不仅不可能，而且极不合理。”一位很有名的教授这样立论。德国一家杂志还把这一消息称之为“两个美国人的诈骗”。

但是，一切流言对于矢志于航空事业的莱特兄弟来说，只不过是耳旁风而已。走自己的路，让别人说去吧。

从 1899 年 6 月初正式阅读与研究前人在航空方面的经验、教训，到 1903 年 12 月 17 日成功完成人类第一次重于空气的动力飞行，莱特兄弟用 4 年时间实现了人类几千年的飞行梦想，从而开创了整整一个时代。但是，事情并不一帆风顺，莱特兄弟这一划时代的成果却用了比 4 年更长的时间才赢得世人普遍承认。

“飞行者”1 号成功之后，莱特兄弟又制造了结构更完善、飞行更稳定的“飞行者”2 号和 3 号。其中 2 号机进行了 105 次试飞，最长的持续飞行超过 5 分钟，飞行距离 4.4 千米。但遇到的问题是，当急转弯时会出现操纵不灵，因而造成失速，并失去控制。

3 号机进行了近 50 次飞行。为了解决转弯失速问题，他们把操纵机翼和方向舵的钢索分隔开来。这样既可以同时操纵机翼和方向舵，又可单独操纵其中之一，从而取得理想的机翼扭曲和方向舵的转动。经过改进，3 号机能不费力地倾斜、转弯和做“8”字飞行。1905 年 10 月 5 日，威尔伯进行了一次最长时间的飞行，持续 38 分钟，飞了 38.6 千米。

当时，莱特兄弟已经把经营自行车商店赚的一点钱全部花在研究和制造飞机上了，因此经济上感到捉襟见肘。他们想到向政府求助，但美国政府很不热心。鉴于为史密森博物院的兰利教授提供的 5 万美元的飞机研制费没有成效，美国政府不愿意再为飞机耗费资金。

正在莱特兄弟彷徨无助的关头，热衷于把飞机变成新式武器的欧洲一些国家的政府向莱特兄弟伸出热情的手，邀请他们赴欧洲表演，以证实飞机的性能。兄弟俩商量后，决定由哥哥威尔伯先行。1908 年 6 月，他先后到法国、意大利表演、讲学，引起轰动，还创造了飞行 2 小时 23 分 23 秒的记录。1909 年弟弟再度访欧。他们的表演极大地推动了欧洲航空事业的发展。兄弟俩深感欧洲各国航空技术进步神速，对自己的飞机若不改进，就有落后的危险。正是这种危机感，促使兄弟俩在以后的几年里集中精力埋头钻研，务求搞出更好的设计。

莱特兄弟全身心致力于飞行事业，共制造了 32 种飞机。1909 年他们创办了一个飞机工厂。在第一次世界大战中，位于代顿的莱特飞机公司制造了 1 000多架飞机。他们还在阿拉巴马州和代顿建立了两所飞行学校，并亲自教授飞行。

1912 年春，哥哥威尔伯在长期劳累和忧悒下终于病倒了，高烧不退，确诊为伤寒。5 月 30 日，这位毕生为飞行事业献身的伟大发明家与世长辞，享年仅 45 岁。

哥哥的去世使奥维尔在事业上失去了最有力的伙伴，内心无限悲痛，但一想到哥哥还有未竟的事业，不得不强忍悲痛振作起来。在他后期生活中，完成了两件法律诉讼：一件涉及飞机发明专利的归属；另一件关系到第一架飞机在全世界的形象。

奥维尔的晚年是在平静中度过的。1930 年，奥维尔被选为代顿市第一位荣誉市民。1932 年，美国政府在“飞行者”首次上天的基蒂霍克村竖立起一块巨大的飞行纪念碑，以表彰莱特兄弟的功绩。1947 年，就在奥维尔逝世前一年，美国最大的泛美航空公司特意邀请奥维尔乘坐一架豪华客机升空游览以感受航空事业近半个世纪来获得的巨大进步，真让奥维尔感慨万千。

1948 年 1 月 30 日，77 岁的奥维尔离开人世。为航空事业奠定基础的巨星陨落了，全美国一片哀悼之声，全世界也为之惋惜。

美国人在基蒂霍克为莱特兄弟首次动力飞行树立纪念碑

莱特兄弟对人类飞行事业做出了巨大贡献，人们也给予他们崇高的荣誉：法国、英国航空俱乐部授予他们金奖，史密森学会授予他们兰利金奖，美国总统授予他们美国航空俱乐部奖章，美国国会授予他们金奖及卓越飞行十字勋章。

概括莱特兄弟的一生，他们做出了 8 个方面的不朽贡献：研制了整套飞行操纵系统；研究了科学翼型的气动力数据；研制了第一台适用于飞机的轻质量航空发动机；研制出第一个高效率飞机螺旋桨；设计和制造了按强度、质量比构成的第一架飞机；在没有先例的情况下，通过实践，掌握了飞机驾驶技术；教授了飞行学；建立了大规模生产的飞机工厂。

为莱特飞机装上“心脏”
——第一台航空发动机制造者泰勒

有三个人参与了发明和研制人类第一架动力飞机，的确是三个人。前两个人大家都知道是莱特兄弟，但第三个人却鲜为人知，他就是查尔斯·泰勒，人们习惯叫他“查利”。他是一个埋头苦干、聪明勤奋的人。他爱抽雪茄、爱听机器的轰鸣声。虽然他对人类最伟大的成就之一——动力飞行做出了贡献，但他的名字几乎被航空史所遗忘。可以说，没有泰勒，第一架动力飞机就飞不起来。

查尔斯·泰勒1868年出生于美国伊利诺斯州的塞罗戈多，后来全家迁到内布拉斯加州的林肯市。他12岁就辍学去打工，在《内布拉斯加州》杂志社当勤杂工。但泰勒很喜欢机械，所以后来就到杂志社的装订厂去摆弄机器，在那里他如鱼得水。

泰勒

泰勒1894年结婚，1896年迁往俄亥俄州的代顿，遇见莱特兄弟，因为他妻子的叔叔把他的一所房子租给莱特兄弟做自行车生意。1898年，当泰勒开起自己的机加工车间时，莱特兄弟让他加工一些特别的零部件就是自然的了，比如，加工他们自己发明的脚刹车等。

泰勒后来卖掉了自己的车间，接受了莱特兄弟对他的聘用，周薪18美元。这是份很好的工作，因为莱特兄弟的车间离他家很近，中午可以骑车回家吃饭，每周还可多得8美元工资；再者他很喜欢莱特兄弟俩。

1901年6月15日，泰勒开始为莱特兄弟工作，日常工作是修自行车。这样莱特兄弟可以腾出更多的时间搞他们的滑翔机实验。他们经常要往返于代顿试验场地和基蒂霍克之间。为了要获得更精确的气动数据，如测量飞机和机翼曲面在不同角度下，作用在其上的气压的大小和方向，以改进他们根据滑翔经验建立的理论，莱特兄弟决定制造一个小风洞。

制造风洞是泰勒为莱特兄弟的航空事业做的第一件事。这个风洞是一个长方形的盒子,一端装一个由天然气发动机驱动的风扇。莱特兄弟在这个风洞里做了许多实验,根据所得的数据,他们开始制作1902年的滑翔机,泰勒为此做了许多机加工件。

威尔伯·莱特欢迎泰勒

1902年8月13日,这架滑翔机运到基蒂霍克,进行了若干次飞行。莱特兄弟返回代顿后就计划造一架动力飞机。通过他们的实验,莱特兄弟已经计算出发动机所需的功率为5.88千瓦。下一个问题是什么地方能弄到一台产生5.88～6.62千瓦功率且质量不超过81.5千克的轻型发动机。于是,他们向十多家汽车和发动机制造商征询,但都遭到回绝,原因是他们太忙,没有时间生产这种专用的发动机。

借助于他们自己对机械的经验,莱特兄弟决定自己设计、自己制造。他们估摸着,他们能造出一台4缸、冲程10.16厘米、内径10.16厘米、加上附件总质量不超过90千克的发动机。经过计算,该机发出的功率足够使他们的飞机飞起来。

莱特兄弟决定,把制造发动机的任务交给泰勒,他们自己制造飞机机体。这个新挑战使泰勒十分激动,他虽然对煤油发动机没有多少经验,但凭自己的技艺、智慧、热情和做事的效率,他有信心完成这个托付。1902—1903年的冬天,发动机制造开始了。他们先在纸上画出每个零件的草图,经过充分讨论后,就在车床上干起来。曲轴盒、飞轮、进气和排气活门、活塞,一件件,一样样,独具匠心地造出来。然后再一次次反复拆装、调试,就像一个钟表匠在做一只手表那样精细。最终只花了 6 个星期的时间，于 1903 年 2 月完成了这台发动机，这真是一个惊人的成就。

泰勒为莱特兄弟做的第一台航空发动机

在试车台上，发动机在 670 转每分钟的转速下发出 5.88 千瓦的功率，在 1 000转每分钟的转速下功率为 8.09 千瓦，最后在全速旋转时功率达到 8.82 千瓦。这样，莱特兄弟就可以在飞机上再加 68 千克的质量了。于是，他们加强了机翼和机身。发动机驱动两副相向旋转的螺旋桨。此外，飞机上全部的金属件，包括各种连接件都是泰勒做的。

1903 年 12 月 17 日，装上发动机的第一架飞机，滑跑了 10 多米之后，载着一个人成功地飞起来了，在 12 秒内飞了不到 40 米。那天，奥维尔和威尔伯各飞了两次，威尔伯最后一次飞了 59 秒，飞行距离 260 米，但飞机后来被大风刮坏了。虽然莱特兄弟的第一次飞行没有得到很好的宣传，他们还是很激动，决定再造一架飞机，但不想到基蒂霍克去了。于是，在代顿附近，他们向一位银行总裁借了一块大约 36.4 万平方米的牧场来试飞。泰勒和莱特兄弟一起在这里建了一个机库，由泰勒负责照管机场和设施，而莱特兄弟则在全国和全球到处跑。这样，泰勒就成为第一位管理机场的经理。

那时泰勒总想学飞行，但莱特兄弟不让他学，总设法打消他的念头。他们说，他们需要他在车间里工作，如果学了飞行他就会周游全国，当个表演飞行员，他们也许就再也见不着他了。

1908 年 9 月 17 日，奥维尔打算带泰勒飞行。飞机上换上一套大一些的螺旋桨，以承载两个人的质量，但泰勒被临时换成了带 20 岁的西点军校的毕业生托马斯·塞弗里奇中尉。在那次飞行中飞机不幸坠地，奥维尔受重伤，塞弗里奇中尉丧生，成为动力飞机第一个在事故中丧生的旅客。泰勒无意之中逃过一劫。飞机失事后，泰勒研究了坠毁现场，发现是新安装的螺旋桨各层之间脱开了。他将这个结果报告给在医院里养伤的奥维尔。这样，泰勒就成为动力飞行事故调查的第一人。

泰勒为莱特兄弟工作到 1920 年，后来他搬到加利福尼亚，便和奥维尔失去了联系(威尔伯早在 1912 年 5 月就因患伤寒而去世)。美国经济大萧条期间，泰勒的机加工车间倒闭。他用一生积蓄置办的房地产丧失殆尽，他的妻子也去世了。

1955 年 11 月一位记者发现，泰勒住在洛杉矶的一家慈善医院里，几乎处于赤贫状态。他的收入是社会保险养老金再加上奥维尔在 1948 年去世前为他建立的基金，每年 800 美元。

美国航空业界立刻为泰勒发起募捐活动，把他送到私人疗养院，几个月后，也就是 1956 年 1 月 30 日去世，享年 88 岁。他没有近亲，被安葬在洛杉矶瓦尔哈拉纪念公园里专门为航空先驱者设的公墓入口处。

查尔斯·泰勒是三位因制造出动力飞机而使世界变小的先驱中最后去世的一位，是造出第一架上天飞机的发动机的人，也是一位成功的飞机机械师，应该受到后人的推崇。

他的"机械鸟"跳了几跳
——法国飞机发明家阿代尔

在整个飞行史上，克莱芒·阿代尔是最有争议的一位人物。直到今天，人们对这位法国人的成就以及这些成就对航空事业发展的影响还在争论不休。人们普遍承认，阿代尔是第一个驾驶有动力的飞行器离开地面的人。但问题是他完成的"离地"能否算持续飞行，还是仅仅算作连贯"跳跃"而已。

1841年4月2日，多才多艺的阿代尔生于法国小城米雷。1855年，14岁的阿代尔成为图鲁兹圣约瑟夫学校的寄宿生。他有三项爱好：数学、画图和鸟类。虽然当时第一辆汽车尚未完全研制出来，阿代尔却已经在想一种能将人带入空中并能像他经常看到的鸽子那样随意飞行的机器了。他还根据一种昆虫的身体，设想过研制一种微型的螺旋桨飞机。

阿代尔

1870年11月25日，阿代尔给军事当局写信，介绍他自己设想的飞行器。1873年，普法战争刚刚结束不久，当时阿代尔是工程师，正在参与修铁路。有个陶瓷商借给他一套房子，让他制造一只机械鸟——一种用木头和羊肠线缝制成的滑翔机，翼展12米。机翼是空心木质，覆以纤维和翼肋。它的机翼是一种鹳翅膀的完美模拟品，上面插上几千根从周围农场收集来的鹅毛，据称，他请来邻村妇女小心翼翼地编织每一根羽毛。

机翼当然是由关节连接起来，能容易地抬起、放下和移动，尾翼也是由羽毛组成的，可以偏转。驾驶员通过一系列手柄来操纵"机械鸟"，再现一只鸟在飞行中的所有运动。

但无论是公众还是专家，对阿代尔的羽毛滑翔机都没有多少兴趣。村民们私下都嘲笑他做这种古怪的东西太荒唐。

阿代尔制造会飞的"机械鸟"的想法始终萦绕在他的心头。他甚至花很多钱在自己巴黎住房的花园里建了一个大鸟舍。1882 年,他去斯特拉斯堡用 3 个月的时间研究鹳的飞行,后来又到阿尔及利亚的康斯坦丁研究兀鹫的飞行。他确信,如果人能遵循几条原理,再有一对翅膀和一个发动机,总有一天,就能像鸟儿一样飞翔。他在极度秘密的情况下进行这项研究实验工作。

他在花园里的大鸟舍附近建了一个车间,开始建造飞行器——第一架能飞的机械。他的发明参照蝙蝠做模型。他把蝙蝠分解成几个部分,从解剖学的角度去考察。起初他一个人干,后来又找了两个人——瓦利尔和埃斯庞诺萨,他们成为阿代尔的忠实助手。阿代尔干了 7 年,终于在 1890 年完成了飞行器的制造。

阿代尔制作的飞行器

这架飞行器取名"风神",看起来就像一只硕大的蝙蝠,长 6.5 米,翼展 14 米,质量为 296 千克(包括驾驶员)。折叠的机翼是空心木质,上面覆以丝绸。"风神"用一台 14 千瓦的发动机,通过酒精加热的锅炉提供蒸汽动力。该机装四个轮子,两个在中央,第三个在尾部,第四个在前面,以防止向前翻倒。

在 1890 年 4 月 19 日注册的专利中,阿代尔为他的发明取了一个十分通用的名字"飞机",从此诞生了一个新词。

阿代尔把他的飞行器拆开后,用车拉到南部米雷小镇的一个庄园。1890 年 10 月 9 日下午 4 点,阿代尔坐到驾驶座上,他只让他的两个助手来看他的飞行。但园丁却偷偷躲在灌木丛后面看,他后来的叙述是非常珍贵的。阿代尔打开发动机,飞机立刻突突地抖动起来,并发出轰鸣声。随后发生的事情阿代尔后来记录在 1921 年出版的一本书里。

其中一段话是这样的："……于是我加速，轮子几乎立即停止在地面上摩擦，有几秒钟，我发现我腾空起来，感到一种莫可名状的轻飘的感觉。但是这时飞机已经快到跑道的尽头，不能再往前走了，我立即关掉发动机，飞机又向前滑行了几十米就停住了。这是发生在1890年10月9日的一件小事。"

"一件小事"，多么谦虚，也许阿代尔的错误正是在于没有邀请更多的人来观看，否则这些人就会报道他这次英勇行为。而现在他却要面对公众的不相信和政府的漠然处之。如果当时设法引起陆军对飞机的兴趣，情况就会好得多，因为飞机对陆军很有用处。

尽管1892年2月法国作战部与他签订了一个合同，但阿代尔直到5年之后才有机会向当局展示他惊人的发明，因为他制造的第二架原型机，不幸于1891年发生事故而不能飞了。阿代尔制造的第三架"飞机3号"功率更大，较易于驾驶，并且得到陆军工程师试飞资格认证。

试飞于1897年10月14日进行，结果却以失败而告终。飞机当时确实离地了，就像第一次一样。这次行进了300米，但遇到了侧风，英勇的飞行员失去了对飞机的控制，飞机重重地摔在了地上，而且远离跑道。

由于原因不能确定，作战部不想再继续进行这个费用昂贵的试验了，而且没有人给他提供资金。阿代尔气恼地病倒了。1902年，他决定终止他的航空研究。伤心至极的他请人把除了"飞机3号"之外的所有东西都清除干净，不留一点痕迹。"飞机3号"后来进了博物馆。

1910年，第一次世界大战爆发前4年，他写道："那些没有认识到空军是未来武器的国家准会遭殃。"在一本名叫《军事航空》的书中，阿代尔发出这样惊人的预见："随着军事航空的出现，英吉利海峡将不再那么重要了，其中的无数战舰将变得无用。那时英国必须成为自己领空的主人，海军部的工作将集中在保卫伦敦……"

在晚年，他的预见性思想和发现受到高度的赞扬。1924年10月，在他的飞机第一次飞行34年之后，家乡米雷的人给予他全面的称颂。1925年5月3日，他满载荣誉地在图鲁兹去世，享年84岁。在他临死之前，他还发出这样的预言："谁掌握天空，谁就主宰世界……"

打工仔心怀航空梦
——德国飞机发明家魏斯科普夫

航空史上究竟谁是第一架动力飞机的发明者,这个问题在国外长期众说不一。美国康涅狄格州一批航空史学家认为,侨居康涅狄格州的德国人怀特赫德才是“飞行第一人”,并尊称他为“康涅狄格航空之父”。据他们经过考证,怀特赫德于1901年8月14日成功地进行了人类历史上首次动力飞行,比莱特兄弟早两年多。

怀特赫德是德国人,在德国名字叫古斯塔夫·魏斯科普夫。魏斯科普夫到美国后,按姓氏的意译“白头”,故现在按英文音译出来就是“怀特赫德”。这里仍按他的德文名字称他为“魏斯科普夫”。

不知出于什么原因,美国不愿意把首先发明飞机的荣誉给予魏斯科普夫这个从德国到美国讨生活的流浪汉(按现在的说法也许是“非法移民”),甚至在美国权威的《航空航天百科全书》上,连他的名字都只字不提,这是不公平的。

魏斯科普夫1874年元旦出生在德国南部一个叫洛特豪森的小城,父亲是个木匠。当时正是李林达尔进行滑翔飞行的时期,魏斯科普夫从小就对飞行十分感兴趣。他经常用自己制作的纸飞机来模仿鸟类飞行。上学时同学们称他是“会飞的小动物”。不幸的是,魏斯科普夫13岁时父母双亡成了孤儿,靠祖父抚养长大。小学毕业后因家境艰难,他在一家机器厂当过钳工,还在开往巴西的轮船上当过伙计。1892年他逗留在美国波士顿。

那时他一没有钱,二没有工作。但由于有以前在和李林达尔通信中学到的一些滑翔知识,被波士顿航空学会招聘去制造飞机。在李林达尔飞行器的影响下,他设计成一架“波士顿飞行者”号双翼机,带手操纵的螺旋桨和活动机翼。但这架飞机在1896年的第一次试飞中就摔碎了,魏斯科普夫从此也失望地离开了波士顿。

在纽约,他找到一个职业,为一家玩具店表演风筝,他最多可同时保持15架风筝在空中。1897年,他又流浪到布法罗,年底结了婚。由于他英语不好,和朋友及雇主关系不和,使他一再更换职业。在女儿出生后不久,他就迁到宾夕法尼亚州的翰斯敦。不久他又迁到匹兹堡,在一家煤矿工作。即使在生活如此颠沛流离的情况下,魏斯科普夫始终也没有忘记飞行的理想。在煤矿工作时,

他对于用煤作为蒸汽发动机的燃料产生了兴趣，并决定用这种蒸汽机作为他1897年设计的一种飞机的动力。那是一架1898年制造的双座飞机，于1899年试飞，除了飞行员之外还带一名司炉。据说，那架飞机曾飞到8米高，后来失去控制撞上一幢三层楼房。参加飞行的同伴达拉维受伤，住院三周，魏斯科普夫幸免受伤。由于这次事故，他被警察局逐出匹兹堡，来到康涅狄格州布里奇波特，找了个运煤卡车司机的差事。

多次失败并没有使魏斯科普夫和他的同伴灰心。在后来的日子里，他和其他飞行爱好者一起，利用业余时间先后制造了18架飞机，大部分是滑翔机，一般都较大，能带两个人。1900年，魏斯科普夫找到一个值夜班的工作，以便白天能全力以赴地造飞机。第二年夏天，他完成了第21型飞机。该机翼展10.7米，机长4.9米，发动机是两台14.70千瓦的乙炔气发动机。飞机采用封闭机身，有供两个人活动的空间，还装了起落架和可以折叠的机翼。8月14日晨，飞机在布里奇波特附近的海滩飞上了天。魏斯科普夫在一封给《美国发明者》的信中叙述了那天的四次飞行。8月19日，目击那次飞行的记者在当地《星期日报》发表一整版有关的报道：魏斯科普夫飞了800米远，约16米高。遗憾的是，没

1901年魏斯科普夫和女儿在21号飞机前

有飞行照片。另一个参加飞行的人说，飞机是用日本丝绸蒙在竹制构架上做成的，装一台四缸双冲程发动机，驱动两个螺旋桨，质量为360千克。魏斯科普夫不久又制成第22型，装一台功率为29.4千瓦的迪塞尔气冷发动机，驱动两个直径1.83米的螺旋桨。起落架有四个轮子，前面两个由发动机直接驱动，起飞距离整20米。1902年1月17日第一次飞行，在长岛海湾上空飞了约3千米，降落在水面上。第二次飞行持续了11.2千米，高度约135米。魏斯科普夫是个穷苦的普通人，在当时的条件下，想继续制造和试验飞机当然会遇到很多困

难。为了积攒经费，魏斯科普夫接受合同，设计和制造了30多台发动机，在发动机设计制造和其他领域有不少创新。1917年，当美国参加第一次世界大战、士兵们在长岛某地接收被充公的机库时，在机翼下发现一个躺着的人就是魏斯科普夫。十年后，即1927年10月10日，魏在工作中由于心脏病突然发作而死去，结束了贫困而有作为的一生。据他的女儿回忆，他们一家只有在夏天日子才好过一些，因为她可以靠采集浆果赚些零钱来补贴家用。

1901年的成功飞行虽然布里奇波特地方报纸有过报道，但没有引起人们的注意，直到1937年，有人重新发现那篇报道，并再次公布出来。同年，一位名叫伦道夫的记者还写了一本书《默默无闻的魏氏飞行》。1941年，德国帝国航空部在魏斯科普夫出生城市的一份公告中，第一次宣布他是第一个完成动力飞行的人。但由于战争关系，无法进一步调查。直到20世纪60年代初，美国空军一位少校军官威廉·奥德怀尔帮助他在布里奇波特的一个朋友搬家时，在顶楼上偶然发现一批材料，里面有设计图、各种文献资料和计算手稿等。经研究证实，魏斯科普夫曾经在那所房子里住过。奥德怀尔在其他军官和记者伦道夫的帮助下，整理了那批材料，又找当事人谈话，在档案中查找可以证实魏氏飞行的证据。1964年8月14日，也就是魏斯科普夫成功飞行63年以后，奥德怀尔把他轰动一时的发现公诸于世。伦道夫写了第二本书《莱特兄弟飞行之前》，终于让更多的人知道了事情的真相。后来，奥德怀尔和伦道夫被洛特蒙森市授予荣誉市民称号。一些国家的航空史学团体开会决议，于1966年在美国布里奇波特为魏斯科普夫树起了一块墓碑，上面写着："1874.1.1～1927.10.10，康涅狄格航空之父"。魏斯科普夫和莱特兄弟差不多在同一时期先后成功地实现了重于空气的飞行器的动力飞行，从当时的技术条件看是完全有可能的。但是由于魏斯科普夫的处境，没有能像莱特兄弟那样，在首次飞行成功之后，又坚持不懈地进行了5年之久的试验和改进，终于得到美国政府的承认和欧洲一些国家的赞许，进行了更多的工作，从而在航空史上产生了巨大的影响。尽管魏斯科普夫的飞行试验在当时是"默默无闻"的，但毕竟为航空技术的发展贡献了一生的精力，理应受到后人的尊重。让莱特兄弟、魏斯科普夫和其他对航空发展有所贡献的人一起名垂史册吧！

给船装上翅膀
——发明水上飞机的亨利·法布尔

1910年3月28日,法国南部马赛附近的拉梅德海湾风平浪静。海湾岸边无数观众黑压压一大片,正满怀喜悦的心情等待观看一场特殊的飞行表演。忽然,一架飞机沿水面滑行起飞。飞机在空中翱翔5分钟后又安全降落在水面上。此时,岸边观众欢呼雀跃,“成功了!成功了!”尔后,飞机又表演了三次,受到观众齐声喝彩。驾驶这架水上飞机的是它的设计师和制造者,但从来没有驾驶过飞机的亨利·法布尔。

亨利·法布尔1882年出生于法国南部的马赛。这位船主的后代从小就随父亲在地中海过着航海的生活。一次次惊涛骇浪死神般地向法布尔父子的船只袭来时,无形中增添了法布尔的勇气和智慧。他那幼小的心灵里幻想着,总会有一天自己会给船装上翅膀,一旦遇到不测风云,船只就可以像海鸥那样振翅高飞。也许是幼年时留下的烙印的缘故,法布尔青年时代对工程兴趣尤浓。在取得理学学士学位后,他专攻流体力学和空气动力学,从而奠定了他研究水上飞机并取得成功的基础。

法布尔

法布尔长到23岁时,他一心追随像瓦赞兄弟和布莱里奥那样的航空先驱者。由于家庭经济条件比较优越,他得以将时间和精力主要用于研究空气动力学问题。从1907至1909年,他用了两年时间,进行了各种试验,其中一些是在“飞跃”号研究船上进行的。在船上,他对不同翼面上的气流进行了一番调查研究;其他试验是在陆地上进行的,用的是一辆螺旋桨驱动的小汽车。他做的最重要的工作也许是现在被称为对浸入水中的翼面和浮筒进行的理论研究。

1909年，法布尔断定，他已经能够用他的理论制造一架实际的飞机。这是一架水上飞机，有三个浮筒，装三台发动机，连接一副螺旋桨。遗憾的是，这架飞机没有飞起来。这在当时并不少见。接着，法布尔又设计了另一架飞机。他的第二架飞机在1910年3月进行了飞行。这架飞机结构非常有趣，其中有好几处反映出法布尔的船舶制造的背景。在飞机的前端，有一对舵和两个水平升力面，上面的一个作为升降舵。机身前面有一个浮筒，另外两个装在单翼机的机翼下，机翼安装在飞机的后面。有点像自行车座的飞行员座椅很靠前，安装在两根纵梁中的一根上，纵梁将机翼与升降舵连接在一起。一台36.75千瓦的汽缸旋转式发动机装在后面，驱动一副推进式螺旋桨。

翼梁和机身主梁是一种新颖的格栅梁结构。机身主梁蒙有蒙皮，而与飞行方向成直角的翼梁却没有蒙皮，这样空气就能通畅地流过网格并减小阻力。整个构架是木制的。特别有趣的是，浮筒是用胶合板制成的，有较好的弹性，可抗水上滑行时的撞击和降落时的振动。

1910年3月28日，法布尔制造的第一架水上飞机试飞成功

在第一次试飞时，水上飞机约以55千米每小时的速度在水面滑行，但没有升起来。第二次试飞时，法布尔驾驶该机飞离了水面，速度达到60千米每小时，直线飞行了大约500米，后来随着发动机关车而安全降落。这天共飞行4次。第二天又飞了6千米。

1910年10月，在巴黎航空展览会上，展出了这种飞机的改进型。从美国远道而来的格伦·寇蒂斯花了很多时间与法布尔在一起相互切磋，他非常尊重法布尔的工作成果，并乐意向他的同行先驱者学习。

1911年3月，在摩纳哥举行的一次重大的汽船集会上，法布尔请来了一位经验丰富的飞行员让·贝居替他驾驶经过改进的水上飞机，进行飞行表演。第一次飞行非常成功，但第二次却犯了一个严重错误，着陆时离岸太近，掉进拍岸的浪涛里，飞机严重损坏。法布尔就此结束了水上飞机方面的工作。他认为继续研制将花费太大，这是他财力所不及的。然而他并没有完全终止航空事业，他转而集中精力为别的飞机设计和制造浮筒。

1911 年，他为瓦赞双翼机设计了浮筒，使该机成了世界上第一架水陆两用飞机；1913 年在摩纳哥赛会上获胜的水上飞机所装的浮筒也是他的设计。他在这个领域连续工作了多年。

和大多数早期航空先驱不同的是，法布尔没有早早地在飞行事故中丧生。相反，他很长寿，直到 1970 年他 88 岁时，有人还看见他只身驾驶自己的帆船在马赛港航行。1984 年，法布尔以 102 岁的高龄离开了人世，超过了 101 岁去世的英国飞机设计师索普威斯。

第一个提出喷气飞机设想的人
——罗马尼亚人科安达

在人们的印象中，罗马尼亚并不是早期航空发达国家，但有几位罗马尼亚人在航空史上却占有重要地位，其中亨利·科安达就是一个。他是最早提出喷气飞机设想的人，制造过模型，但没有飞成。他还首创轰炸瞄准具，从而发明了用现代术语表达的“综合武器系统”。科安达不仅在航空上有造诣，而且在艺术上有天赋，在法国著名雕刻家罗丹指导下学习雕刻。

亨利·科安达1885年出生于罗马尼亚布加勒斯特，父亲是陆军将军。毕业于巴黎数学学院的年轻的科安达进了他父亲执教的布加勒斯特工程炮兵军事学校学习，毕业后，当了一名军官。

科安达和他的喷气飞机

但军人生活使他厌倦，他转而学习工程和艺术。1905年，他曾制造过一个火箭推进飞机的模型，他想利用喷气的反作用力作为动力装置，从此便走上了航空生涯。

1906年，科安达在巴黎偶遇瓦赞和布莱里奥两位热衷航空的先驱，他们劝他搬到巴黎来，因为当时巴黎被公认为“世界航空之都”。科安达接受两位先驱的忠告，来到巴黎，考入巴黎高级航空学校学习，1909年毕业。其间，他没有完全放弃对艺术的爱好，曾向罗丹学习雕刻，得到大师的赞赏。

1910年，科安达在巴黎展览会上展出了他制作的第一架全尺寸喷气飞机，引起很大轰动。说它是第一架喷气飞机，因为它并不是一架真正的装涡轮喷气发动机的飞机，而是装有今天被称为涵道风扇发动机的飞机。在涵道内，风扇向后驱动空气，产生推力，而风扇本身是用36.75千瓦的克莱格特发动机驱动的。当时，科安达的动力装置被称为涡轮推进器或涡轮螺旋桨。虽然它的外形和现代的装置非常相似，但它不可能为成功的飞行提供足够的推力。

科安达的喷气飞机究竟有没有飞起来，后人有争论。按科安达自己的回忆是“这天是 1910 年 12 月 10 日，我并没有打算飞行。我的计划是检查那台喷气发动机在接近地面时的工作情况。但是，返回到我身上的热喷气流超出了我的想像，我担心会把这架飞机烧着。为此，我集中精力调整喷流，但没有意识到飞机却在迅速增速。”

“后来，我抬头一看，竟发现巴黎城墙在急速向我接近。此时已来不及停车或转弯，于是我决定飞起来试试。遗憾的是，我没有飞行经验，而且也不熟悉这架飞机的操纵系统。飞机好像突然急速上升，接着便猛地一下掉向地面。先是左翼触地，跟着就瘫作一堆。我没有被困在里面，很幸运地被抛出了燃烧着的飞机。”

这架 1910 年的科安达飞机除发动机外，还有不少特色。例如，它是一架翼半双翼机，即其下翼的翼展比上翼短得多；机翼本身不是用一般的织物蒙起来，而是用胶合板。因此该机具有历史意义，但命运不佳。

遗憾的是，科安达后来没有抓住喷气飞机的思路继续发展下去，而是转向设计常规飞机。1912 年，科安达来到英格兰，加入不列颠与殖民地飞机公司(后来叫布里斯托尔公司，现在是英国宇航公司的一部分)当技术顾问。在他为该公司设计的飞机中，有一种外观漂亮的军用单翼机。在单翼机失事后，就改成了双翼机，提供给法国、意大利、德国和他的祖国罗马尼亚。

科安达并不满足于设计军用飞机，他认识到，军用飞机的全部潜在作用，只有在为它们研制出专门的设备之后，才能充分发挥出来。于是，他专心致志地研究瞄准和投炸弹的方法。1913 年，他在巴黎展览会上展出一部轰炸瞄准具，再次引起人们的重视。科安达设计的轰炸瞄准具是准备与炸弹投放系统联用的。投放的炸弹装在一个圆筒里，就像左轮手枪那样，但利用活塞将其投下。这样，科安达不仅制造了第一架喷气式飞机，而且按现代术语来说，他发明了第一种“综合武器系统”。另外他也没有忽视火炮，因为他为飞机设计了一种无后座力的轻型结构火炮。

1972 年，科安达去世，享年 87 岁。

把梦想变成现实
——俄裔美国直升机发明家西科尔斯基

西科尔斯基是一位对航空早期发展卓有建树的俄国人。十月革命后，他离开祖国投奔大洋彼岸的美利坚合众国，20 世纪 30 年代成为开创现代直升机事业的元勋。然而他的事迹在苏联航空界随着他的出走在 80 年漫长岁月里一直无声无息，直到 1999 年西科尔斯基 110 周年诞辰时，在莫斯科科技博物馆里举办了一个介绍西科尔斯基成就的展览，以这种方式接纳了它多年“失去的儿子”。

伊戈尔·西科尔斯基 1889 年 5 月 25 日出生于沙皇俄国的基辅，父亲是一位有名的医生，母亲也受过高等教育，这在当时俄罗斯妇女中还是少见的。西科尔斯基从小受到家庭的良好教育，包括母亲为他讲述意大利人达·芬奇探索直升机的故事，使他在幼小心灵里萌生了对航空的浓厚兴趣。

西科尔斯基

1900 年，11 岁的西科尔斯基作了一个梦，梦见自己在装有舒适座椅的座舱中，响声和震动表明，他所坐的是一种快速运动的运输工具，既不是火车，也不是轮船，他好奇地向窗外望去，发现那浩瀚的海洋、葱绿的大地就在脚下。“腾云驾雾”的感觉让他激动，叫他兴奋，就在他放声大吼的瞬间，他醒来了。不过，飞翔之梦从此深深地印在他的脑海里。

1901 年，西科尔斯基 12 岁那年，制作了一架橡筋动力的直升机模型。1903—1906 年，他先后就读于彼得堡海军学校和基辅工业学院。虽然当时没有航空课程，但乘机械动力飞行器短暂（几秒）飞离地面的法国航空先驱阿代尔等人的故事，还有首先使用滑翔机做了 2 000 多次飞翔试验并在试验中身亡的德国人李林达尔的事迹，仍时时激励着这位学子，促使他读遍了当时能够看到的所有涉及航空的书籍。

然而，真正让西科尔斯基下决心投身航空事业的还是举世闻名的莱特兄弟在巴黎的第一次公开飞行表演。那是1908年夏天，19岁的西科尔斯基随同父亲在德国度假，当他从报纸上读到美国人莱特在法国第一次飞行表演的报道时，重新勾起他童年时代对航空的热望。他千方百计说服家里人送他去法国学习航空。1909年1月，西科尔斯基来到当时世界航空活动的中心巴黎，在那里结识了不少航空前辈。5月份，他带着在巴黎买的一台发动机返回俄国，先后制造了两架直升机，但都没有飞起来。后来，他知道这是因为发动机功率太小的缘故。

研制直升机遇到的挫折并没有使西科尔斯基失望，他转向研制固定翼飞机。1911年，他先后制造了4架飞机(S-1～S-4)，边造边试飞，在实践中摸索，直到第5架终于获得成功。1912年造的第6架飞机在一次军事竞赛中获得高额奖金。这时，他被俄国波罗的海机车车辆厂聘用，出任飞机部的设计师和总工程师。他说服厂领导，制造装4台发动机的大型飞机。西科尔斯基带领一班人，克服了很多困难，在1913年5月，驾驶这架号称“俄罗斯勇士”的飞机飞

S-42B“香港飞剪”号水上飞机在1937—1941年间为泛美航空公司提供跨太平洋航班，一度把航线从马尼拉延伸到香港

上了蓝天。这架飞机是世界上第一种四发大型飞机。1914年，西科尔斯基又在“俄罗斯勇士”的基础上研制出更大的飞机，叫“伊里亚·穆罗梅茨”。第一次世界大战爆发后，应俄国军方要求，该机生产了70多架，其中约60架参加了第一次世界大战。

在1917年十月革命后，西科尔斯基移居法国，后又乘船横渡大西洋移民美国。途中，他曾考虑还需要多久飞机才能飞越大西洋。当时很多专家断言，要

越洋飞行只有靠水上飞机。

到美国以后，西科尔斯基英语讲得不好，加上战后美国航空工业处于极度萧条之中，使他的处境十分艰难。几年后，在其他俄国移民的资助下，西科尔斯基办起一家小公司，1924 年研制出一种双发运输机 S－29A。在以后的年代里，西科尔斯基又研制出一系列水上飞机，如 S－36、S－39、S－40、S－42 等。其中特别值得介绍的是 S－40，装 4 台普惠公司“大黄蜂”发动机，能载客 40 人和 6 名机组人员，是当时世界上最先进，也是最大的全金属水上飞机。第一架 S－40 被命名为“美国飞剪号”，泛美航空公司于 1931 年 11 月 19 日用它首次载客飞行。S－40 是泛美航空公司开辟跨大西洋、跨太平洋航线的主要手段，为美国航空运输业的发展做出了巨大的贡献。

西科尔斯基在研制固定翼飞机的同时，仍一直关注着直升机的发展。到 20 世纪 30 年代中期，他重新集中精力从事直升机研制。经过 4 年的摸索，终于在 1939 年制成一架样机 VS－300，9 月 14 日进行了第一次跳跃飞行，稳定性和操纵性都十分有限。但他以极大的耐心和毅力，逐一对各操纵系统进行了试验，到 1941 年 5 月，创造了续航 1.5 小时的世界记录。接着，美国陆军与他签订合同，要求他研制 R－4 直升机，使直升机走向实用。1942 年 5 月 13 日，R－4 从康涅狄格州斯特拉福德起飞，18 日到达俄亥俄州莱特基地，航程 1 225 千米，是直升机首次横跨美国大陆飞行。R－4 是美国军方订购的第一种直升机，1944—1945 年曾在阿拉斯加和缅甸用于搜索和训练。战后，西科尔斯基很快推出了 4 座民用 S－51 直升机，洛杉矶航空公司于 1947 年 10 月 1 日用它开辟了美国第一条直升机定期邮政航班。

1939 年，50 岁的西科尔斯基自己驾驶直升机试飞

与在固定翼飞机制造领域一样，西科斯基在直升机制造领域的杰作也是“重量级”作品。1949 年，公司在用 S－54 进行了长时间试验后，推出了 3.5 吨的 S－55，1953 年又拿出重量达 14 吨的 S－56，从而证明了用单旋翼布局能够制造出各种质重级直升机。

在 S－56 动力系统的基础上，西科尔斯基在退休前制造的最后一架直升机是 1958 年首飞的 S－58。它曾被一系列国家生产，其性能要优于同时代的所有直升机，被专家们看作是第一代直升机的代表作。

由西科尔斯基领导的公司一直是举世公认的世界直升机制造业的老大，难怪在他活着的时候，人们称他为“1号直升机驾驶员”。西科尔斯基一生共获得80多种荣誉奖章、奖杯和荣誉证书。1958年，西科尔斯基退休。由他建立的强大的科技储备以及他不断为公司提出的建议使公司在20世纪60年代初成功地制造出第二代直升机：S－61、S－62、S－64、S－65和S－67。在美国生活的那些年，在他领导和参与下，共制造出17种飞机和18种直升机。

1972年10月26日，直升机发明家和设计师西科尔斯基在美国康涅狄格州伊顿市逝世，终年84岁。他传奇般的一生正如他所说的一句话：“人类制服天空、发明飞行器是最令人引为自豪的一个梦想。这个梦想让人想像，最后通过人得以实现。”这是一个不同凡响的梦，但西科尔斯基终于把这个梦变成现实了。

为飞翼奋斗一生
——美国飞机设计师诺斯罗普

近年，F－117隐身战斗机、B－2隐身轰炸机不时出现在世界各地。它们貌似幽灵的外形，整个飞机只有机翼，没有尾翼、垂尾，显得非常另类。其实，早在20世纪40年代，就有人围绕“飞翼”做了大量的工作，这个人就是美国飞机设计师诺斯罗普。

约翰·克努森·诺斯罗普1895年11月10日生于美国新泽西州纽瓦克，1904年随父母迁往加州巴巴拉，在那里长大，1916年进入洛克希德飞机制造公司。公司给他的第一项工作是设计F－1双发水上飞机的机翼。F－1是为了与寇蒂斯公司竞争一项军事合同而设计的。

1920—1928年，诺斯罗普先后在道格拉斯、瑞安、洛克希德等公司工作，参与设计了很多知名的飞机，如美国陆军第一次环球飞行用的“世界巡航者”、林白第一次单人飞越大西洋用的M－1飞机、波斯特1931—1933年环球飞行用的“织女星”飞机等。

1928年，诺斯罗普离开洛克希德公司，建立了自己的公司。1930年公司设计出7座的阿尔法客机。这是美国第一种投产的全金属加强蒙皮客机，曾在环球航空公司投入使用。

1939年，诺斯罗普不愿自己的公司被强大的道格拉斯公司吞并掉，毅然离开原来的公司，又重新创办了一家新公司——诺斯罗普飞机公司。

1941年，公司设计的P－61“黑寡妇”成为美国第一种夜间战斗机，生产总数达700多架，在太平洋和欧洲战场被广泛使用。

诺斯罗普是一位具有创新思想的设计师，在他从事上述各项工作的同时，一种更加先进的飞机设想始终萦绕在心头，那就是飞翼。他认为，飞翼的气动力外形干净，即机翼所产生的阻力要比机翼加机身合在一起形成的阻力小，因而飞翼能比普通外形的飞机飞得更快、更远。为了实现这个想法，诺斯罗普为之努力了几十年。

早在1929年，诺斯罗普就试飞了他设计的第一种装66.15千瓦发动机的飞翼。尽管该机因为使用外部操纵面和外伸的尾撑，所以还不能算是真正的飞翼，但它为后来设计飞翼铺平了道路。当时的问题是，诺斯罗普的经济实力不够，不足以把飞翼研究继续下去，因此只好把开发飞翼的想法暂时搁置起来。

到了 1939 年，新的诺斯罗普飞机公司成立，得到数量不少的军用合同，才使他有可能重新集中精力开发飞翼。

在重新开展工作以前，诺斯罗普查阅了大量技术资料，还从加州古根海姆航空研究实验室请来气动力权威冯·卡门教授，对大量飞翼模型进行风洞试验和自由飞试验。

为了开发全尺寸飞翼，诺斯罗普先制造了一个缩比样机 N－1M（"诺斯罗普"1 号样机），绰号"吉普"，是用木材和钢管制作的。飞翼翼展 11.6 米，机长 5.2 米，机高 1.5 米。1940 年 7 月 3 日，N－1M 在加州贝克干湖首次试飞，试飞员是万斯·布里斯。

试飞初期，试飞员布里斯报告说，飞机仅离地不到 2 米，并且必须保持一个精确的迎角才能飞行。结果请来冯·卡门教授，通过调整升降副翼的后缘才解决了问题。

飞翼布局有很多优点，但最大的问题是稳定性不好。为了解决这个问题，诺斯罗普在 N－1M 研制中进行了多项改进。通过 N－1M 的数百次飞行试验，诺斯罗普发现，采用较大后掠角并使重心前移，可提高飞翼的俯仰稳定性，并最终找到一个航向、俯仰稳定性都好的飞翼布局：大后掠角、小上反角、翼梢无下反。

在 N－1M 的基础上，诺斯罗普又开发了 N－9M。N－9M 在外形上很像 N－1M，两台 191.10 千瓦的发动机全埋在飞翼内，使整个飞机显得简洁、流畅。为了防止着陆时翼尖触地，N－9M 在机尾装有一个可收放的防撞机轮。N－9M系列飞机共制造 4 架，编号分别为 M1、M2、MA 和 MB。从 1942 年 12 月到 1945 年上半年，这 4 架飞机进行了大量试飞，为后来研制 XB－35 积累了宝贵的数据。

第二次世界大战期间，根据军方的要求，诺斯罗普设计了多种飞翼方案，有小型战斗机，也有大型轰炸机。但小型战斗机计划在战争结束时都被取消了。

1941 年 11 月，美国陆军航空队下令研制两架 XB－35 飞翼轰炸机原型机，1943 年又追加了 13 架的合同，称 YB－35。该机计划用来轰炸德国。XB－35 翼展 52.43 米，最大质量 74 843 千克。1941 年方案设计时，该机显得极具希望：预估计可比普通轰炸机航程远 13%～14%；达到与其相当的飞机的速度只需 75%～89%的发动机动力。陆军航空队还责成康维尔公司研制另一种大型战略轰炸机 B－36，准备进行对比试验。

XB－35 进度不如人意，直到战争结束之后的 1946 年 6 月 25 日才首次试飞，200 架 XB－35 轰炸机的合同自然被取消了，而且海军对评估其性能也失去了兴趣。最后，这种外形奇特的飞翼轰炸机只制造了 15 架。

在试飞中，XB－35 性能不错，不足的是发动机多次出现故障。改装成单桨叶的螺旋桨之后，情况有所改善。这使得诺斯罗普转而想搞喷气式的飞翼，这就是 YB-49 的起源。

由于有了可靠的动力，YB-49 很快就展现了出色的性能，能携带 13.6 吨炸弹飞行 8 640 千米，巡航速度为 644 千米每小时。不幸的是，第二架 YB-49 于 1949 年 6 月 5 日在试飞时坠毁，机上 5 名机组人员全部遇难。

直到 1946 年才首飞成功的 XB-35

1949 年，空军以标准化为由，与 YB-49 的竞争对手签了合同，30 架 YB-49的合同被取消。美国国防部突然宣布取消合同，使多年来对飞翼的优异性能怀有热烈期望的航空工业界为之哗然。究竟出了什么问题？谁也不知道。闷闷不乐的诺斯罗普下令把已经造好的飞翼拆掉，公司继续以为军方生产航空部件来维持生计。

1952 年，年仅 57 岁的诺斯罗普以健康状况不佳为由提前退休。他的朋友都认为，是几十年飞翼梦想的破灭把他摧垮了。随后的 30 年，诺斯罗普一直过着隐居的生活，再不愿和人们讨论飞翼的话题。直到 1980 年 12 月，身患重病的诺斯罗普觉得不能再保持沉默了。在一次电视采访中，诺斯罗普透露了飞翼合同被取消的真正原因：他不愿接受空军的指令，把自己的小公司与较大的康维尔公司合并；但他又不能声张，只好保持沉默，因为他的公司还得依赖空军的合同才能生存下去。几个月后，1981 年 2 月 18 日，诺斯罗普永远离开了人世。

到了 20 世纪 80 年代，沉寂了近 30 年的飞翼方案，随着美国空军 F-117 隐身战斗机和 B-2 隐身轰炸机的问世又变得十分活跃。应该说，B-2 是诺斯罗普几十年苦心研究飞翼结出的硕果。1978 年，美国空军根据战略上的需要，要求飞机公司秘密研制一种隐身战略轰炸机，1981 年 10 月，富有飞翼研制经验的诺斯罗普公司争取到了这项合同。1988 年 11 月 22 日，诺斯罗普公司向社会公开了 B－2 轰炸机，揭开了它神秘的面纱。这个没有机身和尾翼的“黑家伙”正是当年诺斯罗普梦寐以求的飞翼。它的机身机翼完全融为一体，平面形状呈三角翼，前缘后掠角 33 度，双 W 形后缘共有 8 个操纵面，其中 6 个升降副翼，2 个阻流方向舵，没有垂直尾翼，座舱、动力和武器也都基本或完全埋入机体之内。这种解决操纵性问题的方法正是在当年 XB－35 和 YB－49 上已经试验成功的技术。

B－2 轰炸机

不屈不挠走向成功

——英国喷气发动机发明家惠特尔

在军用飞机速度只有240千米每小时的时候，英国一位年轻的学生敢于预言：未来飞机将以喷气发动机为动力，速度可以远远超过650千米每小时以上。他的理论无疑是对当时权威发出的挑战。历经各种挫折，年轻人的预言终于变成了现实。这位年轻人就是英国的弗兰克·惠特尔。

弗兰克·惠特尔1907年6月1日生于英国考文垂。在第一次世界大战中，童年的惠特尔亲眼看到战斗机在空中格斗，从而对空战产生了浓厚兴趣。1923年，16岁的惠特尔进入克兰威尔英国皇家空军工厂，刻苦学习3年，后被保送进入空军学院学习。惠特尔勤于独立思考，很快发现：驱动螺旋桨的活塞式发动机吸入的空气流量有限，越到高空，空气密度越小，对发动机的工作越不利；当飞机的飞行速度超过650千米每小时时，螺旋桨的效率急剧下降，导致输出功率大大减小；加上活塞发动机结构设计的局限性，无法满足飞机进一步提高飞行速度的需要。于是，惠特尔想寻找一条克服活塞式发动机局限性的根本出路。

惠特尔

1927年，当全世界沉醉在为美国人林白单人飞越大西洋取得成功而欢欣鼓舞时，21岁的军校学生惠特尔就预言：未来飞机将以喷气发动机为动力。

1928年，在空军学院学习的最后一学期，惠特尔在毕业论文《飞机设计的未来发展》中提出了新型推进系统——涡轮喷气发动机的工作原理：先将空气吸入，再经过双面离心压气机压缩，然后在单管燃烧室内喷油燃烧；燃烧后的高压燃气驱动涡轮带动压气机，同时高速从尾喷管喷出，从而产生推力推动飞机向前飞行。他推导出发动机热力学和基本方程，并且指出飞机的巡航飞行高度可以达到35 000米。惠特尔的设想令人耳目一新，显示出他有非凡的才干和扎实的理论功底。惠特尔被誉为“业余科学家”；其实，当时他还只是一个刚刚20岁出头的学生。

遗憾的是，在当时军用飞机最大速度只有240千米每小时的情况下，大多数技术权威们认为，飞机的飞行速度绝对不可能达到650千米每小时，飞行高度也绝不会超过7 600米。惠特尔提出的新理论，无疑是对权威们的重大挑战！

惠特尔毕业后被分配到中央飞行学校任训练教官。校长慧眼识英才，非常重视他的设计，认定设想合理，并决定在军部组织座谈会，评定惠特尔的整套设计。但是大多数人的思想仍囿于传统的活塞式发动机的模式中，认为惠特尔的设计是突发奇想，“设想过于先进，是否可行还没有得到证实”、“困难太多，投资太大”。

尽管航空部拒绝了惠特尔的设想，但皇家空军一位叫约翰逊的军官鼓励他不要放弃研制涡轮喷气发动机的想法，并在1930年1月帮助他申请了专利。

1932年年中，惠特尔申报的专利终于被批准。但是由于航空部不感兴趣，他的发动机设计专利没有被列入保密目录，而是向全世界公开发表。取得专利

惠特尔发明的喷气发动机

之后的3年时间里，无论是政府部门还是工业界，都没有人愿意资助惠特尔的喷气发动机计划。这时惠特尔已是两个孩子的父亲，家庭经济负担很重，甚至连延长专利有效期的5英镑都拿不出。惠特尔只好准备放弃他的想法。事后惠特尔回忆当时的情况“真是到了山穷水尽的地步！”

但是，天无绝人之路。1935年，机遇终于来了。在原克兰威尔空军学院一

位学友、飞行员威廉姆斯的安排下，一家由银行家组成的财团决定资助1936年3月新成立的“动力喷气有限公司”试制惠特尔发明的涡轮喷气发动机。发动机取名WU，是“惠特尔样机”的意思。研制工作进行得并不顺利。惠特尔此时担任动力喷气有限公司的名誉总工程师，但他是从皇家空军“借”来的，每周只能为WU计划工作6小时。

惠特尔的全部设计是创新的，无从借鉴。按常规作法，需要一个部件一个部件地反复试验，试验合格后再组装成整台的发动机，时间和资金都十分紧张。惠特尔和他的同事一起，夜以继日地边设计，边制造，边试验部件，终于以最快速度研制出世界上第一台涡轮喷气发动机。

1937年4月12日，这台双面离心压气机、10个单管燃烧室的燃气涡轮喷气发动机在试车台上运转起来。1939年，战争的阴影开始笼罩欧洲。这时，空军部官员看到惠特尔的喷气发动机已经在成功地运转，才答应给予资金支持。1939年6月，即航空部第一次拒绝惠特尔方案的10年之后，政府与惠特尔签订了制造一台轻型喷气发动机的合同，准备用在格罗斯特公司E28/39战斗机上进行试验。

格罗斯特公司把惠特尔的发动机称为W1B，是一台装离心式压气机和单级轴流式涡轮的发动机，质量为250千克，标定推力为4 900牛。1941年5月14日的黄昏时分，格罗斯特飞机公司首席试飞员G·赛耶驾驶E28/39从克兰威尔机场第一次升空，飞机持续飞行17分钟。从1928年发明喷气发动机算起，时间已经过去了13年，这是关系英国在第二次世界大战中能否掌握空中优势的黄金时间。后人对此无不万分惋惜，然而这在保守思想统治军、政要害部门的情况下，白白浪费几年时间却是千真万确的事实。

惠特尔在罗·罗公司16 186.25牛推力的RB211样机前，当年他发明的第一台喷气发动机推力仅224.81牛

在W1B研制成功的基础上，经过英国航空部的安排，罗耳斯·罗伊斯公司研制出推力更大的W2B，装在1943年3月5日首次试飞的“流星”战斗机上。一年后该机成为英国空军使用的第一种喷气式战斗机，同时也是整个盟国军队在第二次世界大战中惟一参战的喷气式战斗机。

1944年盟军正式宣布已经研制成功喷气式飞机。1948年5月，英王乔治六世代表英国政府封惠特尔为爵士，并奖励他10万英镑

（当时相当于40万美元），公开承认惠特尔对发展喷气技术所做的贡献。从那以后，全世界许多国家、城市、大学和专业团体纷纷授予他奖章、奖品和荣誉学位。1948年6月，惠特尔从英国皇家空军退役，到英国海外航空公司等单位当顾问。1976年惠特尔移居美国，在安纳波利斯的美国海军学院任教。

1996年8月8日，89岁高龄的惠特尔因患肺癌不治身亡，与世长辞。在当今“巨匠”、“伟人”等称号满天飞舞的时代，惠特尔被称为“喷气发动机先驱、伟人”绝不过分。今天的航空运输快速、便捷，为全球旅行带来巨大经济和社会效益，如没有惠特尔的发明，这些是不可想像的。他对发展航空技术所做的杰出贡献将永远载入史册。

为现代航空开辟道路
——德国喷气发动机发明家奥海因

1935年，德国格丁根大学一位学物理的大学生开始考虑喷气发动机，在飞机设计师亨克尔的大力支持下，经过短短几年的努力便取得成功。他们的发明改变了航空的历史，奥海因这位年轻人也成为现代航空史上的一位传奇人物。

汉斯·约阿希姆·帕布斯特·冯·奥海因1911年12月14日生于德国航空城德绍，父亲是一位陆军上尉。20世纪30年代初，奥海因在格丁根大学学习应用物理和空气动力学，其间产生了发明一种新型发动机的念头。奥海因晚年在美国接受媒体采访，在回答关于他是如何想到发明喷气发动机的问题时，奥海因说："有一次乘坐飞机时，我觉得活塞发动机震动和噪音很大，这和飞机优美的气动外形实在不相称，于是我就开始考虑发明一种能持续燃烧、持续喷流、没有往复运动的部件、没有被干扰的气流的装置。"后来他把描述喷气推进的原理和可行性的研究写成题目为《热转变为燃气流动能的过程》的论文，并于1937年申请了专利。有了想法就立即付诸行动。1935年这位年仅24岁、刚刚获得物理博士学位的年轻人就开始画呀、算呀，最终完成了第一批图纸。他认为，这种发动机应该结构简单、质量轻，于是决定采用径向压气机和一个径向涡轮。

奥海因

在纸面上说明新发动机的原理是比较容易的，但是要制造出一个实际的装置就不那么简单了。马克斯·汉是格丁根一家汽车工厂的机械师，过去曾帮助奥海因修理过汽车，这次又向奥海因伸出援助之手。马克斯·汉与奥海因一起讨论他的设计，提出一系列修改建议，使他能利用汽车工厂的设备，并在奥海因财力许可的范围内搞出一台航空发动机。他们开始动手制作了，在汽车库里终于诞生了第一台喷气发动机的原型机。奥海因的博士生导师波尔教授允许他在校园里进行第一次试车。当汽油被点燃时，长长的、闪亮的火焰从涡轮中喷出，整个装置看上去更像一种新型喷火器，而不像飞机的发动机，试车失败了。

奥海因很失望，他知道这是燃烧室没有起作用的结果。但他个人没有能力搞燃烧室，当时使用的燃烧室比实际需要的大了足足20倍。机械师马克斯·汉和波尔教授给奥海因打气，鼓励他说："你的理论完全没错，你的计算也是对的。"接着，波尔教授为奥海因写了一封热情洋溢的推荐信，让他去找大名鼎鼎的飞机制造商亨克尔。1936年5月，奥海因到亨克尔飞机厂去工作。

奥海因带着马克斯·汉和亨克尔手下的几名工程师组成一个新班子，他们的任务是先验证涡轮的功能，然后研制一个能上天的涡轮。1937年他们装好一台功能验证机 HeS-1，用氢作燃料运转极好，因为用氢作原料在技术上比烧油更简单。这证明奥海因的想法是正确的，他很激动。1937年4月，亨克尔正式聘用奥海因，月薪500马克。1938年底，研制小组生产出一台能上天飞行的发动机 HeS-3，装在 He.178 飞机上。起初，发动机推力不够，但很快找到了解决方法，最后的定型机是 HeS-3B。这是奥海因经过一年半努力做成的世界上第一台喷气发动机，完全不逊于人类科学技术攀上的任何一个新高峰。1939年8月27日清晨，试飞员埃里希·沃西茨在罗斯托克马利内机场驾驶第一架装喷气发动机的 He.178 飞上蓝天，这是喷气时代的开始。

奥海因和 HeS-3B 喷气发动机（复制品）

人们赞扬奥海因是照亮现代航空的指路明灯，但他一直认为，"我很幸运，如果不是亨克尔，我可能什么也不是。结识亨克尔是我一生中幸运的转折点。"

第二次世界大战期间，美国、苏联都密切关注德国尖端科技的进展，1945年美国海军捷足先登，"劫持"了奥海因。1947年奥海因又转到美国空军，进了设在莱特·帕特逊空军基地的推进实验室。1951年奥海因加入美国籍，成为一名美国公民。1963年，他成为推进实验室的首席科学家，直到1979年退休。

奥海因发明喷气发动机的贡献在全世界受到充分肯定，但他本人一直十分谦虚，特别是在晚年。他在作报告或在杂志上发表文章，总是不厌其烦地详细讲述其他人对发明喷气发动机所做的工作，如亨克尔飞机厂的几位工程师、帮他制造样机的马克斯·汉机械师、把他推荐给亨克尔的波尔教授，以及当时并不认识、远在英国的弗兰克·惠特尔。后来有人问奥海因，当时他是否意识到喷气发动机的发明为航空发展开辟了一条道路。奥海因回答说："我们当时虽然知道这对改变航空面貌有着决定性意义，但我们完全没有时间去考虑这次飞行的意义，我们要做的事情太多了，我们要继续推进这项工作，把它搞成一台能实用的发动机。"当时竞争的形势是很明显的：在国外有英国的惠特尔在搞喷气发动机；在国内，容克斯公司的赫伯特·瓦格纳教授在马格德堡也在进行类似的工作。

1939 年 8 月 27 日，装 HeS-3B 喷气发动机的 He.178 首次试飞，成为世界上第一架喷气飞机

奥海因虽然在 20 世纪 30 年代就开创了喷气时代，但他承认，直到晚年他都没有坐过速度最快、因而也是最诱人的英法合制的"协和"号超声速客机。但他说，"不管你们是否相信，甚至在 20 世纪 30 年代，我们就认为制造能以两倍声速飞行的飞机是完成可能的，当然当时更多地想到的是战斗机。即使是那个年代，我也坚信，这种喷气飞机已为时不远了。"后来奥海因还大胆地预言，能以 4～5 倍声速的速度飞行的客机在不久的将来也会研制出来，"这不是技术问题，而只是一个成本问题。"

过去几十年中，奥海因曾获得过无数称号、头衔、名誉职位……其中重要的有：1966 年获美国航空航天学会戈达德奖；1992 年与惠特尔共同获得美国工程院查尔斯·德拉普奖，该奖是表彰工程技术成就的最高奖项，被誉为"技术诺贝尔奖"；德国也没有忘记他这个"失去的儿子"，不少组织给他颁奖，如德国工程师协会鲁道夫·狄塞尔纪念奖、德意志博物馆荣誉奖、德国航空航天协会路德维希·普朗特奖等。

1998 年 12 月 14 日，在美国佛罗里达州东海岸一个叫墨尔本的小镇上，奥海因告别人世。

敢对权威说"不"
——发明带"伺服襟翼"旋翼系统的凯门

查尔斯·凯门在直升机界是一位传奇人物。他从美国联合飞机公司跳出来,为的是实现自己创意的横列式交叉旋转旋翼直升机。他白手起家,今天已发展成为有几千名员工的现代化企业。他靠的是擅长工程运用、有进取精神和满足市场需求的判断力。他的企业产品数以万计,年营业额超过10亿美元。

凯门1919年出生于美国首都华盛顿,童年时想当一名飞行员,但在他8岁时被告知,因在4岁时做扁桃体切除手术而引起严重的耳部感染,使一只耳朵听力完全丧失,当飞行员的梦想彻底粉碎了。

凯门

凯门的母亲以她独特的洞察力,鼓励他通过设计飞行器来实现自己的理想,并坚持要求凯门在学校里学好每门功课,从数学、经济学、英语到公共演讲。凯门在中学时就喜欢用木材、绵纸、明胶制作飞机模型,参加当地航空俱乐部举办的模型飞机竞赛,并创造了多项俱乐部记录。凯门在天主教大学以优异的成绩毕业,他的成绩是他所在的工程班的第一名。

凯门修完航空学位后,进入汉密尔顿公司,到空气动力学部的螺旋桨性能组工作。1943年,西科尔斯基带着他的VS-300到康涅狄格州进行表演,在观看飞行表演的观众中,年仅24岁的凯门受到特别的鼓舞。在VS-300离地的一瞬间,凯门意识到直升机一定会填补航空领域的空白。他下决心一定要成为开辟这个领域的先锋战士。

1943年7月,凯门将自己对螺旋桨的认识与应用设想写了一篇论文,发表在当地的一家科技杂志上,引起了公司的注意。当时,汉密尔顿公司正好与西科尔斯基签订合作协议，还专门成立了新的空气动力学部，于是，凯门被选为该部的主任，参与西科尔斯基的直升机设计工作。就是在这段工作中，凯门萌发了一种横向并列、相互交叉、反向旋转的双旋翼新概念。他经过反复计算，确认自己的方案是切实可行的，但光是纸面的构思和分析是远远不够的，他决心自己动手做一个模型。接着，他从废旧汽车堆积场买了一辆价值 50 美元的 1933 年的汽车发动机和框架、一辆旧道奇车的后部、一块厚木板和一台磅秤，开始在地下室和汽车车库里工作，根据自己的构思建造旋翼系统的试验装置。

他利用几个月的周末时间，经过反复的拆装、试验，整个系统终于装配好了，它的操纵性能很好，试验结果与计算结果完全符合，甚至还要好一点。

凯门给部门经理写了申请正式试验场地和物资的报告，但得到的答复却是："我们公司有自己的发明家，他的名字是伊戈尔·西科尔斯基，我们不需要另一个发明家。"受到极大伤害的凯门几乎未加思索地进行了回击："你的意思是，我和公司签订了合同，就不能再有我自己的概念和设想？如果这样的话，我现在就宣布，我退出这个合同，我不想再为西科尔斯基干活，我要做我自己的事。"凯门在联合飞机公司下属的汉密尔顿公司的 5 年生活就在几秒钟内结束了。正是这位部门经理的藐视态度激怒了凯门，迫使他最终决心走上自己的路。

1945 年 12 月 12 日，凯门公司终于开业了。当时公司所有的一切就是凯门关于双旋翼直升机的设想、价值 5 000 美元的试验装置和器材，还有两个好朋友各投 1 000 美元的开业资金。初期的试验条件是极其简陋的。在旋翼旋转时，凯门自己充当"转速表"在那里计数。在旋翼第一次启动时，桨叶的转速刚达到 40 转每分钟时，就发生了可怕的颤振，桨叶挥舞的振幅几乎达到 1.2 米，幸好没有把试验装置震散架。为推销公司股票和寻找新的投资者，凯门和他的雇员每周工作 80 ～ 90 小时。

经过几年艰苦努力，凯门终于解决了原西科尔斯基的 VS－300 中抗扭尾桨浪费功率和飞行操纵费力的问题，设计出克服这些缺点的伺服襟翼，并于 1948 年 12 月获得专利。随后凯门公司所有直升机都使用这项技术，成为该公司直升机的一大特点。到 1949 年，凯门飞机实验室先后设计了 K－125、K－190、K－225 等几种型号直升机。1950 年 3 月，K－225 作了一次非同寻常的表演，它居然在海军军官面前翻了斤斗。出色的表演，使该机很快步入海军编制序列。

1953 年，凯门公司又先后制造出 HOK 和 HUK 侦察与多用途直升机。由于越南战争的需要，美国空军向凯门公司订购了加装机枪和装甲的 HH－43F 直升机。在越南战场上，这种直升机在救援方面发挥了重要的作用。

1956 年，美国海军需要一种多用途与救援直升机，要求它能在恶劣天气条件下不依靠外部导航系统一次飞行 370 千米，必要时应能在海上降落，运载 11 名人员时的飞行距离应达到 320 千米。按照这种要求，凯门放弃了自己长期推崇的交叉式双旋翼方案，选择了单旋翼带尾桨的直升机。1957 年，公司推出了 UH－2“海妖”直升机，后又推出 H－2“战斧”改型直升机。20 世纪 70 年代，为适应美国海军“轻型空中多用途系统”计划的需要，凯门公司对 UH－2 作了改进。从 1973 年起，美海军决定对“轻型空中多用途系统”计划进行标准化工作，以 SH－2F 作为标准化机型。该机采用凯门 101 旋翼，另装了包括红外干扰机和热成像仪等许多新系统。SH－2“海妖”和 SH－2G“超海妖”成为美军 20 世纪 60 年代后舰载直升机的主力机种之一。

凯门公司推出的另一个著名机型是 K－MAX“空中起重机”多用途起重直升机。原型机自 1991 年首飞以来，很快就引起许多客户的兴趣。该机在美国杰弗森国家林场进行的 5 天现场表演，在 800～900 米高度上连续装载和卸载，最大吊载甚至超过了自身质量，达到 3 000 千克，显示了优越的实用性和很高的效率。

K－MAX“空中起重机”

凯门设计的直升机大大小小共 20 多个型号。几十年直升机发展的历程证明，凯门是一位多才多艺的直升机设计师。此外，凯门还把业务拓展到非航空领域，特别是他用公司的生产技术和自己的音乐天分，生产的一种叫“Ovaition”的吉他很快成了世界吉他手的梦幻产品，至今在全世界销量第一，圆了他少年时期的音乐梦。凯门还和他的夫人创办了世界第一流的盲人引路犬慈善事业。

凯门一生诸多惊人之举，他所发展和开创的使同行们瞠目结舌的许多产品和事业，使他的一生充满了传奇色彩，至今还为人们所津津乐道。

设计师

这部分将向读者介绍 26 位著名飞机设计师的故事。

自 100 年前飞机问世以来，各种不同型号的飞机有成千上万种，从而也涌现出一大批著名的飞机设计师。

早期的飞机比较简单，可以是某一个人的作品。但随着航空技术的发展，飞机越来越完善，再不可能由少数人包办了，而成为在某位总设计师领导下的集体智慧的结晶。1916 年成立的波音公司，可以说是航空发展史的见证人。在有波音公司的 80 多年里，航空技术发生了翻天覆地的变化。波音公司的第一架水上飞机“蓝色比尔”号于 1916 年 6 月 15 日首次试飞，产自只有 23 人的小作坊，由波音先生本人和他的合作伙伴威斯福特两人设计、波音亲自试飞。该机净质量1 270千克，乘载 2 人，最大速度 120 千米每小时，最大航程 512 千米，售价 1 万多美元；而今天最大的飞机——波音 747 - 400，总质量 394 吨，能载 400 多人飞 12 800 千米，速度 800 千米每小时，售价1.75 亿美元。

正像苏联飞机设计师安东诺夫所说，今天不少的飞机“尽管是以总设计师的名字冠名，但不只是他一个人的劳动成果，而是综合性的产物，从事结构、强度、气动力、动力装置、操纵系统和各种设备研究的专家们都参与解决了许多复杂的工程技术问题。”

首创全金属客机的人
——德国飞机设计师容克斯

20世纪世纪的头30年，德国航空界出了一位了不起的人物：胡果·容克斯。德国第一架全金属客机、第一架从东向西飞越北大西洋的飞机、世界上第一次进行大规模军事空运的飞机、德国第一次远航中国的飞机……都出自他的手下。

容克斯1859年2月3日生于德国莱茵河畔赖特镇。他是一家纺织作坊和砖厂老板的第三个儿子。1878年，他中学毕业后在柏林、卡尔斯鲁厄和阿亨的技术大学学习机械工程。他一边上学，一边在他父亲的公司里工作。1889年他建立了自己的第一家工厂，生产发动机和加热设备。在柏林，他师从燃气发动机和无线电技术的先驱阿道夫·斯莱比教授。教授推崇的"把科研中取得的信息应用到实践中去"的治学方法深深地影响了容克斯的一生。

容克斯

1895年容克斯受聘担任阿亨高等技术学校教授。为了帮助他的同事汉斯·莱斯纳解决在飞行试验中遇到的问题，容克斯开始涉足航空这个新的天地。他们两人在阿亨大学航空新技术方面的工作最终导致创建了一个空气动力研究中心。容克斯利用气流技术在自己建造的风洞中进行的试验很快使他明白，将来要开发经济有效的飞机结构就必须集中精力减少飞机所遇到的阻力，进而他认识到，制造飞机的惟一适合的和可接受的材料是金属。

1898年，39岁的容克斯与特雷泽·本霍尔结婚，有12个孩子。1910年2月，容克斯获得一项飞翼式飞机的专利。这种飞机采用可以承载所有设备和载荷的厚翼型。虽然这种飞翼式飞机当时没有能实现，但几乎今天每一种飞机的机翼都装载某些载荷，有的是燃料，有的是设备。

1912 年，为了回到自己在德绍的工厂专心致志地研究航空，他辞去了阿亨大学的教学工作。1914—1915 年，在奥托·梅德的帮助下，他制成了德国第一架全金属飞机 J-1。该机采用 0.2 毫米的薄钢板作蒙皮。这种单翼机的速度达到 170 千米每小时，是第一次世界大战中飞得最快的飞机之一。但该机的飞行品质不好，没有投产。1916 年，容克斯在制造第 3 架飞机 J-3 时，采用了较轻的杜拉铝。后来数十年中，杜拉铝一直是飞机结构的主要材料。

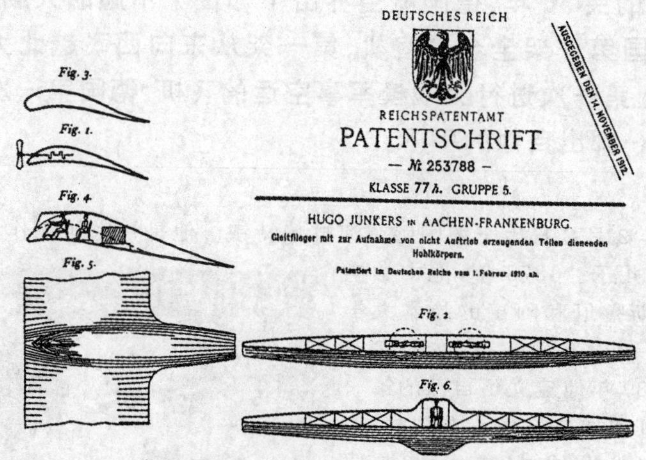

Zeichnung aus der ersten flugtechnischen
Patentschrift von Professor Hugo Junkers vom 1. Februar 1910.

1910 年 2 月，容克斯获得第 253788 号飞翼专利证明

第一次世界大战后制造的 F-13 是世界上第一架专门设计的全金属运输机，可乘载 4 名旅客，是容克斯飞机设计中的一个突破。自 1919 年开始有空中交通以来，到 1932 年为止，F-13 共生产了 322 架。直到后来出现三发的容克斯 Ju. 52 为止，F-13 一直是所有容克斯运输机的基础。

有几架 F-13 卖到美国。美国人利用 F-13 创造了 1 900 千米的远程飞行世界记录。当时的《纽约时报》曾经评论说：“所有美国飞机制造商和专家一致认为，德国人在设计上的成就将给航空领域带来一场真正的革命。”

后来，容克斯又生产了更大的飞机——三发的 G-23/24 和 G-31。1929 年生产的四发的 G-38 飞机，翼展为 44 米，总质量为 23 吨，在整整十年中一直是世界上最大的飞机。这种飞机部分地实现了前面提到的 1910 年获得的飞翼式飞机的专利。机上 34 名旅客中有一部分坐在机翼里。机翼里还有通道，便于发动机维修。类似的其他容克斯设计项目还有乘坐 100～1 000 名旅客的飞机。这些想法有的已经实现了，有的至今还在规划之中。

1930 年 9 月 11 日，容克斯 Ju. 52/1m 首飞。这种单发飞机载重 3 吨，总质量为 7 吨，是十分经济的货机。这种飞机起初不太成功，只造了 5 架。1931 年，汉莎航空公司要求一种大型、安全的运输机。容克斯在 Ju. 52/1m 机上加了两台发动机，变成 Ju. 52/3m，满足了航空公司的要求，飞机可搭乘 17 名旅客，有 3 名机组人员。最后，该机的总质量增加到 9 吨。在此后的 25 年中 Ju. 52/3m 在德国、法国和西班牙总共生产 5 000 架以上，成为德国航空工业历史上产量最大、出口最广泛的运输机。这使容克斯的名字享誉全球。

世界上第一种全金属客机 F-13

1921 年，容克斯自己开办了一家航空公司——ILAG，主要装备自己生产的飞机 F-13 和 G-24。但日益临近的经济萧条，加之政府削减资助，使大量航空公司陷入困境。1926 年，ILAG 和劳埃德航空公司合并，成为今天的汉莎航空公司。到 1945 年为止，容克斯飞机一直是汉莎机队的主力机种。

生产经济实惠的飞机和开办独立的空中交通是容克斯信奉的重要信条。这就不可避免地和当时开始得势的纳粹政权发生冲突，因为他们想利用容克斯的工厂设施制造军用飞机。1933 年秋，容克斯被赶出他在德绍的工厂。他十分难过地隐居到巴伐利亚。后来他在慕尼黑又建起一个研究中心。在那里，他重新开始研究一项新技术——开发金属建筑。1935 年 2 月 3 日，在他 76 岁生日那天，他在慕尼黑附近的家中与世长辞。

容克斯个人的气质加上解决问题的意志和毅力、他对事物在技术一物理性能方面的理解加上经济上的长远眼光，使他成为 20 世纪头 30 年中最富于创造性的工程师、科学家和企业家之一。他也给后人留下了德国最大的飞机厂。1936 年，这些厂实行了国有化，但保留了创建者的名字——容克斯飞机和发动机有限公司，并且越来越多地为军事目的服务，后来容克斯公司研制的世界著名的 Ju. 87 和 Ju. 88 俯冲轰炸机实际上已与容克斯本人没有关系了。

解放前，旧中国有两家最有影响的航空公司，一家是中美合资的中国航空公司，使用从美国引进的飞机；另一家是中德合资的欧亚航空公司，使用的就是容克斯公司的产品。从 1935 年 9 月起，有 3 架 Ju. 52 飞机在欧亚航线上投入使用。有趣的是，有一次一架 Ju. 52 飞机在成都陷入沼泽之中，中国方面动员了很多农民牵上自家的牲口，费了九牛二虎之力才把飞机拉出泥潭。

生命不息，奋斗不止
——英国航空发动机设计师罗伊斯

“劳斯莱斯”这个品牌在汽车界颇有名气，但在航空界它被称为“罗·罗”，是世界三大发动机品牌之一，与美国的通用电气和普惠齐名。“罗·罗”是两个英国人姓氏的第一个字母，其中第一个是罗耳斯，他于1910年死于一次飞行事故；第二个是罗伊斯，是一位工程天才，他把卓越的工程标准带给罗·罗公司，使公司长盛不衰，至今仍是英国航空界最大的骄傲。

亨利·罗伊斯1863年3月27日出生在英国一个农民家庭。全家5个孩子，亨利是最小的。父亲开一家小小的磨坊，但生意很不稳定，所以家里很穷。罗伊斯小时候上不起学，只是从母亲那里得到启蒙教育，直到9岁才有机会上了一年学。不久父亲去世，母亲不得不去给人当保姆和管家来维持一家人的生计。罗伊斯回忆当时的贫困时说：“那时，一天的食物常常只有两片面包蘸蘸牛奶。”

罗伊斯

10岁那年，罗伊斯曾在伦敦街头卖过报，也曾做过电报投递员。由于他母亲的勤劳和节俭，他又获机会上了一年学。在他14岁那年，他姑妈为他付了20英镑，送他去一家铁路机车车辆厂当学徒。在那里，他学得一手机械加工的好手艺。到17岁时，姑妈再也没有能力负担罗伊斯的费用了，他被迫离开那家工厂。当时正逢英国经济萧条时期，他在里兹一家兵工厂找了一份工作，工资低得可怜，每周工作54小时，工资仅11便士。星期五要从早上6点干到晚上10点，甚至干个通宵。他常常吃不饱，为此落下了病根。

此后，罗伊斯回到伦敦，到一家照明和电气工程公司工作。他晚上常常自学到深夜，同时还去夜校听课。19岁时，他成为了电气专家，被任命为该公司在利物浦的子公司的总工程师。在利物浦，他负责街道、剧院的照明工程。

1884 年罗伊斯 21 岁时，结识了克莱蒙特。两个人凑了 70 英镑，开了一个小工厂。罗伊斯是个严肃认真、十分执著的人。他总要求工程设计达到最高标准，对产品追求尽善尽美。在他的工厂里，他能使用任何一件工具，做出老师傅才能干出的漂亮活来。他不能容忍别人任何形式的低标准或粗制滥造。他的作风、他的工作热情感染了周围的员工，他们也跟着他加班加点，全身心地投入工作。所以，罗伊斯公司的产品很快就声名远扬。

20 世纪初，法国在汽车制造业处于领先地位，英国则远远落后。英国的红旗法(即行人持红旗或灯笼时，汽车必须避让)和马车主的既得利益妨碍了英国汽车工业的发展，罗伊斯买了一辆法国产的二手车，把它拆开后发现也没有什么大了不起，感到自己能做得更好。于是，他拿出了自己的设计，虽然与法国车没有本质上的区别，但他把力量集中在改进发动机上。1903 年 9 月 16 日，他的第一台汽车发动机试车。他共制造了三台实验性的双缸 7.35 千瓦轿车。当时世界上这样级别的汽车没有一辆能与罗伊斯的车相比，所以，当它在 1904 年 4 月的巴黎万国博览会上公开亮相时，立刻赢得奖状和金质奖章。

罗伊斯的汽车引起了汽车销售商罗耳斯的注意，他本来主要销售法国轿车，但试开了罗伊斯的车后很满意，同意包销罗伊斯工厂生产的全部汽车，并把两个人的名字连起来，用“罗耳斯·罗伊斯”(简称为“罗·罗”)作为品牌。1906 年，经协商，双方决定成立一家公司，罗伊斯任总工程师兼生产部经理。随着生产的扩大，1908 年公司迁到德比，即现在罗·罗公司总部所在地。

第一次世界大战前夕，英国政府要求罗伊斯仿制法国“雷诺 V8”航空发动机。具有工程天赋的罗伊斯立刻作出决定，介入航空发动机制造业。这不仅因为市场有需要，而且因为他是一个爱国者。国家有需要，他就义不容辞。他用了三天时间研究了航空发动机的设计问题，然后决定把目标定在 147.2 千瓦的发动机上。

1904 年 5 月，罗伊斯(左)与罗耳斯(右)第一次见面，后者以“罗·罗”为品牌包销罗伊斯生产的全部汽车

不到 6 个月，第一台发动机就完成了，经过试验功率达到 165.38 千瓦，超过设计指标。这台被称为“鹰”的发动机于 1916 年服役，初始功率为 183.75 千瓦。到第一次世界大战结束时，“鹰”8 型在不改变容积的情况下功率达到 268.28 千瓦。

第一次世界大战期间，罗伊斯还设计了另外两种发动机，“隼”和“鹞”(当时“罗·罗”公司的发动机都是用猛禽命名)，这些发动机竟装备了40多种不同型号的飞机，成为英国第一次世界大战期间半数以上飞机的发动机。

战后，“鹰”发动机还由于几次开拓性的飞行获得了特别的荣誉。“鹰”装在维克斯公司的维米飞机上，于1919年完成了第一次不着陆跨越北大西洋的飞行，不久又完成了首航澳大利亚的飞行。

在两次世界大战之间的和平年代，各种航空竞赛活动对技术创新起了重要的作用，其中施奈德大奖赛成为罗伊斯研制新发动机的直接动力。施奈德大奖赛是以法国人雅克·施奈德的名字命名的。比赛规则要求飞机沿周长10千米的环形航线飞28圈。这对参赛飞机的耐力是一个极好的考验。1927年英国拿出S.5水上飞机参赛，以452千米每小时的速度战胜了意大利马基公司的飞机，夺得第一名；1929年，S.6以529千米每小时的速度再次夺冠；1931年，S.6B飞机以547千米每小时的速度第三次拿下了第一名，得以把奖杯永久地保留在英国。在夺魁的S.5、S.6和S.6B三架飞机中，后两架都是装的罗·罗公司的“R”型发动机。这些飞机对英国后来航空技术的发展产生了重大的影响。

1931年，装罗伊斯设计“R”型发动机的S.6B飞机第三次夺得施奈德大奖赛冠军

在整个20世纪20年代，罗伊斯一直完全掌管着公司的工程工作。他同时也相当程度地控制着公司的商业性决策，特别是涉及公司的未来前途时。罗伊斯最重要的决策是他最后做出的那个决策：即在R型发动机的基础上，开发一种全新的PV12发动机，容积为27升。新发动机很快得到政府的支持，取名叫“灰背隼”。该型发动机的研制体现了罗伊斯的眼光和勇气。罗伊斯决心要使

“灰背隼”成为英国空军主要发动机之一。罗伊斯最终成功了，尽管他没有亲眼看到“灰背隼”有 150 多种改型，成为第二次世界大战中挽救英国命运的“喷火”、“飓风”以及美国“野马”战斗机的发动机。

由于他的杰出成就，1930 年罗伊斯获得准男爵的爵位。这时，他仍坚持参与设计工作，直到逝世前几天，还在搞新别墅的设计。在病榻上，他对护士说，“我一生如果说还有什么遗憾的话，那就是还应该工作得再努力一些。” 1933 年 4 月 22 日，这位勤奋一生的发动机工程专家与世长辞，享年 70 岁。

如今，罗伊斯去世 70 年了，但他为发展航空发动机付出的劳动和严谨的工作作风以及高标准、严要求至今仍为全公司视为宝贵财富。在罗伊斯创新精神的推动下，“罗・罗”公司坚持技术进步，不断推出新产品，推动世界航空跨上一个又一个新台阶。今天，“罗・罗”公司已是世界三大航空发动机公司之一，装备 5 万多台“罗・罗”发动机的飞机在世界各地翱翔。

走“军民结合”道路的先行者

——英国飞机设计师佩季

在英国乃至世界航空史上，弗雷德里克·汉德利·佩季都是一个有深远影响的人物，他在长达60多年的航空生涯中，参与设计过60多种型号的飞机，特别擅长设计大型轰炸机和运输机。两次世界大战之后，他都及时“军转民”，把轰炸机改为民用客机，促进民航运输事业的发展，不愧是走“军民结合”道路的先行者。

1885年11月25日，佩季出生于英国查尔顿汉姆市。他自幼聪颖好学，并对飞行和飞行器怀有浓厚的兴趣。著名的滑翔飞行家李林达尔失事牺牲后，其事迹曾激励许多青少年立志献身航空事业，佩季就是他们当中的一个。少年时期，他就读过李林达尔关于飞行研究和实践的书，后来就开始动手制作滑翔机。1902年，佩季考入伦敦技术学校攻读电器工程专业。就在他上技校的第二年，美国的莱特兄弟发明了飞机。

佩季

1908年莱特亲自携飞机到欧洲进行飞行表演。这使年轻的佩季大受鼓舞，他利用业余时间开始研制飞行器。他制作的一架滑翔机飞行效果不错，使他信心大增。第二年，他大胆地组建了自己的公司——汉德利·佩季公司，这是英国有史以来第一家私人飞机公司。

第一次世界大战爆发，佩季公司研制的H.P.O/100和H.P.O/400轰炸机成为战争中的重要威慑力量，佩季也因此而一鸣惊人。H.P.O/100是为了满足英国航空部和海军部的需要而设计的。军方要求，飞机至少携带500千克炸弹，机组人员为4名，包括两名为驾驶员、一名射击员、一名投弹手，这初步奠定了战略轰炸机机组编制的基本模式。H.P.O/100轰炸机共制造了311架，是当时英军重要战略武器装备。H. P. O/400是H. P. O/100的发展型，其几何尺寸和起飞质量都超过当时的同类飞机，成为第一次世界大战中投入使用的最大轰炸机。H. P. O/400总共生产了507架。这个产量在当时是十分可观的，对刚刚起步的英国航空工业，无疑是一个巨大的推动。

由于H. P. O/400的成功使用，在英国皇家航空部和海军部的要求下，佩季又设计了一种更大的轰炸机H. P. V/1500，但还没有来得及使用，战争就结束了。

H. P. O/400轰炸机

第一次世界大战结束后，民用航空的建立和发展开始提上日程。欧美一些国家纷纷建立空中航线，将战争剩余的大型飞机改装成运输机来运送客人。佩季不失时机地组建了用他名字命名的航空运输公司，成为世界上最早的少数几家航空公司之一。同时，他着手将战时剩下的H. P. O/400轰炸机改装成可乘12名乘客的运输机，并重新取名为W 8，很快投入运营。首先开通伦敦至巴黎的国际航线，接着又开通伦敦到阿姆斯特丹航线。

佩季对轻型飞机从来没有像对重型飞机那样感兴趣，但他的工作却为提高轻型飞机以及较大型飞机的安全性做出了贡献。1920年，佩季缝翼首次在一架改进的D. H. 9飞机上出现，后来发展成一种自动装置。鉴于它大大地改善了飞机的低速操纵性能，空军部规定，空军所有的飞机都必须具有这种自动装置。这种装置明显地推迟了机翼失速的发生，同时也减少了发生螺旋的危险。佩季还参加了开缝副翼和襟翼的设计，目的是降低飞机的起飞和着陆速度。

20世纪30年代初，为了进一步满足空中运输，特别是越洋飞行的需要，佩季领导他的公司又率先制造了H. P. 42系列专用旅客机。机上装饰漂亮、乘坐舒适，是当时世界上最豪华的客机。其中的一个型别代号为G－AAXD，取名“大力神”，采用四发、双层机翼和三垂尾布局，尾翼为盒形。H. P. 42飞机共生产8架，累计飞行1 600万千米以上，在从1930年投入使用到第二次世界大战初的客运服务中，从未出过伤亡事故。仅“大力神”号载客就10万人次，几乎相当于帝国航空公司营业16年总载客量的五分之一。

第二次世界大战开始前，佩季公司就生产“汉普登”轰炸机，并开始设计“哈利法克斯”轰炸机。佩季把主要精力放在公司的日常经营管理上。大战结束后，飞机工业不可避免地开始走下坡路，他便再次开始将轰炸机改装成客机的工作。但这种临时改装的飞机不可能是美国专门设计的客机“星座”和DC－4

的长期竞争对手。相比之下，美国飞机更为经济、实用。

“竞技神”是佩季在战后发展的一种较为实用的客机。凡是乘坐过英国海外航空公司的“竞技神”飞机作远距旅行的乘客，很快会感到比乘坐其他任何一种飞机都舒适。从 1954 至 1958 年，“竞技神”一直是英国海外航空公司几种最实用的客机之一。

H. P. 42“大力神”号是 20 世纪 30 年代最豪华的客机之一

佩季于 1942 年受封为弗雷德里克爵士。他身兼多种职务，大多与航空有关：英国航空协会主席、航空登记局副局长、皇家航空学会主席等。在《英国航空名人录》中，他的荣誉称号竟占了四分之一个版面。

第二次世界大战后，在英国航空工业的激烈竞争中，佩季显得有些落伍。在军用飞机方面，该公司生产了轰炸机“胜利者”。这种飞机能携带核武器，执行远程轰炸任务，速度几乎达到声速。后来，许多“胜利者”被改装成空中加油机。佩季对超声速运输机的设计进行过一番探索。他专门制造了一架装有“细长三角翼”的研究机 H. P. 115，用于试验这种机翼的低速性能。支线班机“先驱”号是佩季设计的最后一种主要飞机，但销售并不好。20 世纪 50 年代末、60 年代初，英国的航空工业实施改组计划，但由于佩季一贯坚持独立，所以有些不合潮流。弗雷德里克爵士卒于 1962 年 4 月 21 日。直到生命最后一刻，他仍是该公司的总裁和总经理。8 年后，佩季建立的英国第一个专门生产飞机的有限公司终于未能摆脱覆灭的命运，于 1970 年 3 月倒闭。

航空“老寿星”
——英国百岁飞机设计师索普威斯

在英国航空界，有一位极负盛名的“寿星”设计师——托马斯·索普威斯。他的飞机设计生涯是从20世纪20年代开始，为第一次世界大战奉献了大批著名战斗机，直到1963年75岁时，才辞去公司领导职务。在他100岁生日时，大家为他举行盛大庆祝会。他对往事历历在目。他的飞机多以动物命名，有“幼犬”、“骆驼”、“海豚”，还有“天龙”、“小蚂蚱”、“拳师犬”、“蝾螈”、“布谷鸟”……不一而足，后人戏称这些飞机是开了个“索普威斯动物园”。

索普威斯生于1888年1月18日，青年时代就对气球飞行有着浓厚的兴趣。飞机一诞生，他便着了迷。1910年9月的一天，他在多佛尔附近驾艇时，听说一名叫约翰·莫桑的法国人刚刚驾驶飞机通过海峡，降落在不远处的树林里，就连忙跑过去。看到了他有生以来的第一架飞机，真使他欣喜若狂，用手摸摸这，敲敲那，当时就下定决心要学会飞行。

索普威斯

起初，他当乘客坐了两次别人的飞机。随后便向英国飞机制造商霍怀特买了一架29.40千瓦的单翼机。他从没有驾驶过飞机，也没有接受过正式的航空训练，然而，他觉得凭着自己对机械的领悟力，加上在工程方面所受的教育以及驾驶汽车、摩托船的经验足以使他成功。他居然凭着这些，独自把飞机飞离了地面，可是大约飞了几百米，他把驾驶杆拉得太猛，机头急速上升，使飞机失速，便一头栽了下来，螺旋桨折断，机翼摔坏，幸运的是他自己没有受伤。

此后，索普威斯便去学飞行，从11月初开飞，只学了20天就考上了飞行执照。考试科目为飞行3次，每次飞3千米直径的圆圈航线，他终于及格，获得英国第31号驾驶执照。

1910年，索普威斯刚刚22岁。12月18日他驾驶44.10千瓦的霍怀特式双翼机，在草场上起飞朝欧洲大陆飞去。他此行是为了赢得4 000英镑的福司德男爵奖。其条件是，在1910年底前飞越英法间海峡、且距离飞得最远的英国人。这一次，他以3小时40分飞越海峡，降落在比利时境内，全长285千米，刷新了全世界飞行距离最远及留空时间最长的飞行记录。第一次世界大战爆发前，他先到法国，又去美国，在了解航空发达国家的飞机制造业的同时也参加那里的各种竞赛，赢得不少冠军，被公认为是英国最好的飞行员之一。

1912年初，索普威斯用从美国带回来的3架飞机在布鲁克兰办了一家飞行学校。在他的学生中，有一位叫特伦查德，后来成为大名鼎鼎的"英国皇家空军之父"。

1912年6月，索普威斯靠飞行比赛中得到的奖金，创办了自己的飞机公司，开始设计和生产飞机。索普威斯设计的第一架飞机是萨布洛德单座机，是一种很成功的竞赛飞机。1913年该机参加施奈德杯比赛，为英国人夺得了大奖。第一次世界大战爆发后，索普威斯公司为英国海军航空勤务队生产了这种飞机，后来发展成"婴儿"式水上飞机。1916年，他又设计了一个半支柱式飞机，被皇家海军航空勤务队和皇家飞行兵团先后选用。这种飞机可用于单座轰炸和侦察，共生产了1 000多架。

1916年，索普威斯公司制造了另一种性能良好的"幼犬"单座战斗机。1917年夏天，F.1"骆驼"问世。这是该公司最著名的战斗机，用于对地攻击，也可用作舰载战斗机和夜间战斗机。该机是木结构、布蒙皮，机头很短。粗胖的机身上带有一个隆起的鼓包，里面装两挺维克斯公司的机枪，因而得名"骆驼"。"骆驼"采用汽缸旋转式发动机，功率从80.95至110.25千瓦不等。

索普威斯的"骆驼"战斗机

因为机动性好，"骆驼"在作战中获得很大成功。1918年1月15～26日，两架"骆驼"在伦敦附近截击德国哥塔式轰炸机并一举将其击落。这是飞机之间在夜战中记录到的第一次直接命中。1918年4月，加拿大飞行员驾驶"骆驼"击毙德国王牌飞行员里希特霍芬。同年晚些时候，一架"骆驼"2F.1还击落一架超齐伯林53飞艇。这是第一次世界大战中击落的最后一艘飞艇。"骆驼"参战16个月，共击落敌机1 294架，是协约国战斗机中击落敌机最多的机种。

第一次世界大战结束前，索普威斯设计的最后一种参战飞机是"鹬"。该机装备了3个中队，战后成为英国皇家空军的标准战斗机。到第一次世界大战结束为止，

索普威斯共设计生产了 17 种飞机(不算改型),为英国制造了 11 237 架,为盟国制造了 5 000 多架。所有这些为英国战斗机赶超当时世界先进水平做出了贡献。

"骆驼"战斗机与德国的福克 D. Ⅷ血战长空

1920 年,索普威斯公司因故关闭,并入霍克航空公司。他本人继续参与一系列飞机的设计工作。其中最有名的是第二次世界大战中使用的"飓风"战斗机(到 1944 年停产为止共生产 14 533 架)、战后的"猎人"喷气战斗机和"鹞"式垂直起落攻击机。

1963 年,75 岁高龄的索普威斯辞去了公司一切职务。

1988 年 1 月 18 日是索普威斯 100 岁生日。英国航空界举办了热烈隆重的庆祝会。索普威斯这位把一生献给航空事业的"老寿星"得到了应有的荣誉。庆祝会上,英国很多人给他发来了贺电,其中包括英国女王及菲利普亲王、威尔士亲王以及英国首相等。会上,人们安排了两项特别节目:其一是索普威斯设计的多种飞机飞越他的家乡,以请他检阅自己一生的成就。受阅机群由一架复制的"幼犬"领头,接着是"飓风"、"猎人"、"鹞"和"鹰"四种飞机的方阵。它们都是英国军用航空史上值得骄傲的杰作。其二是在他年轻时学习飞行的地方——韦布里奇市的布鲁克兰举行一次有很多要人参加的特别午餐会。在午餐进行过程中,皇家空军的机群呼啸而过,向索普威斯致敬。

1989 年,索普威斯以 101 岁高龄告别人世。

喷气飞机设计先驱
——知人善任的亨克尔

德国是一个具有航空传统的国家，从李林达尔开始，涌现出大批著名航空先驱，恩斯特·亨克尔就是其中之一。他和其他一些航空先驱一样，有着类似的经历：学航空、设计飞机、自己办企业生产飞机。亨克尔比其他航空先驱更胜一筹之处在于，他知人善任。在他的周围团结了一大批顶尖的专家和学者，创造出很多为世人瞩目的成就：如 He.70 是当时速度最高的运输机，He.176 是世界上第一种火箭飞机，He.178 是世界上第一种喷气飞机。

亨克尔 1888 年 1 月 24 日出生于德国南部一个叫格朗巴赫的小村庄，父亲是工人。1906 年，他进斯图加特技术学院机械工程系读书。学生时代，亨克尔曾亲眼目睹齐伯林飞艇遭雷击后起火，烧成灰烬。这件事唤起他对航空事业的灵感。每当他回想起那惊人的悲惨场面，他都坚定地认为，航空事业的真正出路在于发展具有极大生命力的重于空气的飞行器。

亨克尔

此后，亨克尔用了二年半的时间，奋力研究重于空气的飞行器及其设计，并于 1911 年夏天，制造出他的第一架飞机。这架飞机尽可能地参照莱特兄弟的双翼机的式样，装有当时制造的功率最大的 36.75 千瓦发动机。这架飞机完成了 10 次飞行，最后失事了，亨克尔还受了伤。伤愈后，他就外出谋职，希望在一家飞机公司找到一份工作。

第一次世界大战前和大战期间，亨克尔先后在几家公司担任设计师、总设计师。1913 年，他一改有张线、支柱的“箱式风筝”双翼机模式，设计了一种“信天翁”单翼机。该机在 11 分 6 秒中爬升了 455 米，引起了轰动，并使这位年轻的设计者名声大振。

第一次世界大战之后，德国飞机工业发展受到限制，亨克尔消沉了几年。1922年12月1日，他在德国北部靠近海岸的瓦内明特湖边成立了“亨克尔航空有限公司”。他进一步改进了自己设计的“勃兰登堡”、“卡斯帕尔”悬臂式上单翼水上飞机，并以他自己的名字命名为He.1、He.2、He.3。这些飞机获得了巨大成功，令亨克尔时来运转，瑞典、丹麦、日本和苏联纷纷来订购，用于海军服役。

20世纪20年代中期，公司又生产了一系列舰载双翼机He.25和He.26。它们从舰船甲板上的专用轨道滑车上弹射起飞，别开生面，令人耳目一新。许多国家向他订购弹射器和水上飞机。接着，他改进设计，研制了He.12和He.58。

1930年，亨克尔私人在瓦内明特已有了几个飞机制造厂，成为德国飞机制造领域的大企业家。当时西格弗里德·京特设计了装有44.10千瓦发动机的小型运动机，飞行速度达到240千米每小时，很有发展前景。亨克尔善谋人才，请他加入公司，很快研制出性能极好的发动机。1932年，他们将技术性能与美学观念相结合，生产出流线型细长机身、椭圆形机翼的全新运动机，推向市场。接着，亨克尔制造了He.70四座运输机，金属机体用钻孔铆接，机翼呈椭圆形，起落架可收放，大大减少了阻力。在12月的试飞中，它的飞行速度达到了365千米每小时。这几种小型飞机为后来亨克尔设计高速喷气飞机奠定了基础。

He.111开始是为汉莎航空公司设计的旅客机，第二次世界大战中变成德国空军的标准轰炸机，至战争结束，共制造了8 000多架

亨克尔设计的飞机是一步一步地向着高速、大型的方向发展的。20世纪30年代中期，他设计的比较大型的客机和轰炸机相继问世，并转向喷气推进飞机的开拓和研究。1935年，著名的火箭专家冯·布劳恩正在研究适合用于飞机推进的火箭发动机。亨克尔巧遇布劳恩，谈及合作研制高速飞机，两人一拍即合，建立了密切的联系。亨克尔向布劳恩提供研究设施；布劳恩不负众望，很快拿出了火箭发动机，并装在He.176战斗机上。这种战斗机小巧玲珑，1939年6月15日试飞速度达到805千米每小时，这在当时是不可思议的事。但是，由于火箭的工作时间太短，火箭飞机后来在第二次世界大战中作用十分有限。

1936年，燃气涡轮发明家冯·奥海因研制出崭新的涡轮喷气发动机。次年，首次试车成功。亨克尔立即高薪聘用他。1939年8月27日，亨克尔的He.178，即装备了推力为3 724牛的涡轮喷气式发动机的战斗机，成功地呼啸上天，导致航空领域发生了革命性的变革，开创了喷气飞机的历史。

He.178是世界上第一架喷气式飞机

遗憾的是，亨克尔的这两项重大进展都没有受到当局的重视。1939年6月15日，He.176试飞成功后，7月3日为希特勒和空军司令戈林举行了一场表演。表演取得成功。亨克尔本以为会受到元首的夸奖，然后命令他加紧研制；然而希特勒只说了一句“不过是一件有趣而浪费时间的玩具”，就扬长而去。同样，1939年8月27日试飞成功的He.178也没有得到希特勒和戈林的青睐。

过了不到一年，亨克尔又研制、试验了He.280双发喷气战斗轰炸机、He.177四发轰炸机、He.219高空夜间战斗机和He.162涡轮喷气战斗机，以对付英国的“蚊”式飞机。但这些飞机大多由于德国官方或安排不合理，或要求不妥当，使其发展受到阻碍。随着希特勒纳粹德国的覆灭和第二次世界大战的结束，亨克尔难逃为法西斯政权制造飞机的罪行，被隔离了2年，连同财产和他的地位都被剥夺了。

战后，随着德国工业化重新开始，亨克尔在斯图加特组建了机械厂，大量生产小型摩托车和旧式的老爷车，并为其他制造厂生产发动机和机械配件。到了1955年，形势发生了变化，德国被允许重新发展航空工业，亨克尔又转回到飞机制造领域，想重振旗鼓、东山再起，重建他的飞机制造公司，称雄世界。他的公司成为德国最大的飞机制造公司之一，后来与荷兰的福克飞机制造公司合并成为联合航空技术公司，最终又并入梅塞施米特·贝科夫·布洛姆公司（以后简称MBB公司），今天已成为欧洲航空防务和航天公司的一部分。

1958年1月30日，年逾古稀的亨克尔在斯图加特去世。

苏联航空史的真实写照
——飞机设计师图波列夫

图波列夫的一生与苏联航空事业紧密联系在一起，他为苏联航空技术的发展做出了杰出的贡献。他和几代苏联领导人共事：受列宁委托，与他的老师茹科夫斯基共同组建中央流体动力研究院；在斯大林时代，他设计的飞机完成过28次举世无双的飞行，为苏维埃祖国争了光，但第二次世界大战爆发前，他因莫须有的罪名被捕入狱，在狱中，他研制出有名的图-2飞机；在赫鲁晓夫时代，他才获得彻底平反。他领导设计局长达50年之久，设计过100多种飞机，从早期的滑翔机到20世纪70年代超声速轰炸机和超声速客机，其中70多种投入批生产。

图波列夫1888年11月10日生于特维尔省（今加里宁州）的普斯托马左沃。1908年他考入莫斯科高等技术学校机械系。在茹科夫斯基的影响下，图波列夫对当时刚萌芽的航空技术产生了浓厚的兴趣，成为茹科夫斯基的学生和助手。图波列夫就学期间，正值俄国革命高潮，由于他从事进步活动而遭校方开除，使学习中断3年。1914年他重新入学，1917年还没有毕业的图波列夫已受聘领导航空设计实验局计算处的工作了。

图波列夫

茹科夫斯基评价图波列夫的毕业论文写得很出色：图波列夫工程师的毕业设计是一项杰出的研究，年轻的学者证明，飞机可以在水上起飞和着陆。倘若将这些研究成果印刷出版，那么它们将成为俄罗斯航空科学史上光辉的一页。

十月革命不久，图波列夫协助老师茹科

夫斯基创建了中央流体动力研究院，使之成为世界一流的航空科学研究中心。1922 年，图波列夫开始主持中央流体动力研究院飞机设计局(1936 年成为独立的设计局)，任总设计师长达 50 年之久。在此期间，图波列夫领导设计了 100 多种飞机，其中 70 多种投入批生产。

图波列夫设计局的第一个产品是 AHT-1(图波列夫的名、父名和姓的缩合词，他的早期飞机均以此为代号，有时也写作安特-1)，该机采用木质金属混合式结构。用当前的标准衡量，它的发动机功率微不足道，只有 25.70 千瓦，而飞行质量只有 360 千克。然而，研制出这种飞机是一次真正的胜利，它使人们欢欣鼓舞，并对自己力量有了信心。很快他们又设计出全金属飞机 AHT-2。这种飞机于 1924 年 5 月 26 日首飞。这是决定继续制造金属飞机后的一次重大胜利。

AHT-4 是图波列夫设计局 1925 年的产品。当时本打算向英国订购类似飞机，但英国人提出十分苛刻的条件：研制费 200 万美元、周期 2 年。于是苏联政府决定自行研制，结果仅用 9 个月的时间、花了 20 万卢布就研制成功了。1929 年，舍斯塔柯夫等 5 人机组驾驶 AHT-4“苏维埃国家”号飞机，从苏联向东飞，横跨太平洋，直达美国纽约。

1930 年图波列夫领导研制的 AHT-6(也称德勃-3)是当时世界上最大的轰炸机，共生产了 800 多架，一直使用到第二次世界大战。在中国抗日战争期间，苏联向中国提供了 1 200 多架各型飞机，其中包括 30 架这种远程轰炸机。

图波列夫设计的 AHT-20“马克西姆·高尔基”号

1934 年，在图波列夫领导下制造出了安装 8 台发动机的 AHT-20“马克西姆·高尔基”号飞机。它是当时世界上最大的飞机，翼展 63 米，运载旅客人数

之多是前所未有的。然而,它的命运却是悲惨的——在一次飞行中,它与一架歼击机相撞而夭亡。

赫鲁晓夫在他的回忆录《最后的遗言》中,描述了这次事故的经过:"马克西姆·高尔基"号载客量在50人以上,实际上还处于试制阶段,但报刊上已对它大肆宣传了。随后发生了一场可怕的灾难——这完全意料不到,但决非图波列夫同志的过错。该机起飞作表演飞行。它由一架漆着红色的战斗机护航,以便地面观看的群众可以比较它们的大小。战斗机驾驶员是一位有名的空中英雄。他表演各种俯冲、翻筋斗和花样飞行,显示他的技能。在大胆的特技飞行中,他计算错误,撞上了"马克西姆·高尔基"号,两架飞机上的人全部遇难。

1937年10月,在苏联肃反扩大化的声浪中,图波列夫和很多其他飞机设计师一样被捕入狱3年多,在铁窗中度过了50岁生日,还设计出世界闻名的图-2轰炸机。卫国战争爆发后,1941年7月9日,图波列夫和他的20多位同事才被"宽大处理"。但事实上,一直到1956年苏共22大才正式恢复名誉,重新获得一切权利。赫鲁晓夫在他的《最后的遗言》中是这样记述的,"当我担任党和政府的领导时,在一次会议后,图波列夫来找我,并对我说,'赫鲁晓夫同志,我想请您帮个忙,人们仍然认为我曾经是个罪犯。这对于我的一生是个污点,对我的孩子们的生活也是个污点。您有没有考虑过,您将能正确地评价我的作用,并把我的名字从被捕人员名单中一笔勾销?'我回答说,'很好,图波列夫同志,我们将讨论这个问题。我认为,我们可以下令把有关的档案材料销毁。因此,你可以不再在调查登记表上填写你曾被捕并在狱中服刑。'他向我致谢,我们就分手了。"。

第二次世界大战后,图波列夫设计局为苏军和民航部门研制出一系列新飞机,其中包括苏联喷气式轰炸机图-12和图-16,苏联第一架喷气式客机图-104和民航大量装备的图-114客机。

进入20世纪60年代,已经70多岁高龄的图波列夫仍然坚持工作,其间他参与设计的飞机有:图-128战斗/截击机,图-22及图-22M 2/3战略轰炸机,图-124、图-134和图-154民用客机,图-144超声速客机。

图波列夫参与研制的图-144

在苏联当过航空工业部副部长的著名飞机设计师雅可夫列夫评价图波列夫说:"当他设计的新飞机试飞的时候,他总是亲临现场。每当这一时刻,他似乎已感觉不到自己脚下的地球,整个身心都已随着飞机飞上了天。”“图波列夫的年龄比其他设计师都要大，但他的精力十分充沛。尽管他年事已高，从事创新工作的负担很重，但他仍然充满着青年人的活力，精神抖擞，总是面带笑容。他平素生活简朴，平易近人，富有感染力，常常发出爽朗的笑声，这使许多年轻人也感到羡慕。”

1972 年 12 月 23 日，图波列夫因病不治，安详地告别人世，葬在莫斯科新公墓，和他做伴的有当年因“马克西姆·高尔基”号坠机遇难的人和 1973 年在巴黎航空展览会上失事的图-144 客机的机组人员。

为了表彰图波列夫的贡献，苏联党和政府给予他很高的荣誉。他曾 8 次荣获列宁勋章，还多次获得其他各种勋章、奖章和奖金。临终前被英国皇家航空学会和美国航空航天学会分别接纳为名誉会员。

骑在“蜘蛛”上飞行的人
——荷兰飞机设计师福克

荷兰人安东尼·赫尔曼·吉拉德·福克是世界早期著名飞机设计师、制造家和企业家，开创了“飞行员、设计师、企业老板一肩挑”的时代。他的飞机在第一次世界大战中，号称“福克灾难”，给协约国飞机造成重大杀伤；战后，他迎合新潮流，推出大量民用运输机，成为各国发展民用航空的主力。

福克 1890 年 4 月 6 日生于印尼爪哇，父亲是咖啡种植庄园主。福克生性好动，喜欢户外活动。为了让孩子们能获得良好的教育，他的父亲于 1894 年卖掉在印尼的家产，举家迁回荷兰西部哈勒姆故乡。

小福克不喜欢上学，常常弄得老师烦恼不堪。他爱好自己鼓捣点小发明，曾经用木头和纸做过几百架飞机模型。他常常几个小时坐在厨房里的一条椅子上，学着像报纸上看到的莱特兄弟那样摆弄驾驶盘。他还曾无数次试验过机翼的不同位置，最后得出的结论是：后掠翼带明显的上反角，再加上高重心会取得极佳的横向稳定性。在美国人寇蒂斯发明副翼之前，福克就发现控制飞机的飞行方向不一定要像莱特兄弟那样把飞机机翼折转一个角度。但福克的爱好并没有得到父母的鼓励，因为像当时大多数人一样，他们把飞行看作是通向坟墓最短的途径。

福克

1910 年，父亲送他去德国一家汽车学校，结果那所学校使他大失所望，于是又设法寻找其他满意的学校。最后，福克在美因茨附近找到另一所兼教航空工程和飞行的汽车学校。但学了不到一年就离开了，开始去设计自己的飞机。

福克在巴登的一个空闲的飞艇库房里开始制造飞机，并自学飞行。他制造的第一架飞机在机身和机翼之间有无数的张线，驾驶员开飞机就坐在密如蛛网的张线之中，因此给飞机起名叫“蜘蛛”。

福克驾驶自己设计的第一架飞机“蜘蛛”

“蜘蛛”的原型机于1910年圣诞节前夕首次试飞了。1911年6月7日，福克在表演了“8”字飞行和停车着陆能力之后，获航空协会第88号驾驶员执照。

经过一段极端困难的时期，福克的飞机被看好，开始获得少量军、民用户的订单。1912年福克组建了自己的第一家公司——福克飞机制造公司。但在美国、法国、俄国甚至荷兰销售飞机的努力收效甚微。有人说他是怀才不遇，倒是德国人慧眼识珠。德国陆军、海军都对他的飞机感兴趣，促使他在柏林以北350千米的什未林建立他的生产厂，因为当地政府向他平价提供厂房和飞行场地。

20世纪20年代末，福克在美国建厂生产运输机

1914年夏天，第一次世界大战爆发，订购福克教练机和观测机的订单像雪片般飞来，令福克还清了过去几年所有的债务，24岁的福克颇有感触地说：“突然我感到真正长大了，不再需要依赖父亲了。”

从1915年到第一次世界大战结束，福克的工厂生产了一系列性能优异的战斗机，总数达3 500多架，构成德国空中力量的中流砥柱，其中最有名的有福克E.Ⅲ、福克Dr.Ⅰ和福克D.Ⅶ等。福克在令人难以置信的48

小时内，在法国人的滑弹板基础上发明了机枪射击协调器。这是一种新型凸轮系统，能协调螺旋桨叶和机枪射击同步运动，当桨叶与枪管成一线时，机枪自动停止击发。这样，飞行员不再为子弹会打中飞旋着的桨叶而犯愁了，这项革新使德军飞机的攻击能力和命中率大大提高，被协约国称为可怕的"福克灾难"，空中优势一下子转到德国方面。

1918 年德国投降，第一次世界大战宣告结束，29 岁的福克开始了另一个激动人心的新时代。战争中福克的工厂已变为一片废墟，战后的德国还出现了动荡，福克的生命都受到威胁，他于 1918 年 11 月化装逃离德国返回荷兰。离开德国前，他机智地将 200 多架飞机、400 台发动机和大量的机器、工装器材藏在仓库、地窖里，6 个星期后，把上述物资装了满满 350 个车皮，偷偷运回了荷兰。

1919 年 7 月 21 日，福克在荷兰成立了新的荷兰飞机制造公司，自任总经理。福克决定迎合新的潮流，既搞军用飞机，也重视民用飞机的设计和生产。从 1920 至 1939 年，福克公司平均每年设计 3 种不同型号的新飞机。除了单发的 F.1 和 F.3 之外，还有大得多的 F.4 和 F.7。F.7 是使荷兰航空公司得以冲出欧洲范围的远程民用运输机。该机 1924 年首次试飞，开辟了从荷兰到荷属东印度群岛（即今天的印度尼西亚）的航线。1925 年，F.7 的改进型、三发的 F.7a/3m 首次试飞，1929 年开辟了荷兰至亚洲的航线。

在 20 世纪 30 年代初期，福克飞机在欧洲以及世界其他地方的空运航线上占据主导地位，它们装备了 17 个欧洲国家中的 13 家航空公司，并在 22 家制造厂专利生产。加在一起，在 29 个国家中至少有 89 家航空公司及其他经营者在使用福克飞机飞行。福克飞机在美国也获得很大的市场。随着 1927 年林白单人从纽约到巴黎的飞行成功，美国的商业航空迅速发展起来。以前被迫无奈只能用战争剩余物资的航空公司现在找到了投资人，可以订购新飞机了。福克公司是当时惟一已经准备好满足这一需求的飞机制造商。从 1927 至 1933 年福克飞机统治了整个美国商用空运的舞台。13 家骨干航空公司，包括泛美、美利坚、东方、西北以及一些较小的航空公司用的都是福克飞机。

遗憾的是，大多数福克飞机的技术到 20 世纪 30 年代中后期已渐渐过时了。自从第一次世界大战前福克第一架"蜘蛛"问世以来，福克飞机一直采用钢管焊接的机身和木质机翼。而 1933 年首次试飞的美国道格拉斯飞机公司 DC－1 已经是全金属机身和内部支撑的悬臂机翼结构了。与 DC－1 及其后继机 DC－2、DC－3 的性能相比，老式结构的福克运输机渐渐走到了尽头。

1939 年 12 月 23 日，在第二次世界大战已拉开序幕、荷兰已明显受到威胁之际，福克患脑膜炎在纽约逝世，年仅 49 岁。在他生命的最后 15 年中，福克一直生活在美国。他的大多数部下都确信，他本可以至少再领导福克公司工作 15 年。他的逝去结束了"有才干的人既可以是驾驶员，同时也是成功地组建和经营飞机制造厂的生意人"的企业航空时代。

坚定的爱国者
——法国飞机设计师达索

达索是法国一位传奇人物。他不仅是著名的飞机设计师、企业家，还是政治活动家，担任法国国民议会议员36年。他是个多面手，对电影、建筑、出版业有广泛的兴趣。戴高乐总统曾赞誉他："为了法国的地位，达索用他丰硕的奉献标志出他的世纪。"

达索1892年1月22日生于法国巴黎。原名马赛·布洛赫。在达索的自传里，他这样描述自己的家庭和童年时代："1902年我上7年级时，绘画和背诵课获得全班第一。父母为此要奖励我，并由我自己选择礼物。为此我跑了许多店铺，最后选中了一套电气实验装置。记得在1900年巴黎博览会上，展示过很多电器发明，当时人们对电的了解还很少，但给我留下深刻的印象。其实我要父母买的那套电气装置并不是玩具，而是作电气实验的一套小工具。我本来就十分痴迷于电气，自从得到这套工具，更是如虎添翼。

达索

"由于我总是对实际操作感兴趣，而不大喜欢理论研究，父母就送我进了电气工程学校。这实际上是一种职业培训学校，每周有3小时工业设计，3小时车间劳动，包括使用各种车、铣、刨床。

"一天课间休息时，在校园里我看到一架莱特飞机。这是朗伯伯爵的飞机正在绕埃菲尔铁塔飞行。以前我从来没有看见过飞机，我意识到飞行从此进入我的心灵。由于学校离机场不远，我常去机场看那些早年飞机的飞行。"

19岁那年，达索从布雷盖电工学校毕业，获得电气工程师证书。暑假里，他在一家汽车制造厂找到一份实习生的工作，先在生产流程各阶段都干了一阵之后，已经可以对17.64千瓦的汽车进行调试了。

后来，达索又决定进刚刚成立不久的国立高等航空学校学习，并于1913年

毕业。1914 年第一次世界大战爆发，达索参军服兵役，被派到航空实验室，在那里继续研究有关航空的各种问题。大战过程中，法国军方为充分利用飞机生产能力，决定压缩飞机型号，让定型的飞机在几家飞机工厂同时生产，达索就被抽调去改进“高德隆”G－3 侦察机的设计，并组织 4 个工厂生产。

达索在参与试飞过程中，还有空余时间，他很想改进一下“高德隆”飞机的螺旋桨。达索一位朋友的父亲赫奇是室内装璜商，他能制作上等的家具，于是达索把设计好的螺旋桨的轮廓画在木头上，指导赫奇制作出来，经试用发现效果极好。于是，达索获得第一张 50 副螺旋桨的订单，后来订单渐渐地越来越多。达索的这些经历，为他进入飞机制造领域作了很好的铺垫。这时，达索注意到，军队缺少一种双座的战斗机，于是他决定动手设计一架，从此走上设计、制造飞机的道路。

当时法国政府是不出资资助原型机制造的。于是达索和好朋友波太兹拿出自己的积蓄，组建了一家小公司，开始设计取名为 SEA. Ⅳ 的飞机，他们每天从晚上 9 点干到午夜。设计完成后，租了一家小厂来制造。这架双座机装 275.63 千瓦的发动机，但试飞完成时已到了 1917 年底。该机获 1 000 架订单，订单分散到几家大厂和转包商那里去生产，但到 1918 年大战结束时，仅生产出几架就草草收场了。

第一次世界大战结束后，达索暂时改行随岳父经营家具，后来又做过房地产生意。1927 年 5 月，美国人林白单人驾驶飞机从纽约不着陆飞越大西洋抵达巴黎，在布尔歇机场受到成千上万法国人的热烈欢迎，达索此时也正好在欢迎的人群中，他“意识到航空领域发生的变化，预感到民用航空的新纪元即将诞生”。1928 年法国政府也认识到，必须为发展航空投入更大的力量，否则可能落在周围其他大国的后面，于是决定在内阁增设航空部，这更增添了达索投身航空的信心。他立刻行动，变卖了房产，重新投身于自己喜爱的航空事业。

在以后的日子里，达索设计过 MB－200、MB－210 和 MB－131 双发轰炸机，还生产了 MB－150 系列战斗机和 MB－175 轰炸机。达索还研制过 MB－174 侦察机，性能都十分出色，堪称当时最优秀的飞机。

达索研制的 MB－174 轰炸侦察机

法国贝当政府投降后，达索逃到南方未被德军占领的地区，但常常收到德国人通过第三者请他出山的邀请，都被他一一拒绝了。1944 年他在里昂被捕，由于他拒绝为纳粹生产飞机、火箭效劳，被送入布痕瓦尔德集中营。德国人原本想让他到设在集中营里的V-1、V-2火箭部件厂工作，但是盟军的战略轰炸，使这些工厂夷为一片废墟。即使被关在集中营、生命危在旦夕，达索也没有放弃研制飞机的计划。

1946年，原名布洛赫的达索，为了彻底忘掉集中营的恐怖梦魇，正式改姓达索。这是他二哥在战时抵抗运动中使用过的化名。多次与死神擦肩而过的达索这年54岁，在法国南部第三次建厂房造飞机。不久他加入了戴高乐组织的“法国人民联盟”，并当选为国会议员，在主持飞机设计的同时，也积极投身政治活动，直到逝世为止。

达索领导的公司得到迅速发展。从MD-315“红鹤”双发短程轻型联络运输机开始，相继研制成功很多著名的飞机，如“暴风”M-450是法国第一种喷气式战斗机、法国第一种超声速战斗机“神秘”、西欧第一种具有超声速水平飞行能力的“超神秘”、法国第一种达到实战状态的两倍声速战斗机“幻影”Ⅲ、携带法国第一枚核弹的“幻影”Ⅳ轰炸机等。除军用飞机之外，达索在民用航空方面，特别是公务机领域也取得极大成功。“隼”系列公务机使达索公司成为世界知名的公务机供应商之一。达索晚年在他的自传中说，如果说我的所有飞机都是成功的，但有两种飞机最值得我为之骄傲：一种是“幻影”Ⅲ战斗轰炸机，另一种是“神秘”20，在美国叫“隼”。

“幻影”Ⅲ战斗机

数十年来，达索一直工作在飞机设计、制造的第一线。从早期的MD-315到晚年的“阵风”验证机（达索领导下设计的第92种原型机），他都亲自参加设计和制造工作，决定飞机的性能参数、确定飞机的几何尺寸、计算机翼的翼载荷、选择发动机的型别等。达索是一位杰出的工程师，富于创造，总是渴望了解新鲜事物。他不仅善于实践，从中吸取经验教训，而且也非常注重学习他人的成功经验，脚踏实地，不赶时髦。在每一个新设计方案中，仅采用经过验证的成

熟技术，稳步发展。尤其是在“幻影”系列战斗机的发展中，集中体现了为人称道的法国航空工业的“渐改法”。

在达索荣获古根海姆大奖的会上，人们评价他说：毫无疑问，达索飞机公司比西方世界其他公司更具有创建者个性延伸的特点。自第一次世界大战以来，达索一直从事飞机制造，而且把自己的活动更多地看作是一种艺术，而不仅仅是科学。用他的一句格言来说就是：“一架漂亮的飞机，飞起来一定是很美的。”

1986 年 4 月 18 日，94 岁高龄的达索离开了人世。法国政府授予他最高荣誉——荣誉军团大十字勋章，还破例在残废军人院举行的葬礼上向他致敬。达索是一位渴求创造、即使身处逆境也面向未来的人。他留给自己公司的价值观是：“我力求不间断地思考。我与我的班子一起做了很多工作，不因困难而气馁。我热爱我的工作，并自觉地远离诱使我离开工作的各种干扰。”

早期歼击机"大腕"
——苏联老一代设计师波利卡尔波夫

波利卡尔波夫是第二次世界大战前在苏联与图波列夫齐名的著名飞机设计师，波利卡尔波夫专攻歼击机、侦察机等小飞机，而图波列夫分工轰炸机等大飞机。总的说，1941年苏军装备的国产教练机、歼击机和侦察机中，99%出自波利卡尔波夫之手。

尼古拉·尼古拉耶维奇·波利卡尔波夫1892年7月8日出生于萨拉托夫市以东格奥尔吉耶夫斯克村（今奥廖尔州利文斯克）。1916年毕业于彼得格勒工学院及该院航空与浮空训练班。毕业后，即在俄罗斯波罗的海车辆工厂当航空工程师，参与研制"伊利亚·穆罗梅茨"四发大型轰炸机及其他飞机。在十月革命及其后的内战中，只有杜克斯飞机工厂硕果仅存，后来叫国营莫斯科航空一厂。1918年，波利卡尔波夫进一厂工作，负责仿制法国"斯帕德"S. Ⅶ飞机，并把英国DH 9a改造成"爱尔-1"侦察机。

20世纪20年代初，俄国组建了两大设计机构：一个是附属于中央流体动力研究院的图波列夫设计室；另一个是附属于杜克斯工厂的设计室，由波利卡尔波夫和格里戈罗维奇领导。随后国产飞机陆续问世。

波利卡尔波夫1922年开始设计伊-1歼击机。该机是一架单翼单座飞机，装美国"利伯蒂"发动机（后仿制，称M-5），1923年8月23日首次试飞，刚开始滑跑时飞机就自动仰起机头，飞机从10米高处掉下来，幸亏驾驶员无恙。经向中央流体动力研究院请教并进行风洞试验后，证明该机重心太靠后。

接下来的伊-3被公认为是苏联第一架成功的歼击机。第一架原型机1927年出厂，1928年5月4日首次试飞。该机装一台水冷式367.50千瓦的M-17发动机，速度达到283千米每小时，航程585千米，装两挺机枪。通过鉴定后订货399架。和图波列夫一样，波利卡尔波夫也有一段蹲大狱的历史。1929年他被捕入狱。在监狱里，他奉命与格里戈罗维奇一起研制一种新飞机。新机代号为VT-11（VT是"内部监狱"的缩写），后来改为伊-5。

装M-17发动机的双座侦察机爱尔-5是波利卡尔波夫的一项杰出设计，这种飞机在空军获得了广泛应用。1930年，伊朗政府为伊朗空军组织了一次侦察机国际招标竞争，爱尔-5在招标竞争中超过了英国、法国和荷兰多种侦察机而获得第一。

生产了30 000多架的波-2飞机

波-2是波利卡尔波夫设计的另一种杰出的飞机，起初叫乌-2，1944年波利卡尔波夫逝世时，为表彰他的功绩才以设计师的姓氏改称波-2。以前苏联自己没有初级教练机，因此只能用外国飞机训练飞行员。波-2是根据苏联空军宣布的教练机研制比赛条件研制的。它的操纵性能良好，装73.50千瓦的可靠的M-11国产气冷式发动机。波-2飞机的生产和使用维护费用低廉，飞机结构简单、寿命长，因此成为苏联飞行员、特别是初学驾驶技术的人最熟悉的一种飞机。

除作为教练机外，波-2还用于农业、林业、航空摄影和医疗救护活动。第二次世界大战期间，波-2也用作通信联络机和轻型夜间轰炸机，法西斯军队就经常遭到波-2飞机的袭击。在伟大的卫国战争年代享有盛名的妇女飞行团勇敢的女飞行员们大多驾驶过这种飞机。波-2的飞行寿命长达20多年，苏联人对它的赞美几乎罩上了一层神秘的色彩。

在苏联，波-2从1928至1951年一直在生产，国外仿制起码延续到1959年，各种改型不下80余种，总产量达到32 600～33 300架。

进入20世纪30年代，随着工业化和飞机制造业进一步发展，苏联在飞机设计、制造和批量生产方面都取得显著的进步。作为歼击机设计的主要人物，波利卡尔波夫最关心的是如何进一步提高飞机的速度和机动性。

根据当时的技术水平，波利卡尔波夫认为，在一个方案中不能同时兼顾大的平飞速度和良好的机动性。因此有必要沿着两个方向平行发展歼击机：机动歼击机采用双翼机；高速歼击机采用单翼机。1933—1934年，在波利卡尔波夫的领导下，研制成功最大速度为360千米每小时、机动灵活的双翼歼击机伊-15和起落架可收放的、速度为454千米每小时的单翼歼击机伊-16。但在西班牙和哈勒欣河两次实战考验中发现，在急剧变化的空战条件下，组织单翼机和双翼机协同作战十分困难，随后才屏弃了同时发展两种飞机的想法。在1934—1940年期间，苏联生产了6 519架各种改型的伊-15和6 555架伊-16，是苏联歼击航空兵的基础。

20世纪30年代中后期，波利卡尔波夫的飞机和他本人都面临激烈的竞争。西班牙战争的教训引起苏联政府极大的忧虑。只有采取特殊的手段才能扭转局面。20世纪30年代末，战争日益临近。苏联党和政府两次召开会议，研究如何改变空军装备落后的局面，波利卡尔波夫参加了会议并发了言。会后，成立了由很多年轻人挂帅的新设计局，负责研制歼击机的就有拉沃契金、米高扬-古列维奇和雅可夫列夫等设计局。这些设计局在短短的一年半到两年的时间里

伊-15双翼机改型的伊-153战斗机

便成功地研制和试飞了一批崭新的现代化歼击机。1940年5～6月间，没等试飞结束，就有拉格-3、米格-1及其改型米格-3和雅克-1投入了批生产。在几个新设计局的飞机传来捷报的同时，波利卡尔波夫设计局研制的多种型号却遇到严重的困难。

1938年初，该设计局研制出伊-180飞机。据称，在设计时，波利卡尔波夫经常征询到过西班牙和哈勒欣河的飞行员和工程师的意见，并借鉴了那里的空战经验。但这种飞机遭到了失败，在试飞时飞机刚刚进场就坠毁了。下一批试飞样机又发生两起事故和一起坠毁事故，于是这种飞机便夭亡了。功勋试飞员奇卡洛夫就是在试飞伊-180时牺牲的。

伊-16单翼机

1940年，波利卡尔波夫设计局又推出伊-185歼击机。它装3门炮，但由于没有功率足够大的发动机及其他原因，这种歼击机最终也没能投入批生产，尽管它的最大速度达到了680千米每小时。

在三年中，接连发生的悲剧使设计局的命运岌岌可危。有

一次在克里姆林宫讨论航空问题时，有人直截了当地说："早就应该让波利卡尔波夫设计局关门，他已经不中用了"。尽管因为得到斯大林的保护而没有追究他的责任，但他的声誉明显下降。他的同事中相继有人惨遭不幸，有的受审，有的被捕入狱，使他内心十分痛苦。他再也不像从前那样有说有笑，而是变得沉默寡言，心情郁闷，有时表情呆滞，甚至坐着发愣。面对 10 多个新设计局的竞争，作为歼击机设计老前辈的波利卡尔波夫大概是背上了"想赢怕输"的包袱，终于败下阵来.

1943 年 3 月，波利卡尔波夫去莫斯科航空学院飞机结构教研室任教授兼主任，培养新一代接班人。1944 年 7 月 30 日，他以 52 岁的短暂生命在莫斯科去世，可谓英年早逝。波利卡尔波夫经历了坎坷的人生之路。波利卡尔波夫短暂的一生研制过原型机不下 32 种，最后研制的两种飞机是 BDP 突击滑翔机和 NB 夜间轰炸机，NB 是在他去世前夕 1944 年 5 月 23 日首次试飞的。这时，他的设计局已经关张了。

少见的“三位一体”
——王牌飞行员、设计师兼理论家塞维尔斯基

1971 年，美国出版发行了《现代战略的缔造者》一书。书中介绍了从古至今 35 位世界著名军事战略家。其中，塞维尔斯基与朱里奥·杜黑、威廉·米切尔齐名，并列为空军三大战略理论家。

亚历山大·塞维尔斯基 1894 年生于格鲁吉亚第比利斯，是一位成功的音乐堂表演家的儿子。1914 年从俄罗斯海军学院毕业，在那里学会了飞行。1915 年被派往奥赛尔岛基尔肯第二航空站。一次，他驾驶一架英国 FBA 工厂水上飞机执行第一次任务，在着陆时一枚炸弹爆炸，致使一条腿严重受伤。住院治疗康复后，他被派往彼得格勒一家工厂，参加海军军官团，负责监造海军飞机，很多飞机都是戈里高罗维奇设计的 FBA 飞机的改型。

1916 年，塞维尔斯基回到飞行一线，仍在奥赛尔岛上服役，在那里，他飞法国造的纽波特飞机，保卫海军设施和为水上飞机护航。整个第一次世界大战中，他击落敌机 13 架，成为第三号“王牌飞行员”，得到沙俄帝国军队的最高奖赏。

1917 年，他被海军任命为波罗的海舰队驱逐航空兵司令。接着，他作为俄国海军航空兵代表团团长远赴美国考察。从此，他的人生道路发生了戏剧性的变化。在他访美期间，正值列宁领导的十月革命爆发，革命以风卷残云之势，迅速推翻了沙皇统治，塞维尔斯基作为一名旧军队的军官，意识到回国后将会发生什么，于是决心留在美国。在那里，他受聘为航空工程师和试飞员，直到第一次世界大战结束。

1921 年，他作为美国空军之父——威廉·米切尔的亲密朋友和得力助手，参加了米切尔领导的著名的“飞机轰炸军舰”的试验。试验取得了圆满成功。1927 年，塞维尔斯基获得了美国国籍。1928 年，他在美国陆军航空队服役，被授予少校军衔，这是他一生中的最高军衔。

塞维尔斯基还是一位闻名遐迩的飞机设计师。美国空军的第一台自动式轰炸瞄准具是他发明的，他把该项专利以 5 万美元的代价卖给了美国政府。1931 年，他创办了以自己名字命名的飞机公司，曾经生产过许多著名的战斗机。

在他的公司里，他很快看到当时刚刚出现的应力蒙皮设计的优越性，并雇了另一位从俄国来的移民亚历山大·卡尔维里当助手。他们一起设计出很多飞机，包括当时十分先进的P－35战斗机，该机采用应力蒙皮结构，起落架可收放，有封闭的座舱。有一批P－35飞机卖给了日本海军，是日本人第二次世界大战期间使用过的惟一的一种美国飞机。他还设计过当时速度最快的两栖作战飞机和世界上第一架单翼教练机。

女飞行家科克伦驾驶塞维尔斯基设计的飞机获得**1938**年本迪克斯大赛冠军

在第二次世界大战中，他设计制造的P－43、P－47战斗机曾名噪一时。他根据高空空战战术对航空技术装备的要求，设计并生产了世界上第一架高空战斗机。由于他的不懈追求和对世界航空技术发展的杰出贡献，1940年得到美国总统罗斯福授予的哈蒙奖；1947年，他再度获此殊荣，并由杜鲁门总统亲授。

塞维尔斯基在空军军事理论上的远见卓识，比他对航空技术研究的成就更大。1942年，他出版了《空中力量制胜论》一书。全书共10章，深刻地分析了第二次世界大战头三年发生的几个著名战例，如波兰战役、挪威战役、不列颠之战、克里特之战、珍珠港事件、珊瑚岛海战和中途岛之战。他通过对上述战例的分析，总结概括了空军作战使用和发展建设的11条基本原则。他的基本思想的主要部分具有超凡脱俗和远见卓识，至今仍有

塞维尔斯基设计的**P－47**“雷电”战斗机

重要参考价值。

该书对不列颠之战、克里特岛之战、苏德之战的空中作战的分析有理有据，入木三分。他的许多预见均一一得到证实，表现出一个天才军事家的非凡洞察力。例如，在苏德鏖战正酣，鹿死谁手还不见分晓之时，塞维尔斯基一语中的：“德国把闪击战使用到俄罗斯那么大的地区上去，就会暴露德国战争机器的缺陷”，“在狭小的战场上能致人死命的战略在幅员辽阔的俄国这样的国家将证明是无用的”。他预测，德国将被迫在苏联打一场长期战争，这对德国是很危险的。

另外，塞氏的又一部著作《空中力量——生存的关键》于 1950 年付印时正值朝鲜战争爆发。他立即赶写了一个章节补入其中。他预测，“中国必出兵朝鲜”；他强烈要求美国政府立刻撤军，否则将陷入“中国人设置的泥潭”，难以自拔。历史又一次被他言中。

1974 年，塞维尔斯基告别人世。

从勤杂工到总设计师
——军、民用飞机大师伊留申

了解苏联航空发展的人，对伊留申这个名字都十分熟悉，以他的名字命名的强击机、轰炸机在第二次世界大战中功勋卓著；战后更多的旅客机冠以他的名字，不仅在苏联，而且在包括中国在内的很多国家广泛使用。

谢尔盖·弗拉基米罗维奇·伊留申 1894 年 3 月 30 日出生在一个俄罗斯农民家庭，在乡村小学毕业后，到了当时的彼得堡。1910 年他在那里看过一次飞行表演，飞机给他留下深刻的印象，从此心里萌发了为航空献身的志愿。在机场，他给飞行员打下手，为的是能留在飞行员和飞机旁边。

伊留申

第一次世界大战爆发后，伊留申投身沙俄飞行部队，给一位机械师当助手，经过刻苦努力，很快成为西科尔斯基研制的“伊利亚·穆罗梅茨”大型轰炸机的总机械师。那段时间，他还学习飞行。1917 年，他通过了飞行员的考核。

十月革命后，伊留申成为茹科夫斯基航空学院的总机械师，他利用业余时间读书，在取得工程学位后从事滑翔机的设计。当时国家鼓励大学生参加滑翔机设计竞赛，因此尽量为学生提供自行研制滑翔机的条件。伊留申先后设计过三种滑翔机，其中第二架是 1924 年由交通工程学院工程系学生制造的，取名“工农速成中学学生”号。大学四年级时，伊留申制造过创记录的滑翔机“莫斯科”号，在德国参赛中获得续航时间一等奖。

1926 年，伊留申毕业后，被任命为空军科学技术委员会第一组组长。工作是确定飞机型号和制定军用飞机要求并参与各种委员会的工作。各委员会在飞机的生产和试验期间，检查各种飞机的给定性能和实现的性能是否一致。在委员会工作的四年,使伊留申获益匪浅,这对他以后的设计工作大有裨益。

伊留申在空军科学技术委员会工作期间,经常向《飞机》杂志投稿。当时,那是一份主要的航空杂志,刊载飞机,而且主要是轻型飞行器设计问题的文章。后来,伊留申到空军科学试验机场工作。1931 年,伊留申被调到中央流体动力研究院领导一个设计组。1933 年离开研究院,组建自己的设计局。

伊留申早期设计的重要飞机有伊尔-4 远程轰炸机。该机 1936 年首飞,不久便投入批生产,到 1944 年各型共生产了 6 784 架。第二次世界大战中,伊留申设计的最有名的飞机是伊尔-2 强击机。他把飞机气动力布局、稳定性和操纵性,同功率有相当裕度的发动机和飞机所有致命部位的合理装甲加以综合考虑,把速度和机动性、航程和载荷、攻击性武器的火力、防护手段、生存力结合起来,成功地研制出最大限度满足这些互相矛盾的要求的飞机。伊尔-2 于 1940 年 10 月 12 日首次试飞,各型共生产 36 136 架,是苏联也是世界航空史上生产量最大的飞机之一。这种飞机用机枪、机炮、火箭弹和炸弹消灭敌人有生力量,在敌人中造成恐怖和慌乱,被希特勒军队称为“黑色死神”。

大批量生产的伊尔-2 装甲攻击机

伊尔-2 原设计为双座,后根据军方某些人的意见改为单座,后来在实战中吃了亏才改回双座。在单改双的决策中,斯大林做出正确的决断,并严厉批评空军某些领导人的无知。1942 年初,斯大林召见伊留申和航空工业人民委员。他们刚一走进办公室,斯大林就从座位上站立起来对伊留申说:“啊,原来您是对的!”伊留申疑惑不解地问道:“我对在哪里呀!斯大林同志。”斯大林说:“哎,可不是吗,我们把您都搞糊涂了。您原来设计的伊尔-2 强击机是双座型,而我们没有认真考虑,只是按照某些轻率的参谋人员的意见,坚持把它改为单座型。我们的歼击机不多,而单座强击机又要求护航,因而损失很大。可是,有几架双座飞机倒不错,它们能够进行自卫。所以,需要立即恢复双座型,条件只有一个,产量不能减少。”

伊留申设计的主要军用机还有在伊尔-2基础上改进的伊尔-10，苏联第一种喷气式轰炸机伊尔-28。

战后，伊留申告别军用机，转向设计民用旅客机。苏联国土辽阔，民用航空事业在经济生活中格外重要。伊留申设计的第一种客机是装两台活塞式发动机的伊尔-12，1946年1月7日首次试飞，1947年8月22日投入航线使用，视布局不同，可带18～32名乘客。

在伊尔-12的基础上改进成功的伊尔-14，除苏联外，当时所有社会主义国家都采用了，捷克斯洛伐克和民主德国还仿制生产。接着，专供中程客机使用的涡轮螺桨发动机渐趋成熟，伊留申设计了四发的伊尔-18，1957年7月4日首次试飞，不久投入使用，在3 000千米左右的航线上至今还有不少在飞。此后，伊留申又设计了四发喷气式伊尔-62远程客机，能容纳198～212名乘客，这种飞机的特点是机身尾部两侧各装两台发动机，T形尾翼，1965年参加了巴黎航展，在西方引起很大轰动。伊留申的下一个设计是伊尔-76重型运输机，供军民两用。

伊留申在飞机制造方面形成了自己的学派，在苏联航空事业的发展中做出了可贵的贡献。他设计的军、民用飞机总生产量达6万架以上，这在航空史上是少有的。伊留申是第一届至第七届最高苏维埃代表，多次荣获列宁奖金和国家奖金，获得8枚列宁勋章和10多枚其他各种勋章。

伊尔-76运输机

伊留申是一位非常认真和恪守诺言的人。他常说，“交给我的任务，如果我接受了，那么我一定不折不扣地完成。”伊留申经常告诫自己的下属：“应当把工作做到这种程度，即使一位最有经验并且最爱吹毛求疵的专家也只能说‘没法做得更好了’。”著名飞机设计师米高扬这样评论伊留申：“他代表了战后民航机制造的整个时代，代表了取得民航机所有现代性能的时代。”和伊留申同时代的一位科学院院士说，“当人们谈论伊留申设计的飞机时，使人联想起一系列技术完整的飞机。它们中间的每一种型号都是苏联航空史中的大事。”伊留申从一名旧军队的士兵到工程技术勤务上将，从一名场务队的勤杂工到总设计师，从设计滑翔机到洲际客机，这就是伊留申走过的人生之路。

1977年2月9日，伊留申在莫斯科去世，各国人民将永远怀念他对人类文明做出的贡献。

坎坷而执著的一生
——苏联飞机设计师苏霍伊

苏霍伊是苏联最有成就的飞机设计师之一。到1939年苏霍伊才有了自己的设计局，但最初10年中设计的飞机绝大部分没有投产。1949年，他更遭到关闭设计局的厄运。但这一切没有使他低头，1953年，设计局重新开张，终于迎来了大好局面。如今，各种“苏”系列的战斗机成为俄罗斯空军主力，甚至成为西方赶超的对象。

巴维尔·奥西波维奇·苏霍伊1895年7月22日出生于现在白俄罗斯的一个乡村。上中学4年级时，他第一次看到飞机，此后，制作飞机模型便成为他的爱好。考入莫斯科大学物理系后，他开始听茹科夫斯基的课，这在很大程度上决定了苏霍伊未来生活和事业的走向。

苏霍伊

由于战争，他中断了学业，应征入伍，参加了炮兵部队。在前线他亲身体验到俄国空军的落后，体会到空军的重要性。他立志从事航空事业，尤其是战斗机的制造。然而，他的生活道路相当坎坷。十月革命后，因家庭生活困难，苏霍伊先后染上斑疹伤寒和猩红热，使喉咙受到严重伤害，几乎失音。嘶哑的嗓音大概是他一生沉默寡言的原因。

1920年，苏维埃政府决定，大学生可以返校学习。1921年秋，苏霍伊进入莫斯科包曼工学院学习。1924年，他大学还没有毕业，就开始在中央流体动力研究院当制图员，同时在图波列夫指导下做毕业设计。

1925年，他不仅通过了题目为“单座220.50千瓦歼击机”的毕业设计答辩，并被留在图波列夫身边工作，实现了从事航空的夙愿。苏霍伊以其勤奋和善于抓住工程技术问题的实质的杰出能力而在大学生和同辈人中出名。

在图波列夫设计局期间，苏霍伊最有意义的工作是担任AHT－25型飞机

的主任设计师。1937 年 6 月，奇卡洛夫机组驾驶该机由莫斯科经北极飞到美国，在全世界引起轰动。正是这次成功的飞行使苏霍伊有幸于 1939 年 7 月成立了自己的设计局。

新设计局在竞争中得到的第一个任务是设计近程轰炸机“伊万诺夫”，编号为 BB－1，该机改进后命名为苏－2，共生产了 893 架，在卫国战争中作为强击机和近程轰炸机参加了战斗。

有一天，飞行员们坐在苏－2 旁说笑，一个穿灰色风衣的人走来，问这飞机怎么样。飞行员调侃地说：“不知道谁在开我们玩笑，想出来这么全能的飞机。我们既要用它轰炸、侦察、攻击敌人的飞机，还要用它低空飞行攻击……而飞机上竟然没有装甲。您愿意试试吗，大叔？”陌生人用心地听着，最后说：“根据设计思想，苏－2 是近距轰炸机，如果说现在还有别的用途，那是因为严峻的形势所迫。但是，我们会对你们的批评做出回答。”他走后，人们才知道，他就是苏－2 的总设计师苏霍伊。苏－2 的改进型是苏－4，相对于苏－2，苏－4 发动机加大功率、座舱装了防护装甲、增加了机枪。

苏霍伊是苏联最早研发喷气式飞机的设计师之一。1942 年他的设计局就开始了喷气飞机的研究。第一阶段的工作是制造采用复合动力和火箭发动机的试验机，逐步从活塞式飞机向喷气式飞机过渡；第二阶段是制造完全装喷气式发动机的飞机。

虽然苏霍伊从 1939 年到 1949 年曾领导研发并制造、试验了 15 种以上的飞机，但由于各种原因，除苏－2 外都没有实现批量生产。更让人痛心的是，1949 年 11 月，苏霍伊设计局被解散。其正式的理由是该局没有批量生产型飞机。但据说是苏霍伊与当时的国防部长布尔加宁没有找到“共同的语言”。

这时国防工业部建议苏霍伊改行去搞火箭设计。苏霍伊在表示感谢后说：“在包曼工学院三年级的年级设计中，老师曾让我设计锅炉，而且对我的设计很满意，说我一定会成为一个优秀的锅炉专家。当然，我也想过也许是可能的，但我还是选了航空。我的愿望到现在也没有动摇，我不能想像没有航空自己的生活会是什么样子，所以，我也不想去设计什么火箭。”

拒绝意味着无事可做。苏霍伊设计局的人被分散到各个单位。就在这时，图波列夫决定收容苏局的主要力量，并仍然让他们组成一个小集体。苏霍伊回到图波列夫手下，被派往远东的工厂，配合生产图－14。在工厂的 4 年中，他承担设计师、工艺师、生产组织的各种工作，与厂长交上了朋友。他们的友谊为日后的合作打下了基础。

20 世纪 50 年代初，苏联为应对日益增大的空中核威胁，于 1953 年作出加快军用飞机研制工作的决议，苏霍伊设计局得以死而复生。再生之后，苏霍伊设计局设计的型号也经过了重新排列。新研制的苏－7、苏－9、苏－11、苏－15 和苏－17 与 20 世纪 40 年代研制的同样名称的飞机实际上并不相同。苏－9 是当时苏联国内速度最快、飞行高度最高的批量生产战斗机。就飞行性能而言，它也不亚于当时世界上如美国的F-4和F-106等最优秀的战斗机，在1959—1962年间曾创造一系列速度和高度世界记录。苏-9的发展型是苏-11，两型飞机共生产1 200架。

在20世纪50年代末，苏联庞大的战斗机队中，除前线制空战斗机外，截击机和战斗轰炸机都是由苏霍伊设计局唱主角。在截击机方面，从苏-9到20世纪60年代的苏-15，设计局逐步完成了从简单灵活的轻型截击机到设备复杂的全天候截击机的过渡。可以说，苏-15是苏联第三代战斗机的代表。位于西伯利亚的奇卡洛夫飞机制造厂生产了1 400架各型苏-15，构成了20世纪七八十年代苏联国土防空军的基础，一直到90年代初才被苏-27和米格-31所取代。

1948年研制的第一种装后掠翼的苏-15截击机

在战斗轰炸机方面，苏霍伊领导下的设计局又开发了苏-17变后掠翼飞机、第一种装空中加油系统的苏-24战术飞机、苏-25对地攻击机，成为苏军的主力装备。到20世纪60年代末，苏霍伊也开始涉足制空战斗机的研制，标志是参与赶超美国F-15空中优势战斗机的竞争。1969年秋，在苏霍伊倡议下，

苏-24变后掠翼战斗机

设计局开始了代号为T-10(即目前的苏-27)战斗机的设计工作。苏霍伊大胆地采用航空新技术来设计全新的气动布局。该机采用优美圆弧形的机翼，选用这种平面形状机翼很大程度上是因为在超声速时阻力小。该机的总体技术构

想是出人意料的：机身和机翼间平滑过渡，形成了翼身融合升力机身；采用纵向静不稳定设计，两个相互独立的发动机短舱安装在机翼下表面，发动机进气口与机翼前缘保持一定距离等。

1971 年，苏联空军宣布，就新一代重型战斗机方案进行招标，参加投标的除苏霍伊设计局外，还有米高扬和雅可夫列夫设计局。1972 年，经过修改的 T-10翼身融合体方案中标胜出，苏霍伊设计局从而获得进一步研制这种战斗机的权利。

为完善方案，在苏霍伊主持下，设计局在几年内研究了 20 多个气动模型。也许是设计局从来没有过一个机型出现如此众多气动布局方案的情况，所以有些人俏皮地称苏-27 为“可变气动布局飞机”。

1974 年，在中央流体动力研究院的帮助下，最后确定了飞机的结构布局。就在完成初步设计，试验机即将投入生产之际，苏霍伊于 1975 年 9 月 15 日，带着遗憾与世长辞。这位设计局的创始人，曾担任总设计师 33 年之久，他为苏联航空事业的发展做出了巨大的贡献，他一生共主持设计了 50 多种新飞机，其中 34 种进行了试飞。

目前，苏-27 尽管是由他的继任者西蒙诺夫做了重大的改动才得以完成，但该机的成功与苏霍伊晚年的努力还是分不开的。

纳粹德国的驯服工具
——飞机设计师梅塞施米特

德国法西斯在第二次世界大战中给人类造成空前的浩劫。其间，有一帮飞机设计师为纳粹效力，包括提供过45 000架Me式飞机的梅塞施米特。这些人尽管对航空矢志不渝，像梅塞施米特一生主持过不下37种飞机的设计，但他毕竟沦为纳粹德国的驯服工具，掌握在希特勒、戈林等一批战争狂人手里，成为人类和平的罪人。

威利·梅塞施米特1898年6月26日出生于法兰克福。家里是酒商，小梅塞施米特在跟随他父亲到苏黎世学习工程期间，就表现出对机械的极大兴趣。1910年，一家人迁回巴伐利亚州巴姆堡，继承家族事业。但他父亲对航空情有独钟。通过他父亲，梅塞施米特结识了比他大18岁的设计和试飞滑翔机的弗里德里希·哈斯，合作研制滑翔机。

梅塞施米特

1913年，梅塞施米特制作了一架全金属的滑翔机。这时，他还只是个中学生，就已显示出在飞机设计方面的才能。梅塞施米特对飞机设计制造有浓厚的兴趣，即使在紧张的学习中，也对它念念不忘。当时学生获得学位必须做出必修课的研究报告。学校指定的课题是设计起重机，梅塞施米特却大胆地向校方提出要设计滑翔机。

第一次世界大战期间，梅塞施米特因身体不好，免服兵役。他利用这个机会进了慕尼黑技术学院机械电气系，1923年毕业。同年，25岁的梅塞施米特创办了“梅塞施米特飞机制造公司”。

开始，梅塞施米特在父亲的餐馆里生产自己的第一个产品——一种高级滑翔机。后来因为所用涂料对环境有污染，才另找地方，在巴姆堡一个闲置的酿造厂继续制造滑翔机。1924年，梅塞施米特遇到一位以前的飞行员吉奥·克罗奈斯，结下了终身友谊。克罗奈斯要梅塞施米特设计一种轻型教练机，于是

M－17问世。克罗奈斯经营着北巴伐利亚航空公司。该公司用的不少小飞机是梅塞施米特公司的产品，使梅塞施米特飞机公司得以维持。1927年，梅塞施米特飞机公司与巴伐利亚飞机公司合并，梅塞施米特出任总设计师。

1930年，梅塞施米特的母校注意到这个毕业生的业绩，聘请他回校担任飞机设计课程的教学工作。1936年，梅塞施米特任德国布伦瑞克航空研究院院长。1937年，他被聘为慕尼黑工程大学名誉教授。1938年他的母校授予他名誉工学博士学位。

20世纪30年代，梅塞施米特设计轻型高速教练机和旅游飞机的经验使他成功地设计出Me.108“台风”，它创造了很多世界记录，在很多次竞赛中获胜，并出口到很多国家。

随着希特勒上台，德国便大力扩建空军，要求各厂家设计和制造战斗机和轰炸机。当时，梅塞施米特在航空界已经相当有名，在Me.108开始试飞之前就开始设计Me.109（也称Bf.109），与阿拉多公司的Ar.80、福克-武夫公司的Fw.159、亨克尔公司的He.112展开竞争。结果Me.109获胜。

Me.109战斗机

Me.109是法西斯德国专门为发动战争设计的，且在整个第二次世界大战中充当了德国空军的主力战机。Me.109从战争爆发一直使用到战争结束，从欧洲打到非洲，参加了德国空军进行的几乎所有空中战役。该机是德国战争中生产数量最多的一种战斗机，也是第二次世界大战中生产量名列前茅的机种之一（仅次于苏联的伊尔-2/10，列第二位）。Me.109各型总共生产了35 000架，占德国全部战斗机装备数量的60%。Me.109除了在德国空军使用，战时还提供给罗马尼亚、保加利亚、芬兰等国；战后还曾出口给以色列空军，西班牙还进行过仿制。

除了 Me. 109，梅塞施米特在战时的其他作品还有：Me. 210、Me. 262（世界上第一种服役的喷气式战斗机）、Me. 163（当时世界上速度最快的火箭发动机飞机）、Me. 321 大型运输滑翔机、Me. 323 大型运输机等。

第二次世界大战中，像梅塞施米特这样的设计师完全服从于希特勒、戈林等少数法西斯头子的摆布。例如，亨克尔的 He. 176 火箭战斗机试飞成功之后，并没有引起希特勒的兴趣。看了 He. 176 的表演，希特勒抛下了一句“只是一件有趣而浪费时间的玩具”，便扬长而去。1943 年 11 月，希特勒观看了 Me. 262 飞行表演后，显出若有所思的样子，沉默不语。现场的军政要员都替梅塞施米特捏把汗，惟恐他步亨克尔的后尘。

“能不能挂炸弹？”希特勒突然发问。梅塞施米特作了肯定的回答：“任何飞机都能挂炸弹，我的元首。”希特勒当即嚷道：“好！‘闪电’轰炸机诞生了！”战争狂人的意志没有人能改变，更没有人敢违抗。

1944 年 6 月，根据希特勒的旨意，轰炸型的 Me. 262 终于纳入生产计划。同年 8 月，第一轰炸航空团最先配备了轰炸型 Me. 262A－2a，并进驻北非战场。此时的 Me. 262 与试飞时已经完全不同了，根据希特勒的命令 Me. 262 被强行挂上炸弹，使飞机起飞质量大大增加，与活塞式飞机相比已无优势可言。飞行员训练也非常仓促，进行完单机驾驶速成训练后，再完成 1 小时编队飞行，打 5 次地靶就算合格。

Me. 262 是世界上第一种实用喷气战斗机

事实证明，Me. 262 不适宜作轰炸机使用。经过包括戈林在内的几番苦谏，1945 年 3 月希特勒总算同意，将部分 Me. 262 作为战斗机优先生产。但为时已晚，第三帝国的失败已成定局。据统计，Me. 262 各型共生产 1 433 架。战后，不少专家评论说，如果 Me. 262 战斗机型能早点参战，那么第二次世界大战的进

程可能会发生很大的变化。

战争后期，受到盟军战略轰炸的打击，德国后方日益吃紧。为了搞一种能从欧洲起飞去轰炸纽约的轰炸机，梅塞施米特还曾提出过“乌托邦”式的Me. 264“纽约轰炸机”（也称大西洋轰炸机）的方案，只是因为害怕影响 Me. 262 的生产才没有实施。

第二次世界大战后，盟国专家曾组织对梅塞施米特的审讯，随后他回到德国。由于禁止德国设计飞机，梅塞施米特把被炸成一片废墟的奥格斯堡工厂重新装备起来，生产预制房屋、带半透明罩的微型汽车。为了继续心爱的航空事业，梅塞施米特跑到西班牙，因为当地有一家公司在仿制 Me. 109。在那里他还设计了 HA. 100 教练机、HA. 200 和超过西班牙财力的 HA. 300 超声速截击机，最后 HA. 300 的原型机一度在埃及试飞。

MBB 公司三巨头在 1969 年巴黎航展上，中间是梅塞施米特

20 世纪 50 年代初，梅塞施米特回到德国，定居慕尼黑。1952 年与相识 40 年的女伴和支持者莉莉结为夫妻，当时他 54 岁，莉莉 61 岁。对德国实施的禁止制造军用飞机的命令解除后，梅塞施米特公司重新进入航空领域，先后与亨克尔、道尼尔等公司合作，仿制洛克希德公司的 F-104 战斗机和菲亚特公司的 G 91 攻击机。到 1969 年，组成梅塞施米特·贝科夫·布洛姆公司（MBB），成为德国最大的飞机企业，梅塞施米特出任监管委员会主席。晚年，直到去世前不久，梅塞施米特还参与过空客公司研制民用客机的部分工作。1978 年 9 月 15 日梅塞施米特在慕尼黑逝世，享年 80 岁。

短暂的“新星”
——苏联歼击机设计师拉沃奇金

20世纪30年代末，苏联总结了参加西班牙战争的教训，提出扭转航空装备落后局面的一系列措施，其中之一是组织年轻设计师参与新飞机的设计。在短短一年多时间内，通过歼击机设计竞争，涌现出三种新设计：拉格型、米格型和雅克型。它们同时投入批量生产，很快满足了第二次世界大战的需要。三种飞机中，拉格型歼击机的主要设计师拉沃奇金有过短暂的辉煌，他设计的拉-5、拉-7在苏联卫国战争中成为主力战机之一。可惜的是，他在战后开展喷气式和超声速歼击机的竞争中，虽然搞成不少试验机，但最终未能进入批生产阶段，致使拉沃奇金逝世后，连他的设计局都未能保存下来。

谢苗·阿列克赛耶维奇·拉沃奇金1900年9月11日出生于斯摩棱斯克。在故乡读完中学之后，1918年他参加红军。1920年退役后进入莫斯科高等工业学校，成为航空小组的积极分子，这对他日后的航空生涯有很大的影响。还在上学期间，他就在一些不大知名的机构里担任绘图员和设计师，积累了一些实践经验。

1927年，拉沃奇金毕业后被派到法国人里沙尔主持的设计局，从事强度方面的工作。在里沙尔设计局解散后，拉沃奇金先后在中央设计局、戈里高罗维奇领导的设计局和航空工业管理总局工作。在航空工业管理总局，图波列夫是总设计师。

1939年，苏联政府决定开展歼击机设计竞赛。斯大林邀请了25位设计师，其中每个人都领受了设计任务。据苏联另一位著名飞机设计师雅可夫列夫回忆，当时斯大林说：我们不可能要这么多新型的飞机，在这些飞机中，能有五六种适合成批生产的就行了。不过，新飞机多了并不会使我们发愁，至少我们可以有挑选余地。而且，这样做对设计师说，也是一次很好的考验，我们可以了解每个设计师的技术水平到底怎样。在这次竞争中，拉沃奇金、戈尔布诺夫和古德科夫三人组成的设计小组（三人名字的首母合称“拉格”）脱颖而出。1940年3月30日，拉格-1试飞成功，不久和雅克、米格飞机一起投入批生产。

不久，换装771.75千瓦液压发动机的拉格-3问世，最大速度达558千米每

小时，比伊-15、伊-16都快，其性能与德国当时最好的Me.109战斗机相差无几，成为1942年大反攻中第一线主力战斗机。拉格-3在4家工厂同时生产，1941年上半年交付322架，下半年产量达2 141架，远超过雅克-1的产量。

但由于拉格-3比装备相同发动机的雅克式飞机重，而且制造这种木质飞机的原材料在战时的困难条件下也难以保证，因此苏联最高统帅部决定，将所有液冷发动机用于装备雅克飞机，拉格-3被迫停产。在这一打击面前，拉沃奇金并没有灰心，他继续改进自己的飞机，与雅克一比高低。1942年，新飞机换装什维佐夫设计局的1 249.50千瓦的双排星形气冷发动机，以拉-5命名投入大量生产。

拉-5的低空综合飞行性能超过了德国最好的歼击机。特别是它的机动性，受到飞行员们的好评，很快成为苏联空军的主力机型。同年7月，拉-5换装改进型发动机后参加库尔斯克战役，表现出色，平均击落比高达1.7:1。拉-5在第二世界大战中共生产了10 000架。

1943年，拉沃奇金在拉-5的基础上推出拉-7歼击机。拉-7无论在结构上还是气动特性上均比拉-5有较大的提高。因此，虽然发动机功率没有增加多少，但最大速度却提高到680千米每小时。特别是爬升性能，从地面爬升到5 000米仅需4分30秒。拉-7的武器装备也比拉-5强，机头装3门23毫米机炮。

拉-7是苏联卫国战争时期最优秀的战斗机，阔日杜布、波克雷什金等王牌飞行员都驾驶它击落大批敌机

第二次世界大战中苏联头号王牌飞行员阔日杜布参加过120次空战，击落敌机62架，曾先后驾驶过拉-5和拉-7。他十分感谢爱机的设计者。参加空战159次、击落敌机59架的二号王牌飞行员波克雷什金在回忆录中赞扬拉格式飞机：“……它的飞行质量虽然比雅克式飞机大，但这丝毫也不影响它的机动性和其他作战性能。拉沃奇金在与各种梅塞施米特和福克·武夫飞机作战时都非常出色，尤其在火力和特技飞行方面都超过了它们。”拉-7 成为苏联卫国战争后期最优秀的战斗机，共生产了 5 753 架。

拉-7 的发展型是拉-9，是该设计局于 1944 年研制的第一种全金属的歼击机。拉-9 机身更细长，平尾由三角形改为梯形，装 4 门机炮，因而战斗性能更胜一筹，超过了德国的 Fw. 190A 和 Fw. 190D。

拉沃奇金设计的最后一种螺旋桨战斗机是拉-11，实际上也就是拉-7 的远程型，一次加油可飞行 6 小时 50 分，曾参加过朝鲜战争。

战后，拉沃奇金和其他飞机设计师一起投入了喷气式和超声速飞机设计的浪潮。拉沃奇金拿出的新飞机主要有：1946 年秋试飞的拉-150，速度达到 850 千米每小时；第一种采用后掠翼的拉-160 歼击机，1947 年试飞中速度达到 1 060 千米每小时；采用 45 度大后掠角的拉-176，1948 年末试飞时在从 10 千米高空下滑至 6 千米处，然后转入平飞时达到了声速；采用新式起落架和 55 度后掠角机翼的拉-190；装备雷达和威力大的火箭武器的拉-200重型飞机；远程超声速截击机拉-250 等。遗憾的是，这些飞机不是因为其他的设计局已经捷足先登，就是因为技术上有问题达不到空军的要求而最终没有投入批生产。

拉-150 是苏联最初研制的 4 种喷气式战斗机之一

《苏联军事百科全书·航空航天卷》对拉沃奇金的评价是：“纵观拉沃奇金的全部创造性活动，他的设计才能的主要特点是：一贯对先进的新鲜事物特别敏感，能结合本国情况解决迫切的技术问题。”例如，他是第一批设计和试验后掠翼飞机的设计师，试验取得了低速飞行和高速飞行的数据，其他设计局广泛采用了这些成果。又如，当飞机向跨声速、超声速和高空过渡时，需要采用很多新技术。首先需要研制密封座舱，没有这种座舱就不可能在 8～10 千米以上的高空飞行，同时还需要弹射救生座椅。此外，需要研制着陆滑跑的刹车装置，因为喷气飞机没有能起刹车作用的螺旋桨。这些和其他一些新技术都是在试验机上，包括拉沃奇金设计局研制的试验机上研制成功，尔后被普遍采用的。

拉沃奇金一直战斗到生命的最后一刻，也就是在拉-250 试飞期间，1960 年 6 月 9 日，他在莫斯科与世长辞，享年 60 岁。

共轴直升机大王
——苏联直升机设计师卡莫夫

在苏联，和歼击机领域有米格、苏霍伊两大家一样，在直升机领域里也有两大家：米里和卡莫夫。他们各有所长，互相促进。卡莫夫以研制共轴式双旋翼直升机见长，在全世界处于领先地位。

尼古拉·伊里奇·卡莫夫1902年9月14日出生于俄罗斯的伊尔库茨克。1918年，16岁的卡莫夫从伊尔库茨克商业学校毕业，并以第二名的成绩考入托姆斯克工学院机械系。在一次回家度假时，他看到停在冰面上蒙着亚麻布的木制双翼机。这些双翼机是从英国武装干涉者那里缴获的。根据列宁的命令，要把它们投入高尔察克前线。在此之前，卡莫夫从未见过飞机，只是从报纸和杂志上知道有飞机这种东西。现实与想像截然不同。这些飞机使他兴奋不已。他想尽快着手研究这些飞机，弄清飞行技术。他回家后，一个终身愿望产生了——成为航空家，如果自己不能飞，设计飞行器也行。

卡莫夫

卡莫夫的航空生涯是从设计旋翼机开始的。旋翼机是一种利用起飞时的相对气流吹动旋翼自转以产生升力的航空器，外形与直升机相似，但它的旋翼不像直升机那样由动力装置直接驱动。卡莫夫在托姆斯克工学院学习期间，积极参加学校里的航空小组，受到航空的启蒙教育，了解了科学巨匠爱迪生和莫扎伊斯基等的发明创造。大约从大学三年级开始，卡莫夫开始独立研究空气动力学和航空材料学。为了搞明白制造工艺，了解航空制造业的情况，1923年，卡莫夫来到莫斯科，进入一家航空工厂。他用了3年时间学完了制造的全过程。

不久，有人邀请他到苏联著名航空设计师戈里高罗维奇设计局工作。在设计局，卡莫夫结识了刚从基辅技术学校毕业的尼古拉·基里洛维奇·斯克尔任斯基。第一架旋翼机就是他们二人合作研制的，以“卡斯克尔”命名。在这期间，他还结识了前来实习的新契尔卡塞技术学校的大学生、后来著名的单旋翼直升机设计师米哈伊尔·米里。

在没有任何可借鉴的设计资料和制造方法的情况下，他们仅用3个月就完成了第一架旋翼机的研制。卡莫夫承担旋翼桨毂、旋翼横向操纵机构和起落架的计算，以及图纸设计的工作。斯克尔任斯基设计了桨叶、机翼，改进了动力装置。这架旋翼机以两人名字的首母“卡斯克尔”命名。1929年9月25日，“卡斯克尔”试飞成功。几经改进，它的飞行时间达到2分15秒，速度60千米每小时。

1931年，卡莫夫来到中央流体动力研究院。在这里，他继续研制旋翼机，根据海军要求搞出一种A－7，1934年升空。1937年又推出改进的A－7比斯型。卫国战争中，这些旋翼机从林中不大的空地起飞，完成侦察、火炮校正以及给游击队提供对敌宣传材料、药品和弹药等任务。

1940年3月21日，有关方面通过论证决定兴建旋翼机厂，同时任命卡莫夫为该厂总设计师、厂长。

早在1754年，在俄罗斯科学大会上展出过罗蒙诺索夫的“直升航空器”模型，它被后人认为是共轴式直升机的雏形。从此这种具有新颖布局、合理设计、紧凑结构和方便操纵的直升机激起了很多人的设计欲望。与后来流行的单旋翼直升机相比，双旋翼共轴式直升机的优点在于：悬停时，反向旋转的共轴旋翼可获得最大有效功率；直升机有较高的静升限和爬升率；不需尾桨来平衡反作用力矩；在相同起飞质量下，尺寸要比单旋翼机短三分之一，更适合在舰上存放。20世纪初，俄国西科尔斯基、法国布雷盖等航空先驱都曾涉足研制共轴式直升机，但终因技术过于复杂而放弃了，到了20世纪40年代，卡莫夫看准了共轴式双旋翼直升机发展的前景，决定攻下这个难关。1948年7月25日，传统的航空节在苏联的图西诺举行，一架外形奇特的直升机引起了大家的特别注意。只见驾驶员坐在两个并列的雪橇状的气囊上，两具三叶螺旋桨在气囊的上方飞快地反向旋转，缓缓地绕场一周后，平稳地降落在一辆载重汽车上。这就是卡莫夫第一个共轴式直升机的杰作——轻型直升机卡－8，绰号“飞行摩托车”。

卡－15双旋翼直升机

卡－8的出色表演促使苏共中央和部长会议下令，于1948年成立了专门的试验设计局。1949年，卡－10问世。1952年，首架批量生产的卡－15直升机出厂。这种双旋翼反潜直升机首次装备了可搜寻失事潜艇的仪器。为了掌握第一手资料，以便向部队提供尽可能完美的直升机，卡莫夫亲自在晃动的甲板

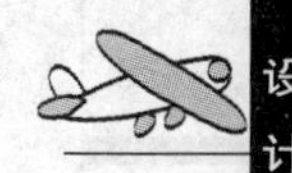

上迎接从海上飞行归来的飞行员，听取他们对直升机的意见。他从不搁置问题，总是立即研究分析，连夜绘图、计算，以便对直升机进行更符合实际的改进。

1956 年，在卡-15 的基础上，卡莫夫研制出多用途的 4 座直升机卡-18。两年后，卡-18 在布鲁塞尔航展上获“新奇结构奖”。卡-15 和卡-18 是世界上最早采用玻璃钢桨叶的直升机。1961 年，卡-15 成功地引导了“列宁”号破冰船和船队开辟了北冰洋航线，开创了北极的“直升机时代”。

早在 20 世纪 50 年代，卡莫夫就突破传统模式，设计出一种独特的旋翼加固定翼的飞机卡-22。该机不仅具有普通飞机那样的机身和机翼，而且在翼端各安装了一台发动机和旋翼。1961 年，卡-22 在图西诺航空节上创下了 8 项世界记录，但遗憾的是未能批量生产。

20 世纪 60 年代初，美国开始用携有战略导弹的潜艇装备海军舰队，其核弹头对准了苏联。要防止敌人潜艇的进攻，就要设法保存自己的军舰，那么什么是搜索、发现和消灭敌人潜艇的有效武器呢？那时，军舰发现潜艇只能在近距离内。如果想要从远距离探测潜艇、防止它突然袭击，使军舰减少损失看来只有用装备敏感电子设备的直升机了。

卡莫夫全力以赴地投入研制反潜舰载直升机的工作。1965 年 4 月 25 日，首架卡-25 反潜直升机飞行成功，留空时间 30 分。卡-25 的任务是发现敌人潜艇。在演习中，反潜直升机投放声纳浮标来监听。如果说当初卡-15 在苏联舰载航空兵立足未稳的话，那么卡-25 已能在军舰上“安营扎寨”了。渐渐地苏联舰载航空兵也从过去对共轴双旋翼直升机持怀疑态度，转变成对它坚信不移、

卡-32 是从卡-27 反潜直升机发展而来的民用直升机

甚至依赖了。至此，苏联自北海至太平洋舰队的大部分军舰都配有“卡”型反潜直升机了。反潜直升机的成功，卡莫夫和副总设计师伊万诺夫获得了国家

奖金。

20世纪50年代末期，在苏联国民经济领域服务的直升机主要是米-1和卡-5。由于载重小，它们已不适应需求了，需要研制新的直升机。

卡莫夫根据“飞行底盘”的设想，即研制一种通用的平台，随着不同的任务采用相应的作业设备的办法，改变直升机的用途。1965年，卡莫夫推出了卡-26，受到国内外广泛欢迎，取得允许在很多国家使用的适航证。

1972年9月14日，卡莫夫在70寿辰之际被授予“社会主义劳动英雄”称号。1973年11月24日，卡莫夫在莫斯科去世。一个月之后，凝聚着卡莫夫晚年心血的更加成功的卡-32直升机首次试飞成功，遗憾的是，卡莫夫没有能看到这一天。

推出“彗星”的人
——英国飞机设计师毕晓普

毕晓普是公认的英国主要飞机设计师之一。他长期担任德·哈维兰公司的总设计师。第二次世界大战中,英国三大军用飞机杰作之一的D.H.98“蚊”(另两种是“喷火”和“兰开斯特”)和战后推出的、世界上第一种喷气式客机D.H.106“彗星”都是他的作品,其他著名设计还有D.H.103“黄蜂”双发舰载战斗机、D.H.100“吸血鬼”喷气战斗机、D.H.110“海上雌狐”舰载战斗机。

罗纳德·埃里克·毕晓普1903年出生,他上过朴茨茅斯语法学院和伦敦大学,但没有毕业。1921年,他18岁时就加入一年前刚刚成立的德·哈维兰公司,是该公司最早的两名学徒工之一。公司的学徒生涯给了他动手实践的机会,使他的航空技术取得不断的进步。他作为制图员和具有航空设计师的天赋以及做事一定要把事情做好的毅力和意志给当时公司创始人和总工程师杰弗里·德·哈维兰留下极其深刻的印象。

毕晓普

毕晓普的第一件工作是设计D.H.51双翼机的部件。D.H.51是后来杰出的D.H.60“飞蛾”型飞机的前身。从这时开始,德·哈维兰公司很多经典飞机的图纸上都签有R.E.B.(毕晓普全名的缩写)的字样。

1937年,德·哈维兰指定毕晓普接替离职的哈格担任总设计师,让他负责公司第一架全金属运输机的设计。这就是17座、双发的D.H.95“火烈鸟”,是一种上单翼的轻型客机,有一个德·哈维兰公司特有的很好看的外观。在气动工程师沃克和克拉克的帮助下,毕晓普还精心设计了有漂亮的低阻外形的D.H. 98“蚊”式飞机、D.H.103“黄蜂”和D.H.106“彗星”。

“蚊”是一种木质双发飞机，是毕晓普领导的设计班子在哈特福德工厂用11个月时间秘密研制出来是。该机性能之好、外形之美在当时首屈一指。

1945年12月3日，毕晓普研制的“吸血鬼”喷气战斗机首次降落在“海洋”号航空母舰上，成为世界上第一架在军舰上降落的喷气式飞机。

从20世纪40年代末开始，毕晓普为世界上第一种喷气式客机“彗星”号的诞生和完善付出大量心血。在毕晓普的主持下，“彗星”飞机中所采用的所有新技术都经过精心设计、试验、开发和生产，并尽量做到可靠。新机型配新发动机也给该机添彩不少。毕晓普作为设计主任要对每个决策的正确性负责。这样的责任要求他具有职业的坚定性和钻劲，特别在涉及到控制质量时，他那种不顾一切的坚决性让人十分惊讶，因为人们心目中，平时他的性格是十分谦和的。

他最不信任那些从不实际动手干、而一门心思搞理论研究的人，把他们称之为“蠢人”，当谈到他们时，他常常表现出蔑视的神情。他认为，飞机工业就坏在那些冶金学家手里，因为他们所鼓吹的高强度锌基铝合金，后来被证明极不耐疲劳，最后成为导致“彗星”1机体破坏的因素之一。

他对“彗星”飞机质量控制的那种铁面无私的情景早已传为佳话。按当时的技术水平，飞机的有效载荷不能大于飞机总重的12%，因而稍稍增加一点结构质量或燃油消耗对飞机日后的可赢利性的影响就十分明显。对于机械的简单性，他同样是坚决捍卫的。凡是可以用机械装置的地方，他一概拒绝采用电器设备，甚至不惜付出牺牲质量的代价。那些和他关系最好的客户，如英国海外航空公司的工程师们都戏称他为“曲臂和手柄毕晓普”。有时他追求简单也走得太远了：例如在原型机上他为起落架只设计了一个轮子。后来在生产型机上才改用四轮小车式起落架。

“彗星”首次投入航线飞行

“彗星”试验没有发生任何问题，并很快取得了适航证，使毕晓普受到极大鼓舞。1952年5月2日，英国海外航空公司的一架“彗星”从伦敦飞往南非的约翰

内斯堡，他亲自到希思罗机场观看他设计的世界第一架定期航班喷气客机开航。

然而，1954 年 1 月 10 日，一架“彗星”消失在地中海上空，接着 4 月又一架坠毁。此后，还有两架在卡拉奇和加尔各答坠毁。一连串的事故使全球为之震惊。于是，一种恐惧的心情在英国蔓延：“人类坐那样快的飞机是‘反自然’的”、“人类不适宜在那样的速度中生活”。沸沸扬扬的舆论、举世注目的灾难，英国政府下令彻底清查。但几个月过去了，调查仍无头绪。毕晓普怀疑是发动机爆炸炸毁了增压机舱。至于真正失事原因，他并没有想到是金属疲劳，因为那时飞机才飞过 1 000 个起落。作为总设计师，毕晓普这时承受来自各个方面的压力是常人难以想像的。

他总是相信，飞机结构足够结实。他的错误在于当生产部门请求舷窗部位用铆接方式加强时，他同意了，从而导致在制造上产生缺陷，使窗四周产生裂纹，最终导致飞机坠毁。毕晓普一贯敬佩波音。在飞机失事后，他积极和波音的工程师们交换意见、交流经验，从而得出日后抗疲劳设计的一套新方法。

毕晓普对他的“彗星”4 十分骄傲，该机于 1958 年 10 月完成了第一次跨大西洋的喷气航班，走在了波音 707 的前面，在以后 20 年的服役中，技术上一直没有什么问题。

打捞“彗星”残骸

毕晓普十分谦和，最喜欢用“卓越”两个字来形容他的同事们。对于杰弗里·德·哈维兰则始终怀着职业的钦佩和私人的感情。虽然他们之间在技术上经常有争论，但这更加深了他对恩师的感情。一个例子是，在设计“彗星”时，德·哈维兰想用手控操纵，但毕晓普坚持用助力操纵。自那以后，每种喷气运输机都用上了助力操纵。

毕晓普获得过很多褒奖，特别是皇家航空学会的金质奖章。和他的老板德·哈维兰一样，毕晓普也热爱飞行，早在 1937 年就拿到了驾驶执照。在第二次世界大战时期，他时不时地驾驶“蜂蛾”飞机去看望“蚊”式中队。他的业余爱好是帆船航行和玫瑰。他的两个儿子子承父业，都以航空为职业，其中大儿子就是 BAe－146 的飞行员。

毕晓普把一生都贡献给航空事业。从 1921 年进德·哈维兰公司直到 1964 年退休，他在公司工作 43 年，这使他几乎成了公司的“D. H.”品牌的化身。1989 年 6 月 11 日，毕晓普告别人世，享年 86 岁。

为发展水上飞机贡献一生
——苏联飞机设计师别里耶夫

苏联是世界上水上飞机最发达的国家，这里有格奥尔基·米哈伊洛维奇·别里耶夫付出的毕生心血。他从1934至1968年领导他的设计局34年之久，研制出一系列著名的水上飞机，在战争与和平时期都发挥了重要的作用。1973年2月，时值别里耶夫70岁寿辰，苏联四大舰队的航空兵老战士都来向他祝贺，为他对苏联海上航空的巨大贡献而骄傲。

别里耶夫1903年2月13日出生于格鲁吉亚第比利斯郊区的一个自来水管道工的家庭。10岁那年，他第一次见到飞机，从那时起，他就开始梦想能成为一名翱翔蓝天的飞行员。16岁中学毕业后，他先在铸铁厂当学徒工，1919年进入铁路技术学校学习。1921年，他自愿参加苏联红军，在特种部队里服役。

别里耶夫

1923年，别里耶夫打算报名参加飞行员考试，但由于迟到，错过了机会。但他从此立下志愿，要当一名制造飞机的工程师。1924年，他考上了第比利斯工学院。因为这里没有航空专业，1926年他又转学到列宁格勒的加里宁工学院。1930年，他以优异的成绩毕业，并被分配到莫斯科的水上飞机制造设计局工作。他先是飞机强度计算小组的人员，后又到航空工厂试验车间任主任工程师助理。1931年，别里耶夫调到航空工厂中央设计局，开始了直接设计飞机的工作。

1932年，他拿出了自己的处女作——MBR-2短程侦察机。该机采用张臂式上单翼，船形机身，具有较好的气动性能和航海性能。由于采用木质结构，飞机造价也低，容易生产。当年5月，该机成功地进行了试飞，也得到中央流体动

力研究院领导和军代表的支持，但由于采用木质结构，遭到一些权威人士的极力反对。

1934 年 3 月，苏联红军总参谋部关于海军航空兵发展问题的研讨会给 MBR－2 的命运带来了转机。会议认为，海军航空兵不能走买外国飞机的道路。会后宣布，海军航空兵将装备 MRB－2 水上飞机。与此同时，苏联航空工业总局于 8 月 6 日下达命令，要求当年 10 月 1 日在南方城市塔干罗格成立别里耶夫水上飞机制造中央设计局，同时任命别里耶夫为总设计师。

MRB－2 是世界上生产量最大的水上飞机，总共生产了 1 300 多架。同时，该机也以“长寿”而著称，它们在海军航空兵中的服役时间长达 20 年。

根据海军要求，别里耶夫于 1936 年完成了双座双翼机别－2 的试验，由于耐波性能不好，没有投产。1940 年，别－4 舰载侦察机设计完毕，1941 年 2 月开始试验。该机是一种全金属水上飞机，采用海鸥翅膀形的机翼，带斜支柱，并可折叠后沿飞机轴线收起。由于机翼有良好的增升装置，弹射时只需不太大的脱离速度，就可起飞。它的平飞速度可达 350 千米每小时，航程 800 千米。由于战线日渐逼近，别里耶夫边生产边撤退。别－4 舰载侦察机在波罗的海充分显示出它的高超性能。由此，组建了特别飞行大队。该机在军舰上弹射起飞，返回时降落在水面上，再吊上军舰。

1946 年，别里耶夫在 LL－143 水上飞机的基础上制造出别－6 水上飞机。1951 年开始投入成批生产。在试飞中，别－6 达到了 427 千米每小时的最大速度，航程达到 5 000 千米，不着陆留空时间 20 小时。

1952 年，别里耶夫设计局设计成功苏联第一种喷气水上飞机 R－1。这也是世界上第一种喷气式水上飞机。该机安装 2 台 VK－1 喷气发动机，最大速度达到 800 千米每小时，比活塞式水上飞机的速度高一倍多。R－1 是喷气水上飞机的试验机，通过试飞解决了高速起飞时的滑行不稳定的问题，很快在 1965 年推出装两台 AL－7PB 发动机的别－10 侦察鱼雷水上飞机。1956—1961 年间，该机一直在批量生产，并创造了 10 多项世界记录，其中 912 千米每小时的飞行速度记录一度被写进吉尼斯世界记录大全。1961 年，该机还创造了 11 项世界记录，其中包括 14 962 米的飞行高度和 15 206 千克的载重记录。这两项至今仍是水上飞机

别－10 侦察鱼雷水上飞机

的世界记录。

别里耶夫在别-6基础上研制出世界上最大的水上飞机别-12，取名“海鸥”。1961年，该机在苏联航空节上展出，1964年投入批量生产。该机属于两栖飞机，性能好、寿命长，至今仍在俄罗斯海军各舰队中服役，还创造了42项世界记录。

别-12“海鸥”水陆两用飞机

别里耶夫对民用水上飞机的研制也给予相当的关注。早在1934年，他就把MBR-2改成有6个客座的MP-1，1936年成批生产，供航空公司使用。1937年，女飞行员波琳娜·奥西平科驾驶该机创造了沿封闭航线飞行距离和搭载不同质量货物飞行高度等6项记录，其中3项至今仍没有被打破。此外，别里耶夫设计局1967年为地方航线设计了乘员为14～15人的别-30型客机。该机采用上单翼、低置平尾布局，两台TVD-10涡轮螺旋桨发动机安装在机翼上，以利用螺旋桨滑流增加升力，有利于在小型土跑道上起降。别-30飞机主要在广大城镇地区的支线上使用，被称为“小型公共汽车”。别-30飞机除短途客运外，还可改装成货运、灭虫、施肥、护林、地质勘探、救护、鱼群探测等多种用途的专用机。

20世纪60年代末，别里耶夫因心脏病被迫放下自己心爱的设计工作，但至死也没有中断与自己的设计集体的联系。1979年，别里耶夫告别了人世，永远离开了他的水上飞机事业。但他的学生和同事继续着他未竟的事业。他们利用最新科技成果，研制出新型水上飞机，如A-40(别-42)、别-103和别-200，保持并发扬着俄罗斯水上飞机的光荣传统，这些无一不是对别里耶夫最好的纪念。

他们的名字成了战斗机的代名词
——苏联飞机设计师米高扬、古列维奇

从20世纪50年代初朝鲜战争爆发、米格-15与F-86喷气战斗机在空战中交手开始，一系列米格飞机成为苏、美两个超级大国在全球范围空中军事力量对垒的象征。米格飞机就出自以米高扬和古列维奇为正副总设计师领导的设计局。在苏联，一个飞机设计局用两位领导人的名字联合署名也是绝无仅有的，证明米高扬和古列维奇这一对“最佳搭档”的合作是无比成功的。

阿尔乔姆·伊万诺维奇·米高扬1905年8月5日出生在亚美尼亚一个叫萨纳因的小山村里，父亲是木工，靠每月35～40卢布收入养活妻子和5个孩子，生活的艰难可想而知。

米高扬

米高扬7岁时，从他哥哥阿纳斯塔斯(后任苏共中央政治局委员、部长会议副主席)手中接过放羊鞭，看管两只羊。1918年，萨纳因高原发生一件令孩子们震惊的事件：一架“法尔芒”双翼机在距悬崖不远处迫降了。这架会飞的机器像是从另一个遥远的世界飘来的怪物。在飞行员检查发动机和排除故障时，年幼的米高扬和他的小伙伴一直好奇地围着飞机东瞧西瞅。米高扬在多年后回忆说：“我从那时起就立志要飞起来！”

1923年，米高扬随同哥哥来到罗斯托夫。在那里米高扬读完了技术学校的全部课程，并在农机厂当学徒。米高扬于1925年入党，1928年成为“十月”电车场的党组书记。同年12月应征入伍。经过两年的军旅摔打，1930年，米高扬服役期满退伍后又重新从事党务工作。

1931 年，米高扬被派送到茹科夫斯基空军学院学习。4 年的高等教育为米高扬日后的飞机设计生涯奠定了坚实的基础。1935 年，米高扬毕业之后前往哈尔科夫参加生产实习。实习期间，由米高扬牵头，成功地设计出一架轻型飞机，使他牢牢地树立了要当飞机设计师的信念。

不久，米高扬被派到著名设计师波利卡尔波夫设计局当军代表。这段时间是他成长的一个重要阶段。他通过歼击机熟悉了第一代火箭弹和喷气式发动机。总工程师发现他是个值得造就的人才，所以，给他分配任务时总是把他列入有经验、有智慧和值得信任的人的行列。

波利卡尔波夫当时被誉为“苏联歼击机之王”，但他设计的伊－15 和伊－16 歼击机在西班牙内战中遇到了挑战。他的设计理念也受到怀疑。米高扬对波利卡尔波夫坚决不放弃双翼歼击机的观点持不同意见。为了深入地研究，米高扬很想同有经验的工程师相互砥砺切磋，检验自己的观点是否正确。他终于找到了志同道合的古列维奇。

1893 年 1 月 12 日，米哈伊尔·约瑟夫维奇·古列维奇出生于沙皇俄国库尔斯克省鲁班希纳村的一个酿酒师兼机械工的家庭。中学毕业后，古列维奇进入哈尔科夫大学力学系学习，但不久就因为参加学潮而被开除。古列维奇知道，俄国大学将在很长时间内不会再接纳他。于是他来到法国，就读于蒙彼利埃大学，并靠当家教谋生。不久第一次世界大战爆发，他不得不返回家乡。直到十月革命胜利之后，他才继续求学，并于 1925 年毕业于哈尔科夫工艺学院。正是在大学时代，他第一次参加了飞行器的设计工作。

米高扬(右)与古列维奇在一起研究方案

1929 年，他被吸收进入重新组建的莫斯科设计局。当时设计局的领导人是法国人里沙尔，成员有科罗廖夫、拉沃奇金、卡莫夫和别里耶夫等人。1936—1937 年，古列维奇在美国道格拉斯工厂取得 C－47 飞机的许可证生产技术证明文件，该型机在苏联称为里－2。回国后，古列维奇在波利卡尔波夫设计局工作，担任他的助手，并受委派领导总体设计和草图设计工作。

古列维奇和米高扬性格各异，天赋有别。古列维奇小心谨慎，米高扬则主动热情。起初，古列维奇经验比较丰富，但米高扬奋发努力，很快赶到了前面。

但他们始终彼此尊重、谦让，互相配合，取长补短。因此，同事们称他们是“思想上共鸣、工作上合拍的一对好伙伴”。

1939年夏，许多有名的航空工程师出席了在克里姆林宫举行的大型招待会。斯大林、莫洛托夫和伏罗希洛夫专门接见了米高扬和古列维奇。他们所关心的是两位设计师打算设计什么样的飞机。斯大林十分赞同他们遵循的“速度加高度”的公式，他提醒设计师们，只有设计出最佳的飞机才能投入批量生产。

在享有盛名的波利卡尔波夫设计局里，米高扬和古列维奇的设计室异军突起，最后，于1939年12月25日发展成为新的设计局。新设计局的两位领导人办事精明、谨慎、认真。他们的顽强信念增强了下级的信心。当工作人员把修改的方案和图纸集中到他们那里时，两人总是表现出卓越的才能，准确无误地决策。他们总是设法使每个设计师开动脑筋，找出最妥当、最有效、最有力的解决办法。

就在这个时期，政府宣布举行单座歼击机研制竞赛。在任务中规定，飞机在6 000米以上的高度应具有最佳性能。米高扬小组设计了小型悬臂式下单翼飞机，其机身、机翼和尾翼的主要构件是用胶压层板制作的，蒙皮是用麻布制作的。这种飞机在机翼载荷增加时，仍具有良好的空气动力特性，并装有完善的冷却和排气系统。飞机装备了当时看来功率相当大的AM-35A发动机。所有这一切使飞机的最大速度达到628千米每小时。飞机定名为米格-1，和“雅克”、“拉格”两型歼击机一起投入批生产。

第二次世界大战初生产了3 000多架的米格-3

政府十分赞赏这个年轻有为、敢于创新的集体所表现出的主动性和顽强精神。1940年底，设计局的一批工作人员荣获政府给予的最高奖赏。米高扬也首次荣获列宁勋章。

1941 年 5 月，斯大林在一次会议上说，和轰炸机相比，歼击机制造起来既便宜又省事，因此，应当增加歼击机的数量。设计师们满怀信心地离开会场，他们以为距战争爆发至少还有一年半的时间。然而仅仅过了一个半月，战火就烧到他们头上了。但 1941 年上半年，苏联只生产了 1 946 架拉格、米格和雅克型歼击机。

战前就崭露头角，并多次荣获勋章和国家奖励的米格飞机作为最先进和最完善的技术兵器迅速调往边境各机场。苏军最高统帅部派往西线的代表在 1941 年 6 月 30 日向最高人民委员会报告说，我们的米格飞机比德军的飞机好，只是数量太少，根本不敷使用。报告还列举事实说，西线只有 11 架米格飞机，整天作战，多次被用在关键的地方。

1941—1943 年期间，米高扬设计局设计研制了许多实验型歼击机，如米格-7，最大速度为 690 千米每小时；E-224 高空飞机，升限 14 000 米；1945 年 3 月开始试验装有复合动力装置的伊-250 歼击机。战后，设计局 1946 年制造出苏联第一架喷气式歼击机米格-9，1947 年年底装罗·罗公司“尼恩”发动机的米格-15首次试飞，后来又研制了带后掠机翼和后掠尾翼的米格-17，1954 年的米格-19 是苏联最早投入批量生产的、装有空对空导弹的超声速飞机，1958 年制成的米格-21 三角翼歼击机的速度超过声速一倍多。在他们领导下研制的 E-6、E-166、E-266 飞机曾多次创造世界记录。米高扬领导下研制的最后一种飞机是米格-23 变后掠翼多用途轻型歼击机。1970 年 12 月 9 日，创造了航空史上诸多奇迹的一代大师米高扬因血管梗塞而不幸逝世，享年 65 岁。

米格-21

米格-25 是古列维奇的压轴之作，该机的结构面貌的最终形成应归功于古列维奇。年逾古稀的古列维奇于 1964 年退休。12 年后，1976 年 11 月 21 日溘然长逝，享年 83 岁。

米高扬设计局的同志们继续完成他们的未竟事业。20 世纪 70 年代和 80 年代，米格-29“支点”、米格-31“狐蝠”和米格-35等相继问世，它们都是世界闻名的优秀战鹰。这些米格飞机一经亮相，几乎无一例外地立即成为各国争相探究的热点，它们将凭借其优良性能继续在 21 世纪初的空战中大显身手。

从航模爱好者到安－124总师

——苏联大型飞机设计师安东诺夫

在苏联众多设计局中，安东诺夫设计局以大型运输机为主，它的创始人奥列格·康斯坦丁诺维奇·安东诺夫从研制滑翔机起步，第二次世界大战后陆续推出安－2、安－10、安－12、安－24、安－22等飞机。今天，他领导过的设计局成为乌克兰安东诺夫航空科技综合体的核心，以安－124、安－225、安－140、安－38等产品成为乌克兰航空工业的支柱。

安东诺夫1906年2月7日生于苏联莫斯科省特罗依兹村一位建筑师家庭中，从小受父亲的影响，热爱技术，梦想成为一名飞行家。当他15岁未能考入航空学校时，便下定决心自己学习和设计滑翔机。他参加了航模小组，并于1924年与航模小组一起用胶合板和水管设计成第一架叫“鸽子”的滑翔机，因其独到的设计方案和思想，荣获特别奖状。从这时起，到20世纪40年代初期，他把自己的一切都贡献给滑翔机的研究、设计、制造和飞行，特别是在他1929年从列宁格勒工业学院毕业，分配到滑翔机工厂负责组建滑翔机中央设计局和整顿滑翔机的批生产工作期间，对滑翔机事业的发展起了极大的作用。

安东诺夫

1933年，27岁的安东诺夫被任命为位于莫斯科郊区图西诺的滑翔机工厂的总设计师。该厂批生产的滑翔机总数超过7 000架，包括“乌帕尔”800架、US－3型1 600架、US－4型3 000架，当时苏联各地航空俱乐部使用的滑翔机大部分是由他们提供的。

1938年在苏联“肃反”运动中，中央航空俱乐部大部分领导成员被捕，安东诺夫所在的滑翔机工厂也关了门，他被调到雅可夫列夫设计局工作。

在第二次世界大战期间，安东诺夫专门设计了一种无动力 A－7 型滑翔机，共生产了 600 架，组建了一个“滑翔机运输团”，机上装有必需的飞行仪表，可在夜间为前方和敌后运输士兵、装备、物资等。在斯大林格勒、列宁格勒等重大战役中，A－7 滑翔机不断为战争运输人员和物资，对战争的胜利起到巨大的作用。为此，政府向总设计师授予“卫国战争游击队员”一级奖章。

1945 年，安东诺夫再次到雅可夫列夫设计局工作，以第一副总设计师的身份协助在新西伯利亚工厂生产雅克战斗机。1946 年 5 月 31 日，安东诺夫在新西伯利亚成立了自己的设计局。设计局于 1952 年迁至基辅。

安－2 飞机是安东诺夫独立研制的第一批飞机中的一种，它能在规模有限的土机场上起落，适于用作旅客机（10～12 座）、农业机、医疗救护机、联络机、

安－2 多用途飞机

护林防火机、地质勘探、跳伞员训练等。世界上没有比安－2 用得更广的农业机了。安－2 飞机的第一个方案是 1940 年提出的，在后来的几年中，三次被主管当局或学术权威否定。但安东诺夫没有气馁，他认为，评价新的飞机方案决不能完全按已有飞机的性能来衡量。经验或统计资料只能说明过去，它们实际上是一个边界，研制新型号时，应当突破这个边界，只有这样才能提高和进步。最后，他决定去找雅可夫列夫。当时，雅可夫列夫是负责领导所有新机研制工作的总设计师。当审看完方案，雅可夫列夫给予肯定的答复，结论是：这是一种很有意思的飞机，应当研制。尽管安－2 在研制初期困难重重，但历史证明，它的设计是十分成功的。它是战后苏联生产量仅次于米格－15 的第二大飞机，仅苏联就生产了 13 069 架，在捷克和波兰生产了 4 200 多架，中国也生产了 1 000多架。

安东诺夫十分重视人才，他尽量把热爱航空事业的人吸收到自己的集体中。他认为，不管从事哪种设计活动的设计局，其成员主要应当是年轻人，他们不光是普通的工程师，也应当是在航空方面具有创造能力的人。安东诺夫认为，尽管飞机是以总设计师的名字冠名，但不是他一个人的劳动成果，而是综合性的产物，是从事结构、强度、气动力、动力装置、操纵和各种设备研究的专家们解决了许多复杂的工程技术问题之后的结晶，特别是对于运输机和空投飞机。

安-2之后，在安东诺夫的领导下，研制了许多种飞机，重要的有：1955年研制的安-8。该机采用崭新的方案、宽大的机身和两台涡轮螺旋桨发动机。安-10是旅客机，能载客85～100人；安-12则是军用运输机，载货量达20吨，最大航程6 000千米。这两种飞机的机翼和动力装置的配置是相同的，只是内部设备不同。它们85%的配件是通用的，因此，可以互相改装。

安-24取代中程航线上的里-2老式活塞式飞机。在安-24飞机上首先广泛采用了该设计局与巴顿焊接研究所联合开发的胶合焊接工艺。安-24可载50～52位旅客。当载重3.2吨时，航程是850千米。

1965年2月28日，安-22"安泰"重型运输机完成了首飞。同年5月，安-22在巴黎航空博览会上进行了表演，引起了难以形容的轰动。安-22刚刚着陆，一大群摄影记者、报刊评论员和专家向它跑去，他们懂得它在航空技术中

1965年2月首飞上天的安-22

的价值。在巨大的"安泰"机身中，举行了记者招待会，会上放映了有关这种飞机的电影，安东诺夫回答了大量的问题。在博览会期间，有几千名参观者参观了该飞机。安-22装四台涡轮螺桨发动机，机高为12.5米，相当于四层楼房的高度。安-22载重非常大，它创造的一些记录可以证明这一点。在一次飞行中，"安泰"运载100.444吨货物升到7 848米。同时它打破了运载35吨、

40 吨、50 吨、55 吨、60 吨、65 吨、70 吨、75 吨、80 吨、85 吨、90 吨、95 吨和 100 吨升至上述高度的世界记录。

1974 年，68 岁的安东诺夫受命研制与美国 C－5 大型运输机相当的安－124 大型飞机，因为年龄的关系，他只参与了部分工作。1984 年 4 月 4 日，安东诺夫告别人世。他从一个少年航模爱好者，经过自己的努力，成为世界上成批生产、载重最大的运输机安－124 的总设计师。在他的一生中，共研究设计了 20 余种型号及 80 多种改型的飞机，其中有些飞机现在仍在世界 40 余个国家中使用。在安东诺夫设计的飞机上，共创造了 300 多项世界记录，有些记录至今未被打破。

安东诺夫还是一位杰出的科学家，对航空科学技术做出了巨大贡献，发表了 200 多篇科技论著，有 72 个发明证书，获得 10 项专利，出版了 3 本专著。他还是一名试飞员，对自己设计的型号都要亲自试飞体验。在安东诺夫飞行簿上记载着：总飞行时间 60 小时。这在众多飞机总设计师一级的人物中是不多见的。

今天，在基辅安东诺夫航空科技综合体设计局大院，竖立着安东诺夫的大型雕像，象征着全体员工对他们创始人的景仰和永恒的怀念。

他的直升机飞遍全球
——苏联直升机设计师米里

第二次世界大战后，苏联直升机事业发展迅速，研制出很多世界著名的直升机，几百次打破世界记录，在国防和经济建设中发挥了巨大的作用，也赢得了世界直升机同行的赞叹。著名设计师米里是为这项事业做出重要贡献的代表人物之一。

米哈伊尔·米里，1909 年 11 月 22 日出生于苏联伊尔库茨克，1931 年毕业于新切尔卡斯克航空学院。在学院学习时米里就参加卡莫夫和斯科尔任斯基设计的苏联第一架旋翼机的制造工作。1931 年起，他成为茹科夫斯基中央流体动力研究院实验空气动力处研究员，从事旋翼机空气动力学问题的研究。1936 年，米里升任旋翼飞行器设计局工程师，后为主任设计师卡莫夫的副手。在卫国战争期间，在作战部队任旋翼校射机大队工程师。1947 年被任命为直升机制造设计局主任设计师。同年，受命组建设计局，出任总设计师，和雅可夫列夫、卡莫夫设计局一样，接受了设计单桨直升机的任务。

1948 年，他设计了第一种三叶旋翼直升机米-1，安装伊夫琴柯设计的 422.63千瓦活塞发动机。第二架样机试飞，才通过了国家试验，于 1950 年 2 月投入批量生产。就飞行性能和操纵条件来说，米-1 和同类型的英美直升机相似。米-1 的研制是米里设计局大量的和极为有益的工作的开始。1951 年，米-1 参加了图西诺机场举行的空中编队检阅，后来发展出很多改型机，主要用于通信联络、观察、教练、医疗救护、空中疏散，民用任务包括农业播种和喷洒、交通控制等，总共生产了数千架。它们在国内外服役了 20 多年。

比米-1 稍大的米-2 于 1965 年 6 月 20 日创同级直升机速度的世界记录

朝鲜战争中，美军大量使用直升机，对苏联直升机的发展也有影响。米里设计局用半年时间研制出米-4，额定载荷 1 200 千克，可用于军事突击运输，也可开辟民用客运航线，还能在边远地区进行建筑施工作业。为了方便装卸，飞机后部配有一个铰接舷梯，货物可直接进入机舱。这种设计当时在世界尚属首创。米-4 直升机的优良性能受到国际航空界普遍赞誉。该机批量生产了许多年，在 30 多个国家广泛使用。1958 年，布鲁塞尔国际博览会上，米-4 获得金质奖章。为表彰在米-4 研制中所做的贡献，总设计师米里和其他 7 位优秀工作人员被授予列宁奖金。

20 世纪 50 年代中期，米里进行了新的探索，在装运大体积的货物和提高续航能力方面填补了空白。1954 年 6 月，米里接受研制重型空降运输直升机的任务。3 年后，编号为米-6 的直升机首次试飞。同年 10 月，米-6 在试飞过程中创造了载重 12 吨、升高 2 432 米的世界记录。1964 年起，米-6 开始大量使用，特别是在寒冷的北方地区，在一系列重大建设项目中发挥了重要作用。1957—1964 年，米-6 创造了最大速度和载重 5 吨、10 吨、20 吨升高等 16 项世界记录，荣获以直升机先驱西科尔斯基命名的世界大奖。1965 年，米-6 首次在巴黎航展露面，被各国航空界视为直升机发展的重大里程碑。

米里还在米-6 的基础上研制出米-10“空中吊车”，其任务是，在 250 千米的航段上运输质量 12 吨的大型物资。米-10 于 1960 年 6 月首飞，采用高的长行程四点式起落架，使机身与地面之间有 4 米的间隔，能运输长 20 米、高 3.5 米、宽 5 米的大型货物。

在米-6 和米-10 大型直升机之后，米里腾出手来研制采用涡轮轴发动机的中、轻型直升机。1961 年 9 月，米-2 轻型直升机首次试飞，这是第一种专为民用设计的直升机，后来安排在波兰生产。1962 年 9 月，能运送 28 名旅客、装涡轮轴发动机的米-8 首飞。米-8 设计非常成功。当功率为 1 249.50 千瓦时，发动机质量仅 335 千克，而同样功率的活塞发动机质量达 1 070 千克。米-8生产了 1 200 多架，其中不少出口到国外。1965—1969 年间，米-8创造了 7 项世界记录。

20 世纪 60 年代中期，在米里的领导下，设计局又成功地研制米-12 超重型直升机。这是直升机制造史上的又一突破。米里为这种直升机选择了一种横向配置，两台带有旋翼的动力装置分别安装在形状怪异的一对机翼两端。巨大的机舱截面积为 4.4 米×4.4 米，长 20 米，除了 6 名机组人员外还可载大量乘客。在 1969 年的一次飞行中，米-12 创造了载重爬升的世界记录，巨大的米-12直升机可载重 40 吨，爬高 2 250 米。

米里为现代直升机理论做出了巨大贡献，多年来他自己以及与他人合作编写出版了 60 多部科学专著和论文选集，其中包括两卷本的专著《直升机》。为表彰他在直升机事业中取得的巨大成就，1964 年米里被授予总设计师称号和苏联劳动英雄称号。

在米里的领导下，试验设计局的工程技术人员在 22 年时间里，共设计了 11

种直升机。苏联飞行员驾驶这些直升机创造了 96 项世界记录。数以千计的各型米里直升机在世界 49 个国家广泛使用。

从米-8 发展出来的米-17 直升机

1970 年 1 月 31 日，米里在莫斯科逝世，享年 61 岁。米里逝世后，为了纪念他生前对发展直升机事业的功绩，设计局继续以米里名字命名。今天世界各地大约有 30 000 架直升机冠以他的名字，数量之多，恐怕是全球之最了。

“鼬鼠王”

——美国飞机设计师约翰逊

约翰逊是美国、乃致全世界最知名的飞机设计师之一，1933年进入洛克希德公司担任预先发展型号部（通称“鼬鼠工程队”）的负责人，直到1975年退休。在“鼬鼠工程队”，约翰逊以自己独特的一套工作方法领导部属推出一系列著名飞机，包括美国第一架喷气式战斗机F-80、第一架两倍声速的F-104战斗机、U-2间谍飞机和三倍声速的SR-71等。

克拉伦斯·伦纳德·约翰逊1910年2月27日出生在美国密歇根州伊什帕明镇。他父亲彼得·约翰逊是位泥瓦匠，由瑞典移居美国。约翰逊一家生活清苦，母亲操持家务，还给本镇富裕人家洗衣服、擦地板。约翰逊兄弟姐妹9人，他排行老七。姐姐们帮母亲干活，小约翰逊每周总是赶着马车送洗好的衣服。

约翰逊

约翰逊在中学时代是个航空迷，制作了上百个模型飞机。他摆弄航空模型的热情远远超过了读正课的程度。每到假期和周末，他就去打工，给建筑业当板条工，钉完2 000个板条才能挣到10美元。到暑假，他通常到汽车公司打工。干完一天活回家乘公交车时，因为衣服太脏，不许坐在位子上，他就一路站着读书。

1929年，约翰逊进入密歇根大学攻读航空工程。这所大学的教授阵容很强，有许多国内外学术权威和知名专家。按他的说法是，“有幸同一些学术领域的佼佼者结识，对立志成为一名工程师是很重要的，那简直是激动人心的奇遇。”1932年，约翰逊毕业，获航空工程学士学位。

1933年，约翰逊受雇于刚刚改组的洛克希德公司。公司正开始研制一种新

式的“伊列克特拉”客机。约翰逊进公司后的第一件事就是找公司的主任工程师反映该机风洞试验结果有问题，而且纵向操纵性和横向操纵性都很差。年轻人的这一举动使公司技术领导深有感触，委任他重新做试验，修改了设计，并且取得很好的结果。接着，约翰逊成了公司的试飞工程师，从“伊列克特拉”首飞开始，在以后短短几年里，约翰逊累计飞行 2 300 小时。他奉行的一条原则是：设计飞机的人也应该乘飞机飞行。他常说：“我与驾驶员是休戚与共的，我认为我之所以要吃尽这一惊一吓之苦，是为了有一天我设计飞机的时候，能够在工程师和驾驶员之间保持适当的协调和公允的看法。”

1938 年，约翰逊升任洛克希德公司的主任设计师，第二年，他亲自主持风洞设计，建成美国私人企业中第一个最完善的风洞。

20 世纪 30 年代末，欧洲战争临近，英国空军派代表团赴美招标，研制反潜机。结果洛克希德公司在 14 型“超伊列克特拉”基础上的反潜机改型方案中标。其中，约翰逊功不可没。他主持赴英国的技术谈判。为了争取到这单订货，他们决定，在英国就地修改设计。约翰逊三天连续工作 72 小时，按英方要求拿出了图纸。他回忆当时情景时说：“那时正赶上三天假期，没有工夫睡觉，实在熬不过时，就打个盹。”到第四天，当他们拿着图纸出现在英国空军部时，英国人对他们高效率的工作感到吃惊。谈判胜利结束，洛克希德公司获得 200 架飞机的订单。这种改型机就是有名的“哈德逊”反潜巡逻机。1939 年 12 月，最后交货量达到 250 架。这笔交易对当时美国来也说是最大的飞机生产订货。

1943 年，约翰逊为美国设计第一架喷气式战斗机 F-80。他答应在 180 天内就能设计出来飞上天。但他领受任务回到公司发现，公司几乎全部人力和生产面积都忙于生产战时所需的其他机种，每天两班倒，生产 27 架飞机。公司虽同意研制 F-80，但人员和生产面积都要约翰逊自己想办法。

他找来 22 名工程师，加上其他人员共 120 人。他在风洞旁找到一块空地，用包装箱堆起来围成一圈，租来马戏团的帐篷支在上面，成为设计研制场所。他同时建立了一条独立于公司行政管理系统之外的封闭的设计研制线，仅用了 143 天就使美国第一架喷气式飞机飞上了天。

设计研制 F-80 使用的独立管理办法以后就形成了约翰逊采用的独特的组织形式，被人们冠以“鼬鼠工程队”的名称。后来 50 多年研制出多种先进飞机的实践证明，用这种方式研制飞机的周期短、成本低、性能高。

鼬鼠标志

在朝鲜战场上，出现世界上首次喷气式

飞机对喷气式飞机的空战。通过空战实践，约翰逊应美国空军要求设计飞得更快、更高的飞机。根据美国军方仅在几小时内匆匆写就的不到两张纸的设计要求，1954 年约翰逊设计了世界上第一种在平飞中达到两倍超声速的 F－104。

1953 年，美国总统艾森豪威尔批准了一项秘密计划，决定研制一种能飞越苏联领土侦察其导弹及军事能力的高空侦察机。该机应能飞到其他飞机及航空器都够不到的高度。马丁公司提出了一个双发方案，约翰逊提出一个单发方案。经过三天讨论，约翰逊的方案最后中选，这就是著名的间谍飞机 U－2。后来 U－2 除了间谍飞行外，还进行了一些地球物理方面的探测飞行。它的改进型可以在 23 000 米以上高空以 864 千米每小时的速度巡航，搜索地平线 480 千米范围，可巡航 10 小时，接收雷达及通信信号和摄影。

从 U－2 投入使用第二年开始，美国就预感到这样的飞机迟早要被击落的，因此，必须发展飞得更快且采用“隐身”技术的新侦察机。1959 年，约翰逊在为 U－2 研制后继机的竞标中再次获胜，这就是后来的 SR－71“双三”飞机。所谓“双三”是指速度超过 3 倍声速，高度超过 3 万米。

SR－71 侦察机

SR－71 通体涂成黑色，绰号“黑鸟”。由于 SR－71 是超过以往任何飞机的高空高速飞机，需要开发很多新的结构材料、发动机、燃料、制造工艺及设备，因此遇到了前所未有的困难，但在“鼬鼠工程队”一贯奉行的尽量简单的传统原则的指导下，问题都得到满意的解决。1965 年，SR－71 开始在美国战略空军司令部服役。1976 年一架 SR－71 从加利福尼亚比尔空军基地起飞，创造了 6 项世界速度和高度新记录，至今还没有被打破。

鼬鼠工程队在约翰逊领导下取得的成就使其在美国整个国防工业界获得很高的声誉，以致海军和陆军在一些武器研制工作中也明确要求采用“鼬鼠工程队”的方法。约翰逊在他的自传《超越我的份额》（中文译本叫《我怎样设计飞机》）中，把鼬鼠工程队的工作方法归纳为 14 条原则，其基本精神是：“在飞机工

业中集中少量优秀人员来解决问题往往可以比其他组织办法进度大为提前，成本是几分之一。这种方法使用尽可能简单、直接的方法来研制和生产新产品，实际上不过是对一些棘手的问题使用常识来解决而已。”

1990 年 12 月 21 日，约翰逊因病与世长辞。他实现了自己 12 岁时立下的要当飞机设计师的愿望，把一生献给自己心爱的航空事业。洛克希德公司曾 3 次给约翰逊提供总裁的职位，但他都谢绝了。他说，“对我来说，在公司里没有哪个职位比当预先发展型号部——鼬鼠工程队的头头更好的了。”他虽然离开了我们，但“鼬鼠工程队”的一套思维和工作方法将继续产生影响，成为人类的一笔宝贵财富。

波音的工程巨擘
——美国飞机设计师韦尔斯

爱德华·柯蒂斯·韦尔斯是美国现代著名飞机设计师。1930年开始进入波音，直到1971年退休，韦尔斯在波音公司长达41年的工作期间，开发出对人类战胜德、日法西斯做出重大贡献的B-17、B-29以及战后的B-47、B-52等轰炸机，还领导设计了波音707原型机和美国SST超声速运输机，被誉为“波音巨擘”。

1910年8月26日韦尔斯生于美国爱达荷州博伊西城的一个经济上不宽裕的家庭。父亲是地方气象局职员，母亲比父亲大6岁，当过小学教师、制帽厂女工、百货店女帽推销员。为了生计，把自家二层小楼所有的寝舍都出租给房客，自己一家人都安排在小楼背面和侧面搭起来的临时建筑里。

韦尔斯

韦尔斯5岁时，他第一次坐火车，并且也第一次看见飞机。晚年韦尔斯回忆起那次出远门的情景，仍记忆犹新，“我平生第一次见到飞机，是在飞行巡游表演节上。当时我只有5岁，我享受了一次极特殊的优待：从爱达荷州博伊西城的住家坐火车前往旧金山，参观1915年的世博会。对于一个梦想成为火车司机的少年，这次旅行太令我心潮澎湃，博览会上的所见所闻总是浮现在眼前。但最使我激动的是见到飞机翱翔的雄姿，它是由著名的特技飞行员林肯·比彻驾驶的。”

韦尔斯9岁生日时，爸爸送给他一本名叫《飞机模型》的书，他终生珍藏，后来他回忆自己10岁开始造飞机模型的经历。他说：“第一次世界大战结束后，特技飞行员表演更加普及，也可以买到各种类型的第一次世界大战飞机模型组件。当地的特技飞行员最常驾驶的是‘詹尼’或其改型。我的第一架飞机模型自然也就是‘詹尼’了。我买不起模型组件，只能从原材料和简单的草图开始。我必须从画线入手学习如何制造模型。尽管干了很多活儿，但事后感觉到，这比组装模型组件能学到更多的东西。没有人比我更惊异，小小的‘詹尼’模型飞

机飞起来了，飞得不太远，但却是真的！从那时起，我自信会成为一个工程师，而不再是火车司机，但不能确定是哪类工程师。”

中学时代，韦尔斯每逢星期六就到离家相隔两条街以外的五金商店打工，每小时收入两角五分，有时收入还高一些。他喜欢当汽车公司零件销售员兼送货员，喜欢在汽车旁工作的刺激劲儿，如果有钱的话他都肯倒贴。

1931 年，韦尔斯毕业于斯坦福大学工程学院，一时还拿不准从事哪种工程事业。他投身于波音公司纯属偶然。说来也巧，1930 年 6 月份波音公司一位工程师在车祸中受伤，于是韦尔斯应召前往，成为波音公司工程部惟一的一名在校生工作人员。

1931 年 7 月第一个星期天，韦尔斯开始了他在波音的永久工作。公司 3 月份刚刚接到 10 年来最大的一张订单——制造 135 架 P－12E 战斗机。

韦尔斯从见习工程师作起，做过各种绘图工作，很晚才从事比较复杂的工程设计。B－17“飞行堡垒”是韦尔斯的第一个重要作品。1934 年 8 月陆军航空部发出采购招标，要求制造新型多发动机轰炸机的原型机。1935 年 7 月 28 日原型机首次试飞，当时韦尔斯才 25 岁。公司派韦尔斯随总裁到俄亥俄州代顿莱特基地，完成竞标事宜。在那里，韦尔斯组织了对 B－17 的极为严格的试飞。

B－17 战略轰炸机

1935 年 10 月 30 日，飞机升空进行最后的试验，韦尔斯站在机场边观看。前几秒种飞行还正常，然后飞机陡然爬高，其上升倾角是任何飞机都不能达到的。到达大约 60 米的高度后，它的一侧机翼突然异常偏转，飞机朝着地面俯冲，接地发生爆炸，引起一片火光冲天。

幸好，经过调查最终弄清了事故的原因：飞行员在起飞前，忘记检查“所有系统是否正常。”进入座舱后，当他跨过控制方向舵和副翼的锁定机构时，无意中使这些控制装置被锁定。对此，韦尔斯万分痛苦，他说，“我们不愿看到的一幕终于发生了，当飞机坠毁的一刹那，我就像看到自己的孩子在我面前遇害，而我却不能救他那般痛苦万分。”

一周后，莱特基地代表致电华盛顿陆军航空部首长，报告“最近波音轰炸机的坠毁事件，肯定不是由于飞机结构问题而产生的。”这才使 B-17 的研制继续下去。最后的结果是，在第二世界大战期间，波音公司自己生产了 6 981 架 B-17、洛克希德·维加公司和道格拉斯公司分别生产了 2 750 架和 2 995 架，一共 12 725 架。

美国政府和人民对 B-17 给予高度评价。陆军部长曾说，“B-17‘飞行堡垒’可以向全世界明确地表明，美国在航空设计领域，仍然拥有无可替代的霸主地位。”美国空军独立后第一任参谋长斯帕茨曾断言：“假如没有 B-17 轰炸机，美国也许会输掉第二次世界大战”。

在民用航空领域，韦尔斯 1985 年获托尼·詹努斯奖，在颁奖会上概括了韦尔斯一生的贡献：“可收放式起落架、后掠翼设计、翼面控制、增压座舱、悬挂式发动机吊舱以及伸缩式起落架缓冲支柱等都是韦尔斯率先在波音飞机上应用。‘飞行堡垒’、‘超级飞行堡垒’、波音 707、747、757、767 全是韦尔斯的设计遗产。”

在波音公司，韦尔斯先后担任见习工程师、主任工程师、型号设计师、助理总工程师、总工程师、主管工程的副董事长等职务。在他的一生中，获得大量奖励和荣誉，如：1980 年获丹尼尔·古根海姆奖，成为波音公司第 5 位获得此奖的领导人；1983 年获西雅图飞行博物馆授予的“探路奖”，韦尔斯是获奖的 6 位航空先驱中惟一在世的人；1985 年获托尼·詹努斯奖。

1986 年 7 月 1 日，韦尔斯因患一种罕见的胰腺癌，医治无效，拖着疲惫的身躯，走进“寂静的死亡殿堂”。他去世后，一些老飞行员征得韦尔斯亲属同意，驾驶 B-17 飞机飞临为他举行纪念活动的现场，他们倾斜机翼，以传统的军礼表达着一个意思：“我们又失去了一位自己人！”

不断追求技术创新
——德国飞机设计师贝科夫

在中国，Bo 105 直升机一度很有名，《话说长江》等一些脍炙人口的影视作品都是用这种直升机从空中航拍的。Bo 105 就是贝科夫的作品，也是第二次世界大战后德国销路最好的航空产品。贝科夫是目前少数健在的航空先驱之一，年逾 90 还在追求创新，眼下他的目标是开发可再生的清洁能源和包括磁悬浮列车在内的新型运输系统。

路德维希·贝科夫 1912 年 6 月 30 日出生于德国什未林，是一个身手不凡的室内装潢商的儿子。贝科夫 7 岁时就钟情于飞机。那一年，负责研制福克 V 45 的主任工程师把飞机内部装饰的活包给他父亲。当给飞机装座椅时，小贝科夫破例被允许爬上飞机和爸爸在一起。从此，他就迷上了飞机。从那天开始，贝科夫就梦想着有朝一日能驾驶飞机翱翔在蓝天，要是自己能造一架飞机，就更好了。上高中时，贝科夫通过飞滑翔机领略到航空的风采。1933 年，21 岁的贝科夫在罗斯托克-瓦纳明德进了亨克尔公司，当了见习技工，1934—1938 年，他在柏林学习机械工程专业。1939 年在奥格斯堡加入梅塞施米特公司工程处工作，不久便领导高速气动力组的工作，直到成为在奥地利维也纳新城负责开发 Me. 109 的总工程师。

贝科夫近影

第二次世界大战结束时，贝科夫以为自己的航空生涯走到了尽头。1948 年，他在斯图加特当咨询工程师，对恢复被破坏的环境产生了浓厚的兴趣。1951 年，对德国实施的航空禁令部分解除，人们又可以开发滑翔机了。这时，贝科夫心里再次燃起对航空至爱的圣火。到 1955 年，禁令全部解除。1954 年，贝科夫到英国范堡罗参观航展，发现德国航空发展中断了 10 年，比同在欧洲的英国和法国落后了一大截。这对贝科夫是一个极大的刺激，他决心奋起直追。

同年，贝科夫成立了贝科夫发展公司（1965 年改称为贝科夫股份有限公司），重新开始飞机制造。面对苏联拥有大量坦克，贝科夫开发了“眼镜蛇”有线制导反坦克导弹。接着 1963 年，贝科夫与法国北方航空公司合作，开发了米兰、霍特和罗兰反坦克导弹系统。在飞机方面，还与法国联合研制了 C－160“协同号”，奠定了日后欧洲合作共同开发“空中客车”民用飞机的基础。

1965 年 9 月，贝科夫向当时西德总理艾哈德介绍计划

早在 1972 年，贝科夫就主张欧洲航空工业应尽快联合起来。开始他预计需要 10 年时间，但是实际联合的过程比他预计的长得多，差不多用了 30 年。贝科夫坚定地主张欧洲联合，当 1999 年空中客车公司销售的飞机数量超过波音时，他感到十分欣慰，他说：“过去冒的风险终于有了回报。”

贝科夫十分重视创新。他领导的公司开发了很多新技术，然后逐步在整个航空界普及。其中，碳纤维增强复合材料就是一个很好的例子。今天，在超声速战斗机、空客飞机和阿利亚娜运载火箭上都部分地使用的复合材料，就是从贝科夫 1957 年首次试飞的“凤凰”开始的。

Bo. 105 是战后贝科夫为德国研制的最有名的直升机，其主要特点是，采用变距的刚性旋翼、钛合金桨毂、挠性玻璃钢桨叶。这些都是第一次在生产型直升机上采用，对后来的直升机发展具有推动作用。Bo. 105 于 1962 年 7 月开始初步设计，装 2 台艾利逊公司的 250－C20 发动机的预生产型于 1971 年 1 月首次试飞。截至 1992 年，各型 Bo. 105 总共交付 1 300 多架，用户遍及五大洲 39 个国家和地区。

1968 年 10 月，贝科夫股份公司与梅塞施米特公司合并，组成 MBB 公司，最后于 1989 年 9 月成为德国宇航公司。不久前，欧洲实现了更大范围的联合，成为欧洲航空防务与航天公司，终于实现了贝科夫早年的愿望。1977 年，65 岁的贝科夫及时退出 MBB 董事会。1976—1982 年间，他担任德国航空航天工业联合会会长职务。1983 年，他领导成立路德维希·贝科夫基金会，下辖路德维希·贝科夫系统技术公司，负责组织清洁能源和现代运输系统的长远研究。贝科夫认为，在今后的几十年里，人类面临寻找新能源的巨大挑战。从目前所掌握的知识，人类必须不失时机地开发太阳能和氢技术，而不能再一味只关注开发石油、天然气等矿物燃料。那些东西迟早要开采枯竭的。他认为，氢是保存和运输能源的理想手段，是未来汽车和飞机的燃料，燃烧之后剩下的只有一种东西，

就是水。由此看来，德国和苏联前些年联合开发以氢为燃料的飞机不是偶然的。

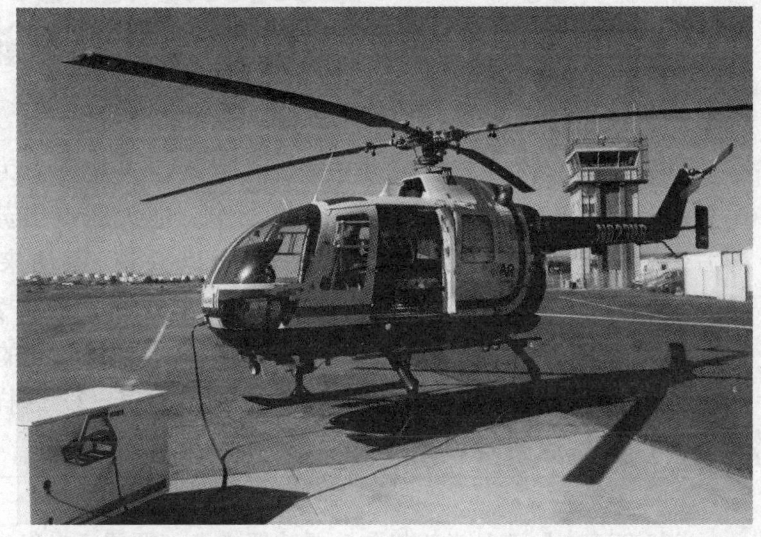

Bo. 105 直升机

苏-27族系的家长
——俄罗斯飞机设计师西蒙诺夫

1975年9月15日苏霍伊去世后，西蒙诺夫被任命为苏霍伊设计局总设计师，接着主持苏-27的研制工作。他大胆提出苏-27新的外形方案，在原方案已经投产的情况下，力排众议，顶住来自各方面的压力，使新的苏-27问世。该机在气动力学方面比原方案先进得多，性能卓越。不用刻板的模式解决航空技术发展中永恒的主题：质量、航程、速度、机动性，使苏霍伊设计局研制出像苏-27这样十分完美的飞机，可以说，这就是西蒙诺夫总设计师成功的秘诀。

1929年10月19日米哈伊尔·佩特罗维奇·西蒙诺夫出生在罗斯托夫。他从少年时起就梦想设计滑翔机和飞机。当时在西蒙诺夫的同龄人中，很多人都向往天空，最时兴的口号是(飞得)"更远、更高、更快"，"青年人学飞行！"

西蒙诺夫

1941年6月22日苏联伟大的卫国战争爆发。1942年11月，从罗斯托夫后撤到阿拉木图的西蒙诺夫一家人收到了父亲佩特罗·西蒙诺夫——红军总部政治处副主任在前线英勇阵亡的消息，当时西蒙诺夫年仅13岁。

西蒙诺夫在学校期间就特别喜欢航模活动。15岁时他被委任为少年宫航模室主任。中学毕业后，西蒙诺夫考入新切尔卡斯克工学院，读到4年级时由于酷爱飞机而转学到喀山航空学院。1953年，学院成立滑翔机小组，该小组后来成为大学生设计局。主持者为沃罗比耶夫教授，而设计工作的实际负责人就是大学生西蒙诺夫。

大学生设计师们研制出当时最新的金属结构滑翔机，该机即为后来全国最流行的封闭型滑翔机"滨海人"KAN-12，仅在阿尔谢尼耶市就生产了800架。然而，此时西蒙诺夫已不满足于搞滑翔机了，他要设计真正的飞机。机会终于

来了，在著名飞机设计师苏霍伊的领导之下，他被任命为莫斯科库伦机器制造厂副总设计师。

上任伊始，西蒙诺夫被派往阿斯特拉罕州阿赫宾斯克市郊的空军靶场，进行前线轰炸机苏-24的试飞工作。西蒙诺夫和同伴们在严格的试飞期限内，很快解决了许多复杂问题。3年多的紧张工作终于带来了成果，苏-24轰炸机通过国家试验和验收，开始逐步装备空军部队。国家向西蒙诺夫和他的同事颁发了列宁奖金，以表彰他们的功绩。

这期间，苏霍伊设计局正全力研制代号为T-10的第四代歼击机，即现在在苏-27。从T-10方案全面研制工作一开始，设计局就遇到了可能导致对歼击机结构配置发生重大改变的一些"小麻烦"。为了不使课题中途搁浅，需要进行最精确的系统分析计算。西蒙诺夫被指定完成这项工作。

1975年9月15日，苏霍伊设计局总设计师苏霍伊去世。西蒙诺夫被任命为总设计师，接手主持苏-27的研制工作。

随着第一架样机上马，整个设计局和试制工厂都投入紧张的战斗。在通向工厂林荫路的起点，竖着醒目的标语牌：产品还有500千克多余的质量，这意味着全体参研人员要为减轻飞机的质量而奋斗。

苏-27系列战斗机

要去掉飞机结构上的多余质量，只能靠采用新工艺结构、研制新工艺和使用先进材料，焊接技术和钛合金材料的采用对减轻质量起着最大的作用。西蒙诺夫亲自过问和跟踪壁板的制造质量。在焊接车间，中央翼壁板安放在托架上，西蒙诺夫脱掉西装，穿着白衬衫蹲在壁板上，察看着焊缝的质量。焊工们开玩笑说，西蒙诺夫总设计师在研究焊接以后氩气跑到哪儿去了。

第一架试验机T-10-1于1977年5月20日首次上天，试飞紧张地进行，到1978年末，得到了符合战术技术要求的基本飞行特性。

但随着飞机研制计划逐渐取得进展而深入到更复杂、更关键的飞行科目时，遇到了许多新问题，例如远远没有弄清楚静不稳定飞机的动态操纵特性。试飞中已出现飞机“打寒战”的经历，有一次甚至过载超过破坏极限，终于使飞机空中解体。

大量的工作已经完成，飞机也正在试飞，但必须配备的电子设备却没有。总设计师西蒙诺夫意识到，必须做出一个重大的决定，对飞机作出重大的改动。

在西蒙诺夫总设计师的组织下，一个包括20条之多的修改项目单被开列出来，包括改变飞机的气动布局，通过减少飞机横截面积来综合提高飞机的速度、航程、机动性，降低气动阻力和减轻质量，并用内部油箱增加燃油储备等等。西蒙诺夫说，除了轮胎、主起落架支柱和K-36弹射座椅之外，原来的飞机几乎没有剩下什么，等于全部推倒重来。但全面改造飞机的结果，是得到了现在被世人所广泛称颂的优异性能。人们常常问：为什么苏-27大大优于其他飞机？西蒙诺夫回答：很简单，我们给自己提出的任务就是要设计出超过当时在空军服役的任何作战飞机，特别是那些能夺取制空权的飞机。为了满足这些要求，必须修改飞机的设计。

为了修改设计，西蒙诺夫及设计局其他人给研究院、飞机和设备生产厂做了大量的工作，有时西蒙诺夫不得不利用他总设计师的权力强令对飞机进行修改。最后，在1982年5月31日，一架崭新的苏-27被拖到工厂的飞机场，苏-27的第17号飞机首次试飞，经受了全部复杂科目的试验。

西蒙诺夫(左)介绍苏霍伊设计局S-21超声速喷气公务机方案

不久以后，第一架苏-27拦截歼击机送到了防空部队飞行中心和空军部队，在训练和试用的过程中，飞机设计师意外地发现，苏-27不仅能改出尾旋，而且在临界状态下，飞机仍有可靠的操纵性能，因而可以完成一种现在称之为“眼镜蛇”机动的高难度飞行动作。

今天，在苏-27的基础上已发展出一个庞大的系列，其中重要的有苏-33舰载歼击/攻击机、苏-30空中指挥机、苏-30M多用途歼击机、苏-35新型制空歼击机、苏-34歼击轰炸机、苏-37高机动歼击机等。在总结苏-27成功的原因时，西蒙诺夫说，去掉老一套刻板的方式去设计苏-27，通过独特的气动布局，就诞生了全新的设计思想。

"卡-50之父"
——卡莫夫的接班人米海耶夫

卡-50是世界上第一种装有弹射救生座椅的共轴式双旋翼单座战斗直升机，是卡莫夫设计局传统的共轴式双旋翼直升机从海上登上陆地的先锋。卡莫夫设计局靠卡-50在和米里设计局的竞赛中打了一场翻身仗。主持卡-50设计的米海耶夫被誉为"卡-50之父"当之无愧。

谢尔盖·维克多罗维奇·米海耶夫1938年12月22日出生于俄罗斯的哈巴罗夫斯克。他自幼对航空产生浓厚的兴趣。中学阶段最爱读航空方面的书籍，最崇拜的人物就是茹科夫斯基(气动力专家)、齐奥尔科夫斯基(俄"航天之父")，还有卡莫夫。

米海耶夫

1957年，米海耶夫考入莫斯科航空学院飞机系。著名直升机设计师米里、卡莫夫都曾是这里的兼职教授，时常来学院讲学。受他们的影响，米海耶夫决心献身于直升机事业。

1962年，米海耶夫以优异的成绩大学毕业，进入卡莫夫设计局，在卡莫夫身边工作。从此，他把自己的生命全部都献给了卡莫夫设计局。

年轻的米海耶夫专业底子雄厚，又勇于实践，虚心向老专家请教，再加上高超的管理才能，职位不断提升：从一般设计师升到副主任设计师，再升到主任设计师。

1973年11月24日，直升机界巨擘卡莫夫与世长辞。1974年4月19日，米海耶夫在人们的拥戴下，正式走马上任，担任设计局的总设计师。

米海耶夫继续保持和发扬了卡莫夫时代的传统：在共轴式双旋翼直升机和舰载反潜直升机的研制中占绝对优势。1978年12月，卡-27通过了国家试验，1981年4月正式列入海军航空兵装备，开始服役。卡-27的出口型编号为卡-28。与卡莫夫的告别作卡-25比较，卡-27装有功率更大的涡轮轴发动机，即使在相当炎热的天气也能正常从舰上起飞；旋翼系统采用全金属桨叶，寿命更长；“章鱼”搜潜系统（包括吊放声纳、磁探仪、搜索雷达等）先进得多。

米海耶夫在领导设计局研制海军直升机的同时，时常思考这样的问题：“难道卡莫夫设计局仅能研制海军直升机吗？卡莫夫直升机为什么不能向陆用方向发展？”在陆用领域，当时基本上是米里设计局直升机的一统天下。陆用直升机所需数量多，相比之下，海军直升机的需求毕竟十分有限。卡莫夫设计局要摆脱这种局面，非得向研制陆用直升机方向发展不可。按照米海耶夫的话说，就是：“我们要登陆！”

后来，海军提出，需要研制用于登陆作战的直升机。米海耶夫立即意识到：这是卡莫夫直升机向陆用方向发展的好时机。他抓住这个机遇，迅速与海军协商，制订出研制既能在海上作战、又能登陆作战的卡-29直升机的方案。该机1976年7月首次飞行，1979年通过国家级试验，然后投入批量生产，并装备海军陆战队。

卡-29是卡莫夫直升机向陆用方向发展的一个过渡机型。20世纪80年代初，米海耶夫又领导设计局研制出卡-27的民用型——卡-32。卡-32是民用多用途直升机，可以广泛地完成各种民用任务，例如海上和陆上的搜索与救援、客运、货运等，还可以当作吊车使用，吊运货物。如果说卡-29是“半登陆”状态的军用直升机，那么卡-32就是“全登陆”状态的民用直升机了。从卡-32开始，卡莫夫设计局直升机的使用范围从军用扩大到民用，从海上使用扩大到陆上使用。这是米海耶夫为卡莫夫设计局所做出的巨大贡献之一。

卡-50是世界上惟一的共轴式双旋翼作战直升机

20世纪70年代中期，军方提出要研制像美国AH-64“阿帕奇”那样的第二代陆军战斗直升机，用以取代陈旧的米-24。米里设计局推出米-28直升机，而米海耶夫则领导卡莫夫设计局推出了卡-50直升机参加竞争。米海耶夫对设计局的专家们说:“在设计陆军直升机方面,咱们以往总是落在米里设计局的后面,难道咱们甘居落后吗?不,咱们一定要打个翻身仗!”

米海耶夫不仅精通技术,也精于管理。在卡-50方案论证阶段,各方意见不一,他认真听取意见,主动与各方沟通,及时修改不合理之处。最后,在米海耶夫的引导下,决定仍采用共轴式双旋翼布局。卡-50原型机于1982年6月试飞成功。国家用卡-50与米-28进行了对比飞行试验,试验结果证明,卡-50确实在许多方面优于米-28,它代表战斗直升机的发展前途。1987年,国家做出决定,新一代战斗直升机竞争中,卡莫夫设计局的卡-50获胜,可以投入批生产。1995年,卡-50进入陆军服役。1996年,总设计师米海耶夫等人因研制卡-50有功,获俄罗斯国家奖金。

后来,俄军方提出,需要能在夜间作战的直升机。米海耶夫领导的设计局立即对卡-50进行改进,加装夜间作战设备,研制出夜战型卡-50-2型机,后来还发展出夜战双座机卡-52。

在第二代战斗直升机的竞争中,米海耶夫实现了他打翻身仗的诺言。从此,卡莫夫设计局的直升机在陆军中也有了一席之地。

米海耶夫在发展传统优势的同时,也注意借鉴国外先进技术。20世纪80年代,苏联军方提出需要一种起飞质量7吨左右、有效载重2吨、能运送一个全副武装步兵班的运输直升机。这项招标又一次把米-36和卡-60两个方案推上了竞争的擂台。通过比较,军方倾向于卡-60,但希望它能提高速度。米海耶夫组织专家们昼夜奋战,重新制订卡-60的方案,准备采用带涵道尾桨的单旋翼直升机方案。涵道尾桨是法国技术,曾在“海豚”直升机上应用,安全性能好。米海耶夫曾对这个技术进行过深入研究,感到把涵道尾桨应用到自己的直升机上比较有把握。新的卡-60于1998年12月成功地进行了首次试飞。

卡-126

米海耶夫曾经说过:“我们制造的直升机就是我们的孩子。在这些直升机上反映出我们的性格和命运。”是的,米海耶夫已经有了许多“孩子”,这些“孩子”就是他的一个又一个丰碑,正是这些“孩子”反映出他既发扬传统,又大胆创新的性格特点。

开拓创新的一生
——美国怪飞机设计高手鲁顿

如果你用传统的标准来衡量一名飞机设计师是否成功,即每种设计最终生产了多少,那么鲁顿也许算不上成功者,因为他设计的飞机几乎都没有大批量投产;但如果用另外的尺度来衡量,则会得出不同的结论,他的诸如"旅行者"、"海神"等奇形怪状的作品都达到很高的水平。鲁顿属于想像力和创造力最丰富的那类人。

伯特·鲁顿 1943 年 6 月 17 日生于美国西北边陲俄勒岗州波特兰市,在加利福尼亚州的底努巴长大。他少年时代就痴迷于飞机,11 岁时母亲给他买了一套模型飞机元件,他开心得不得了,后来他自己制作飞机模型。上中学时,他因设计了一架精巧奇特的遥控模型飞机而获奖。1962 年,鲁顿进入一所业余飞行学校,据说仅学习了 5 个多小时,就能独立驾驶飞机。中学毕业后,鲁顿进入加州的州立综合技术大学,在班上是第三名,获得航空工程学位。此后,他又进入加州技术大学空间技术学院继续深造,并在金门学院学习销售和人事管理课程。

鲁顿

1965 年毕业后,鲁顿受雇于美国空军爱德华空军基地,当了一名不穿军装的文职试飞项目工程师,先后参加过 15 项试飞计划。他参与试飞的飞机,除了一般的新式飞机外,还有垂直/短距起落战斗机和运输机。大量的试飞使鲁顿的实践知识更加丰富。他一面工作,一面利用业余时间从事飞机设计。鲁顿设计的第一架飞机名叫"瓦利维根",它与常规布局的飞机不同,采用了新型的鸭式前翼,1972 年开始试飞。这种飞机的成功,为鲁顿后来的飞机设计奠定了基础,在他以后设计的十多种飞机上都采用了这种布局。

1972 年，鲁顿从爱德华空军基地辞职，去了堪萨斯州牛顿市比德试验中心，在那里任开发主任。参与的项目有 BD－5、BD－6 和 BD－5J(或称“袖珍火箭”喷气发动机飞机)，后来 BD－5J 被拍成电影，在世界各地多次航空展览会上展出。

后来，富于想像力和急于开拓自己事业的鲁顿来到莫哈维，开办了鲁顿飞机工厂。莫哈维机场隐藏在爱德华空军基地西北约 25 千米的特哈查比山脉的阴影里，这里是高原沙漠，它那广阔无垠的天空，是进行自由飞行的乐园。在那里可以用最小的速度直线爬升，尽量飞到最高的高度，然后以最大速度俯冲而下。你也可以在滑行道上空 15 米处进行翻滚飞行，然后转回来找个家伙进行模拟空战，控制塔里的人员绝不会干涉你。航空爱好者要试飞自制飞机，这里也是理想的地方，因为美国联邦航空局已把机场周围的沙漠列为“非居住区”。正是看上了这里的飞行条件，他把工厂办在这里，为喜欢在家里自己制造轻型飞机的航空爱好者开发并销售创新的鸭式翼飞机成套组件，公司还经销技术和科普教育出版物。

在飞机工厂里，鲁顿继续研究用于制造飞机的轻型复合材料及其他非常规材料。就在这段时间里，他研制了很多极具独创性和开拓性的飞机，如“沙利特”滑翔机、朗格－EZ 体育专用飞机、“科威克”超轻型飞机、“灰熊”、“瓦利斯”体育专用飞机、“艾姆索尔”拉力赛用飞机、AD－1 斜机翼研究机、下一代教练机的验证机、“挑战者”轻型飞机等。

在成功经营几年之后，1982 年鲁顿开办了比例复合材料公司，1985 年比奇飞机公司买下该公司。1987 年，整个比奇公司成为威曼高登公司的子公司，鲁顿留任比例复合材料公司的总裁及首席行政官。比例复合材料公司设在加州莫哈维，是一家宇航公司，它主要为商业和政府客户设计、生产和试验原型研究机和航天飞行器。该公司设计的著名飞机有：“星舟”，是为比奇公司开发的一种创新的公务飞机；“猫声鸟”，是一种 5 座高效率螺桨飞机；“凯旋”6～8 座喷气公务机，燃油效率极高；“鱼塘”竞赛机，一种小巧轻型、双螺桨飞机，是为创速度记录并参加飞机速度竞赛而设计的；“艾利思”，一种廉价的具有高机动性的喷气攻击机，用于战场近距支援；“掠夺者”，一种农业飞机。此外，比例复合材料公司还设计

朗格－EZ 体育专用飞机

和生产过帆船、汽车和高空遥控飞行器等。

鲁顿最值得骄傲的成就是设计和开发出全复合材料的“旅行者”飞机，它创造了不着陆、不空中加油环球飞行记录。“旅行者”是鲁顿飞机工厂于1982—1984年间研制的，很多部件是自己利用简陋的设备加工制作的，费时20 000工时以上，飞机造成后，进行了几年试飞。1986年12月14日开始环球飞行，1986年12月23日结束，在216小时中飞行了40 000多千米，创造了世界飞行史上的一个里程碑。

这次飞行是由伯特·鲁顿的哥哥狄克·鲁顿和他的女朋友珍娜·耶格尔一起完成的。“旅行者”完成9天9夜的环球飞行之后，得到了美国国家航空协会的承认，把它列为美国国家记录，国际航空联合会也承认这次飞行为世界记录。1986年12月29日，当时的美国总统里根为这两位飞行员颁授了荣誉公民奖章。总统说：“‘旅行者’已经加入了由莱特兄弟开始的航空史上突破者的显赫行列，3个新的名字将会列到英雄榜上。在奥维尔和威尔伯·莱特兄弟、查尔斯·林白和查克·耶格尔之后，现在狄克·鲁顿、珍娜·耶格尔和伯特·鲁顿也将名垂史册。”随后，原来只打算飞行20次的“旅行者”进行了第69次、也是最后一次飞行。之后，这架飞机被运到首都华盛顿国家航空航天博物馆，放在博物馆入口处。

1998年9月23日，鲁顿在比例复合材料公司向新闻界和公众正式亮出了他的最新设计——M281“海神”。这种飞机是以会变形的希腊神的名字来命名，是专门为执行特种远程通信任务而设计的，但也适于其他高空任务。“海神”是鲁顿的第281种设计，也是在比例复合材料公司制造的第30种飞机。“海神”可执行多种军民领域的任务。但最有开拓性的是以低廉的费用实现太空旅行。

鲁顿获得过许多奖项，包括国际航空联合会金质奖章、1987年科利尔奖、实验试飞员协会杜立特奖杯、被《设计新闻》评为1988年度最佳工程师、1986年列罗·兰德勒·格鲁门奖、1992年美国航空航天学会“结构和材料力学奖”、1993年劳埃德·诺伦终身航空成就奖。1995年他入选俄亥俄州代顿航空名人榜。加州综合技术大学、丹尼尔·韦勃斯特学院、刘易斯大学和德尔夫特技术大学都授予他名誉博士学位。

鲁顿于1959年开始飞行，累计飞行了3 000多小时。他有飞各种飞机的经历，飞过他自己设计的除“猛禽”和“旅行者”之外的26种载人飞行器。他参加了许多航空专业组织，如实验飞机协会、美国航空航天学会、试飞工程师协会、实验试飞员协会及美国国家工程院。鲁顿讲授过二百多次课程，内容涉及飞机设计、飞行操纵、研究工作管理、人事及政府采购改革等。鲁顿十分看中飞机设计中的创造性和巧妙性。他的设计都是偏离常规的，但事实证明都是开拓性的并且是非常成功的。效率、低成本制造和节省能源的原则深深地影响着鲁顿的革命性飞机研制道路。

1998 年 9 月 23 日，鲁顿向公众推出 M281“海神”

2003 年 4 月 18 日，鲁顿又推出了一个利用私人资金开发的太空飞行器方案：在“白色骑士”载机下面吊挂“太空船 1”号，后者能把 3 个人带进亚轨道，圆普通人遨游太空的梦想。他的方案如果获得成功，有望夺得“新圣路易斯精神基金会”悬赏 1 000 万美元的“X 奖”。

太空船计划

飞行家

几百年来，为实现人类飞行夙愿而英勇献身的人不计其数。与对航空做出贡献的科学家、发明家、设计师、企业家相比，飞行家的风险首当其冲。早在飞机问世之前，一位航空先驱 1897 年在一次演讲中就明确指出，“迄今为止，飞行机器试验的历史或多或少就是灾难的历史”。他的话被反复验证。

飞机问世之前，各国不少的航空先驱以他们对飞行的渴望和神往，演出了一个个从向往冒险到牺牲生命的故事。飞机问世之后，为了让飞机征服大海、高山的阻隔，为了让飞机的性能提高再提高，为了让飞机在陌生的环境中执行更多的任务，又有大批的飞行家为之献出生命。

这部分介绍的 21 位在航空发展史上卓有贡献的飞行人物，有的是历次战争中的王牌飞行员，他们是军事飞行员中的佼佼者，不仅靠个人的机智勇敢，而且更靠大胆的战术创新，达到一般飞行员难以达到的高度；有的是在不同时期创造过骄人记录的飞行家，其中包括实现人类第一次成功飞越海峡的布莱里奥、第一次单人不着陆飞越大西洋的林白、第一次驾驶轻型飞机用 9 天多时间空中不加油绕地球飞行一周的鲁顿和耶格尔……这些飞行家中，有不少是在完成一项光辉使命之后，在继续探索新的飞行领域中遇难，过早地告别了人世。

还有一些飞行家，他们的事迹因为在本套丛书的其他分册中已经提及，限于本书的篇幅，没有单独收录。

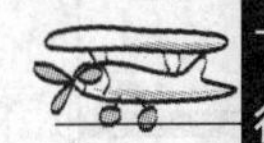

人类第一次成功飞越海峡
——法国航空先驱布莱里奥

法国人布莱里奥是欧洲第一批尝试制造飞机的人中的一个。1908年以前,他和别人合作制造了许多架飞机,并且都一一亲自试飞,但大多没有成功。直到1908年夏天,在亲眼目睹了威尔伯·莱特在欧洲的飞行表演后,才对成功飞行的魅力有了深刻的领会。布莱里奥留给后人最宝贵的东西是:1909年他驾驶自己研制的飞机成功地飞越英吉利海峡。这次飞行被后人认为是与莱特兄弟的第一次飞行、林白1927年单人飞越大西洋一起并列为早期航空"三大里程碑飞行"之一。

1872年7月1日,路易·查尔斯·约瑟夫·布莱里奥出生于法国康布雷市。他毕业于工科大学,后来经商,专门经销汽车的照明灯。生意很成功,使他有足够的财力从事后来的飞机制造和飞行活动。

布莱里奥雕像及其飞机

自1896年起,布莱里奥开始对航空产生浓厚的兴趣。1900年,他开始研究和制造滑翔机和扑翼机,但都是没有飞起来就掉到水里了。莱特兄弟飞行成功的消息传到欧洲,使布莱里奥受到很大的震动和启发。1903年,他开始和法国另一位著名航空先驱加布里埃·瓦赞合作制造双翼机、水上滑翔机,但也没有试飞成功。

1906年11月12日,巴西旅法人士杜蒙驾驶自己的"14比斯"飞机创造出欧洲第一个重于空气飞行器持续飞行记录时,布莱里奥正拄着双拐在人群里看,脸上流露出不平的神色。由于几天前的一次飞行事故,使他的脚被烧伤,失去了得到这一荣誉的机会。

布莱里奥的下一个设计是非常规的鸭式单翼机,尾翼在前面,装一台17.64

千瓦的安托内特发动机，驱动一副推进式螺旋桨。接着又用同一台发动机制造了下一种串列式机翼的单翼机，但两架飞机都坠毁了。

1907 年底，他造了 7 号机——一架拉进式单翼机，只完成过几次短暂的飞行，1908 年 2 月坠毁。8 号机还是一架拉进式单翼机，改进后，在 1908 年 10 月完成过 27 千米的往返飞行。1908 年底，布莱里奥又制造了 3 架飞机：9 号机是单翼机、10 号机是双翼机、11 号机又是单翼机。11 号机通常称为布莱里奥Ⅺ，就是用这种飞机完成了飞越英吉利海峡的历史性飞行。

1908 年底，英国《每日邮报》为第一个完成跨英吉利海峡飞行的人员悬赏 1 000英镑。争夺这个奖项的人不少，其中一个叫于贝尔·拉塔姆。他于 1909 年 7 月 19 日清晨从法国加莱起飞，但只飞了 11 千米，发动机发生故障，飞机迫降在水面，后被人救起。

5 天后，7 月 25 日清晨 4 点 35 分，布莱里奥驾驶他的小单翼机也从加莱升到空中，并飞越了沙丘。一艘担任护航任务的驱逐舰正在海上等候。10 分之后，他越过了该舰，顿时大吃一惊，他既看不见那艘舰，也看不到法国和英国，独自一人在海面上空飞行，既无引导、又无罗盘的他顿时感到孤立无援，迷失方向达 10 分钟之久。他又飞了 10 分钟，渐渐看到了英国一侧多佛尔的峭壁、城堡和向西离开一定距离的预定着陆点。于是他蹬舵向西转弯。此刻他面临很大的困难，峭壁附近风力很大。他看到一块绿草如茵的开阔地，他本可以再飞1 个小时，但他不想放弃这个着陆的机会，于是就避开建筑物安全地降落了。

布莱里奥的飞机降落后，受到事先到达的他的妻子、英法官员和闻风而来的大批人群的欢迎；随后他的飞机用火车运到伦敦，引起极大的轰动，数十万人络绎不绝地前往参观。今天，他的布莱里奥Ⅺ飞机收藏于法国国立工艺博物馆中，与他当年降落地点竖立的纪念碑一起永久供后人瞻仰。

布莱里奥首次飞越英吉利海峡后与妻子及前来热情欢迎的人群合影

布莱里奥用时 36 分成功飞越英吉利海峡的壮举，成为轰动全球的重大新闻。在此之前，虽然有过一些飞行表演和飞行记录，但人们对于飞机的实际用

途还有不少争议。这次成功飞行之后，对飞机实际用途的怀疑完全没有了。

但布莱里奥的飞行寿命没有延续很久。1909 年 12 月，当他在君士坦丁堡(今土耳其伊斯坦布尔)飞行表演时，飞机因失速而坠毁。布莱里奥虽然没有受重伤，但决定放弃飞行，而集中精力为个人和政府用户制造飞机。

布莱里奥飞越英吉利海峡获得成功使布莱里奥Ⅺ飞机名声大振，他赢得很多用户，仅 1913 年就制造了各种军民用改型机近 800 架。这年，布莱里奥收购了 1910 年成立的斯帕德公司，到 1918 年战争结束，共生产了 2 500 多架飞机，包括有名的斯帕德 S. Ⅶ、S. Ⅻ、S. ⅩⅢ等型。

战后，航空工业起伏不定，对布莱里奥本已十分衰弱的心脏十分不利，1936 年 8 月 1 日终因心脏病发作在巴黎去世，享年 64 岁。

在欧洲傲视群雄
——旅法巴西航空先驱桑托·杜蒙

动力飞行尽管是美国人莱特首先完成的，然而在19世纪末、20世纪初的欧洲，航空探索有着更加广阔和雄厚的基础，涌现出无数“大牌航空先驱”，法国巴黎当时就被视为“世界航空的首都”。然而，一个来自南美洲巴西的年轻人，创造出一系列非凡的业绩：成为欧洲第一个制造出能转弯飞行的飞艇的人；第一个驾驶飞艇绕艾菲尔铁塔飞行一周的人；第一个在欧洲实现动力飞机飞行的人；也是世界上第一架超轻型飞机的设计和制造者。他的名字叫阿尔贝托·桑托·杜蒙。

1873年7月20日，杜蒙诞生在巴西圣保罗一个咖啡大王的家庭中，童年是在父亲的咖啡庄园里度过的。富裕的生活条件和良好的教育使他从小就热爱科学，喜欢摆弄机械。他深受凡尔纳科幻小说的影响，幻想自己也能在气球上度过五星期和用80天游历世界。10岁时，杜蒙就开过庄园里的火车。1891年，他们全家迁居到欧洲，父亲把他送到法国巴黎去留学。

桑托·杜蒙

在巴黎聚集着许多汽车制造家和飞行先驱。杜蒙熟悉汽车技术，对飞行也很感兴趣。1897年，杜蒙第一次乘坐气球升到空中，接着就专门制造了一只气球——“巴西”号，是当时能带人飞行的最小的气球。这时，前卫的航空爱好者已在探索如何解决气球飘行中的方向控制问题了，杜蒙自然不甘落后。1898年，杜蒙制作的1号飞艇开始试飞，但不成功。接着又造了4艘，也都以失败告终。但杜蒙并不气馁。第二艘飞艇在下降时，气囊突然从中间裂开，幸好有几个男孩抓住了引导绳，拼命地拉着飞艇向逆风方向奔跑，减轻了飞艇下落的速度，杜蒙才幸免于难。1901年，他在试飞第5号飞艇时，不但飞艇撞上大树，还

把他挂在了特罗卡特罗旅馆院子里的树上。人们只好送来午餐让他吊在半空中享用，最后请来了消防队救他下来。

直到1901年10月19日，杜蒙终于驾驶他的第6号飞艇，从巴黎郊外的圣克卢顺利起飞，向市区飞去。飞艇飞得很低，人们能清楚地看到坐在驾驶舱里的杜蒙。飞艇绕艾菲尔铁塔一周，返回出发地，留空29分30秒，航程12千米，并荣幸地赢得多伊奇颁发的2.5万法郎的奖金。他把奖金全部分给了巴黎贫困的百姓。到1905年，杜蒙共设计、制造了14艘飞艇，其中有12艘能够飞行，成为实用的航空器。

在探索气球和飞艇的过程中，从杜蒙身边传来的富有传奇色彩的冒险经历，特别是那些令人毛骨悚然的死里逃生的故事，成了当时全世界都在急切关注的新闻，就像今天世界上的影星和球星故事那样引人瞩目。1904年，有一位作家对他作了如下的描述："杜蒙天生身材瘦小，体重看来不会超过45千克，但他肌肉健壮，全身充满活力。我第一次与他见面是在伦敦的克里斯特尔宫，他正在大厅里装配飞艇。我第一眼看到他时，还把他当成一个孩子，认为他可能是一个对飞行器感兴趣的旁观者。……过了片刻，他脱去大衣，指挥手下人把巨大的方向舵装上飞艇。飞艇赫然耸立在我们面前，就像一个巨大的橄榄球。这时，人们才看出他的才能。他步伐敏捷，言谈有力，待人谦和，毫无保留……"

1901年桑托·杜蒙乘飞艇成功绕艾菲尔铁塔飞行

1903年，美国航空先驱查纽特远渡重洋来到法国，他应法国航空俱乐部的邀请，向法国的同行介绍了美国航空事业的进展，其中自然谈到莱特兄弟1901年和1902年一系列滑翔试验，引起法国人的高度重视，促使他们把研究重心转到重于空气的航空器方面来。杜蒙从查纽特的报告中得到启发，也开始考虑飞机的事。

1906年，杜蒙带着自己的飞机设计去找瓦赞兄弟，请他们协助制造，制成了一架有前翼的盒形双翼风筝式飞机。因他曾用自己的第14号飞艇悬吊这架飞机进行试验，就给飞机定名为"14比斯"。这就是欧洲第一架动力飞机。

1906年9月13日，杜蒙驾驶装备功率为17.7千瓦安托内特活塞式内燃机的"14比斯"飞机在巴黎市郊布洛涅森林中的广场飞行了7米；10月23日换装了功率为36.8千瓦的8缸水冷活塞式发动机的飞机飞行了近60米；11月12

日，再次换装功率为 50 千瓦的发动机后，“14 比斯”在同一地点创造了留空 21.2 秒、飞行距离 220 米的记录，最高速度达到 37.36 千米每小时，有幸成为新成立的国际航空联合会承认的第一项飞行速度世界记录。

杜蒙驾驶他的“14 比斯”创造欧洲第一个持续飞行 220 米记录

之后，杜蒙转向研制超轻型飞机，于 1907 年 11 月造出一架翼展仅 5 米，用一根竹竿作机身的“19 号”飞机。该机虽然没有取得巨大成功，但它却是现代超轻型飞机的“始祖”。次年，经改进，杜蒙制成著名的“蜻蜓”号飞机，并试飞成功。这架小飞机翼展 5.41 米，机长 7.92 米，质量为 118 千克，机身由三根竹竿构成。驾驶员坐在机翼下一块用两根竹竿绷紧的帆布上。20.58 千瓦卧式双缸达拉克发动机装在机翼上面。

1909 年 3 月，“蜻蜓”号的改进型机飞上了蓝天。杜蒙宣布，他的设计不申请专利，可以免费向所有人提供。

1910 年，杜蒙发现自己染病，不得不中断了心爱的飞行事业。到 1928 年，在欧洲闯荡了半辈子的杜蒙回到了巴西，在里约热内卢北郊的佩特罗普利斯定居下来，仍然热衷于各种发明、创造。后来，杜蒙目睹了飞机在战争中的巨大杀伤力，对自己早年十分热衷、并为之付出心血的飞机竟被用作杀人工具感到十分沮丧，因此决定不再从事飞机设计了。1932 年 7 月 23 日，这位杰出的航空先驱在瓜鲁亚自家浴室用领带自缢身亡。

杜蒙去世时适逢巴西正在打内战，但听到噩耗后，交战双方都停战一天，以示哀悼。战争结束后，巴西于 1932 年 12 月 21 日在里约热内卢为杜蒙举行了国葬。葬礼十分隆重，飞机在送葬队伍上空盘旋，撒下鲜花为这位伟大的先驱者送别。

第 226 次，飞机成功上天
——法国航空先驱法尔芒

20 世纪头 10 年，飞机刚刚发明不久，为了向世人普及航空知识、证明飞机的实用价值，不少志士仁人不屈不挠、不惜牺牲生命，创造一项又一项新记录，直到把飞机送上顺利发展的坦途。法尔芒就是这些人中的一个。他和当年许多航空先驱有着共同的经历：先学习飞行，后经营飞机制造，因此很难说，他是飞行家，还是企业家。

亨利·法尔芒，1874 年 5 月 26 日在法国出生在一个英国人家庭里，在巴黎长大。父亲是英国伦敦一家报纸驻巴黎的记者。法尔芒喜欢绘画，进入巴黎工艺美术学校学习，但很快爱上了新兴的自行车运动，成了欧洲著名的自行车赛冠军得主。后来，法尔芒和弟弟毛里斯开了一家制造和修理自行车的作坊。再后来，他又去做汽车生意，和另一个弟弟迪克开了一家汽车代理行。一次发生了几乎丧命的事故，使法尔芒失去了对汽车的兴趣。

法尔芒

莱特兄弟 1903 年在美国发明飞机的消息传到欧洲之后，在法国引起很大的轰动，不少人竞相投身最时髦的“飞行热”，其中最有名的是瓦赞兄弟。他们不但自己设计、制造和试飞飞机，1906 年 11 月还创办了世界上第一家以出售飞机为主要业务的飞机工厂。在这股“航空热”的裹胁下，法尔芒的兴趣也转向航空。1907 年，法尔芒向瓦赞订购了第一架飞机。

在瓦赞交付的飞机尾翼上写着“HENRI FARMAN NO. 1”的字样。法尔芒认真地学习，经过一次又一次失败，直到 9 月 30 日第 226 次飞行，飞机终于上了天，飞了 79.6 米。此后，不到两个月，1907 年 11 月 10 日，法尔芒驾驶同一架飞机以 1 分 14 秒完成了 1 027 米的飞行，是欧洲第一个持续飞行超过 1 分钟的人。

对法尔芒的成就，瓦赞给予很高的评价，认为他具有“人格化的操纵技巧”。瓦赞说，很多事实可以证明法尔芒过人的飞行技术。第一，当时的飞机很难驾驭，不少人为之献出了生命，但法尔芒以惊人的速度掌握了飞行技巧，从根本没有见过飞机，到创造飞行速度、高度、距离、续航时间的一项又一项欧洲乃至世界记录，只用了一二年时间。而且，十分难得的是，在几百次飞行中，一次也没有出现坠机事故。第二，法尔芒不像有些人那样，要求对飞机作一些荒唐的修改，但是他飞了这架飞机后，以他的经验很快能指出，怎样改进一下，飞机会更好。正因为法尔芒技术过人，地方当局很快就破例允许他使用宽阔平坦的军用阅兵场飞行。位于广场一角的工厂烟囱冒出的烟就成为向他提示风向和风力的仪器。

法尔芒(左)和瓦赞在一起

1908 年 1 月 13 日，法尔芒在一批见证人在场的情况下，第一次以 1 分 30 秒完成 1 千米封闭航行飞行，获得 5 千法郎奖金。在飞行之前，他对自己的飞机进行了改进。在试飞中，他无意中发现，机翼在攻角减小、甚至没有攻角的情况下，飞机的阻力下降、升力迅速增加。而在此之前，所有飞机设计师都认为，机翼有攻角是飞行的必要条件。在法尔芒的飞机上，只有方向舵控制方向，没有当时用于横向控制的机翼扭曲系统。对法尔芒这次飞行，英国报界给予很高的评价，因为他是英国人的后代。报上的大标题是“征服天空——英国人的胜利”。

1909 年 8 月，世界上第一次国际航空大赛在法国兰斯举行。开幕那天有 50 万观众，还有包括美国前总统罗斯福的夫人等贵宾如痴如醉地欣赏来自世界各地顶尖航空高手的飞行竞赛。参赛的有法国的布莱里奥、法尔芒，巴西旅法飞行家桑托・杜蒙，还有英国的科克布恩、美国寇蒂斯等。参赛的飞机飞行了 120 多架次，总奖金额高达 20 万法郎。8 月 26 日，法尔芒以 3 小时 5 分飞了 180 千米，创造了续航时间的记录，获得 5 万法郎奖金。另外，在 9.6 千米的飞行中，他还带了 2 名乘客，组委会追加 1 万法郎大奖。这次飞行证明，飞机已不单是个人的运动器械。

1910 年 3 月 1 日，法尔芒再次创造一项“第一”：第一次进行正式的夜航。在那次飞行中，为了帮助地面的人确定飞机的位置，法尔芒在飞机翼尖上绑了

中国的纸灯笼,既用作着陆辅助设备,也用作导航灯。法尔芒的这项新突破,再次引起人们的注意。法国航联建议,各城镇应规划设置地面发光号码,用作飞行员的路标。

当年第一次在香港上天的法尔芒飞机的复制品如今陈列在香港新机场供人瞻仰

1909 年,法尔芒自己建立了一家飞机工厂,很快搞出了以自己的名字 HF 和弟弟的名字 MF 为品牌的多种设计,并在世界各地被仿制。1912 年,兄弟两个把工厂合在一起,成为法国最大的飞机工厂。第一次世界大战中,该厂生产的重要型号有:MF. 7“长角”、MF. 11“短角”、双翼教练机、HF 20 多用途推进式飞机(5 个国家生产了 3 200 架)和 F－40 推进式侦察机。战后,法尔芒飞机厂除了生产航空发动机和高档汽车外,还生产 F－50 轰炸机和 F－60“歌里亚”系列飞机。F－60 生产了 21 个型别约 300 架军用和 69 架民用飞机。1919 年 2 月 8 日,法尔芒把 F－60 轰炸机改成民用运输机,带 11 名旅客,从巴黎飞往伦敦,第一次开通了两国首都之间的空中联系。第二年,法尔芒的 CGFA 航空公司用一架崭新的 F－60 开通了正式的巴黎-伦敦航线。为改善航空公司竞争有限客源的情况,在政府干预下,1923 年 3 月,CGFA 和另一家公司合并。1933 年,该公司进一步与几家小公司合并,成为今天的法国航空公司。

1936 年,法国对航空工业实行国有化,法尔芒兄弟的工厂也不例外。从 1918 至 1936 年,该厂生产了 50 多种型号的飞机,其中晚期生产的 NC 223. 4 在 1940 年 6 月执行了飞行 3 200 千米轰炸柏林的任务。法尔芒兄弟在工厂国有化的时候就退休了。退休后,他回到了早年的爱好——绘画上,直到 1958 年 7 月 17 日在巴黎家中去世,享年 84 岁。

“海峡皇后”
——美国第一位女飞行员昆比

飞机问世没有几年，不仅吸引了大批勇敢的男人驰骋蓝天，也使一些大胆、新潮的女性跃跃欲试，美国人哈丽·昆比就是其中的一个。1911年8月1日，她获得美国为女性颁发的第一张飞行执照（全美第37号），第二年的4月16日，她成为第一个驾机飞越英吉利海峡的女性。不巧的是，前一天刚刚发生震惊世界的冰海悲歌——4.6万吨级的超豪华客轮“泰坦尼克”号沉没在浩瀚的大西洋里，有关报道淹没了昆比飞越英吉利海峡的新闻。更不幸的是，两个多月后，在一次飞行表演中，昆比的飞机失事，昆比坠海身亡。这位早期航空的明星犹如一颗璀璨的彗星流空而逝，从人们的视线中永远消失了。

1875年，哈丽·昆比出生于美国密执安州冷水镇一个农家。1877年，在美国西部开发的狂潮中，她的父母举家迁到加州，在大阿罗约小镇开了家杂货店，艰难度日，后又搬到旧金山。在这里，母亲操持全家事务，制作草药，父亲则开车沿街叫卖，为增加收入还为一家水果包装厂做口袋。她的父母希望她能摆脱低下的地位，进入上流社会。

昆比

当时富裕人家的小姐多半早早出嫁，相夫教子。昆比不因家境贫寒而沉沦，相反她决心成为一名新闻记者，让父母大吃一惊。1902年，她成为《旧金山戏剧评论》杂志社的一员，后来又担任《旧金山之声》的记者，并为《新闻纪事》撰写星期日专栏文章。这位美丽、聪慧、充满魅力，而且最早使用打字机的女记者很快成为当地的知名人物。她还是热情奔放的运动员，又痴迷于机械，经常开着黄色敞篷车到处采访，俨然是个现代派女性。

1903年，昆比受聘成为《莱丝丽》周刊的编辑，这是纽约非常有声誉的一个出版物。人们评议她的新闻嗅觉非常灵敏。

正是她灵敏的新闻嗅觉，把她引入航空领域。1910年，她来到贝尔蒙特跑马场，采访在这里举办的戈登·贝内特杯飞行大赛的盛况。在大会最后一天的晚宴上，昆比径直走向邻桌的获大赛第二名的摩桑，悄悄对他说，我想学飞行。

1911年5月，昆比开始学习飞行。她深知，自己正在闯入一个由男性主宰的天地，因此决定秘而不宣，尤其对新闻界保持缄默。为掩盖明显的女性曲线，她专门为自己设计了一套“飞行服”，把自己的脸型、头发全部遮盖起来，就像个假小子。7月31日，33个训练科目结束后，昆比参加了领取驾照的测试，但她没有达到着陆点距定点30米以内的要求。第二天重新考核，她细心、敏捷，在距定点21.56米的地方接地，然后她泰然走下飞机，向考官说，“我可以拿到执照了。”

后来，昆比在《莱丝丽》上撰文，谈自己飞行的感受，如“女性如何掌握飞行”、“飞行危险”、“怎样克服飞行危险”等，献给渴求新奇的读者，为早期航空教育的普及做出了独特的贡献。

昆比在“布莱里奥”式飞机前面

昆比凭着独具的新闻眼光，决心尝试飞越英吉利海峡，扬名世界。尽管1909年布莱里奥已有用36分钟的时间由法国的加莱飞抵英国多佛尔的壮举，但昆比仍然认为，当时欧洲是世界飞行中心，英吉利海峡历来是飞行家试图飞越的天造地设的屏障。所以她决心选择欧洲作为她一试身手的舞台。

1912年3月，她聘请莱特兄弟的一位朋友作为经纪人，一起从美国来到欧洲。她把这次飞行新闻的报道权卖给了《镜报》，向友人借用36.75千瓦的布莱里奥Ⅺ号单翼机，用船运到多佛尔港，并在一家旅馆建立了指挥部。

暴风雨耽搁了一个星期，昆比抓紧学习了靠手表和罗盘导航的方法。4月16日凌晨，风流云散，单翼机滑出机棚，五点半钟，阳光撩开了一层云雾，洒在海峡上空，遇到一个难得的好天气。昆比穿上代表好运的紫红色的“飞行服”，扳动螺旋桨，登上连挡风靠背也没有的敞开的座舱，起飞了。

昆比在烟雾朦胧的空中飞行，心潮像大海一样起伏。在下前方，她看到报社的拖船突突地冒着黑烟。她一下就超过去了，后来雾越来越重，挡住了前方的视野，看不见前方的一切，惟一可做的是紧盯着罗盘的指示。早期的飞机，驾驶的诀窍是凭风吹动张线发出的声音、发动机的轰鸣声，感觉气流的速度，再相应移动自己的位置，来平衡飞机。昆比尽管穿得很多，但还是冷风刺骨，幸好出发前机械师给了她一只大热水袋绑在腰间。

昆比看了看手表，按时间肯定已到达法国海岸，于是便开始下降。她透过一个云洞，看到白色海滩，胜利在望，但看不到加莱港，原来已飞到了距离加莱港 40 千米的地方，最后她在一个渔村着陆，总算完成了飞越英吉利海峡的夙愿。

这次飞行是继布莱里奥之后的又一个壮举，原本“美国女飞行员征服海峡”会成为次日报纸的头条新闻，会佳评如潮。可惜时运不济，昆比的英勇事迹被前一天“泰坦尼克”号客轮的悲剧冲得烟消云散，只是在对这场灾难的报道渐渐平息后，美国公众才议论起她的业绩。

1912 年 7 月 1 日，昆比应邀参加在波士顿举行的一次航空界的聚会。她驾驶一架崭新的 51.45 千瓦的布莱里奥单翼机，载着会议召集人威廉·维拉德在多恰斯特海湾上空作一次短暂的飞行。当他们飞到 300 米高度时，飞机莫名其妙地突然向下俯冲，两个人都没有系安全带，也没有备降落伞，巨大的惯性把他们从机舱里抛了出去，掉进岸边浅水中丧生。昆比成为世界上第四位死于空难的女性。具有讽刺意味的是，后来她驾驶的那架飞机居然完好无损地降落在水面。

对昆比的死，人们表现出极大的惋惜。当时《波士顿邮报》这样写道：“她一直梦想成为开拓者的一员，她像男子汉一样把握自己的命运，同时她死得也像男子汉。”

他第一个登上“王牌”宝座
——法国飞行员加罗斯

飞机发明只短短11年，就被卷进了第一次世界大战的旋涡，神话中的天兵天将成了现实。这次战争中涌现出一批“王牌飞行员”，法国人罗兰·加罗斯就是他们中的第一位。尽管他只击落了5架敌机，与第一次世界大战击落敌机最多的人——德国头号王牌里希特霍芬(80架)、法国头号王牌丰克(75架)、英国头号王牌曼诺克(73架)都相去甚远，但作为第一个在不到20天时间里连续击落5架飞机、第一个达到以后被公认为“王牌飞行员”标准的人，他的名字永远被铭刻在航空史册的显著位置上。

加罗斯1888年12月出生在南非西南角的开普敦城。十多岁时来到法国巴黎，本来是为了学音乐，但当时飞机刚发明不久，法国作为欧洲航空大本营，人们对航空的热情极大地感染着他。

加罗斯

1909年8月，法国举办了世界上第一次大规模航空竞赛，来自各国的航空高手云集兰斯，吸引了无数普通人前来观看，加罗斯就是其中之一。兰斯竞赛之后，加罗斯放弃了学音乐的念头，他要飞到天上去，享受空中乐章。

1910年，加罗斯在法国进了航空先驱布莱里奥创办的学校学习飞行，6月19日，他取得了飞机驾驶执照。年末，他驾驶伞状单翼机，以高超的驾驶技术和勇敢的空中飞行表演，闻名于欧洲各国，同时也宣扬了法国初期航空的成就。

·此后的几年里，加罗斯不断参加各种飞行竞赛，创造出骄人的成绩。1911年9月4日，阿尔芒赛马场上举行又一次飞行大赛。加罗斯驾驶一架桑德斯·戴蒙飞机直插蓝天，不断盘旋上升，一直飞到3 910米的高度，成为人类大家族中第一个飞到这个高度的成员。他打破了同胞弗尼克斯不到一个月之前创造的 3 190 米的记录。1912 年 9 月 17 日,另一名法国飞行员莱加格洛克斯超过了他,飞到 5 450 米,成为世界上驾机飞过 5 000 米高度的第一人。加罗斯岂甘示弱!他急起直追,12 月 11 日驾一架莫拉纳·索尔尼埃型飞机飞到了 5 610 米,夺回了第一。

1913 年 9 月 23 日,他驾驶一架飞机从法国圣·拉法埃尔起飞,长途飞行 7 小时53 分,成功到达隔海相望的北非突尼斯,全程 730 千米,光荣地完成了人类航空史上首次跨地中海飞行。

1914 年 8 月第一次世界大战爆发。有趣的是,当时加罗斯正在德国,向人们讲授作战中如何使用飞机。就在战事爆发的当天晚上,加罗斯溜出房间,走进存放自己飞机的机库,启动发动机,在黑暗中把飞机开到瑞士。随后,加罗斯参加了法国航空队。大战初期,加罗斯参加了一些零星空战,他渴望能够击落德国飞机。但是,他很快碰到了当时正困扰着所有战斗机飞行员的大难题:在飞机上无法使用机枪进行有效射击。他想起一位名叫雷蒙·索尔尼埃的朋友。他是一名飞机制造专家,战前曾做过滑弹板系统的试验。其目的是让飞机上的机枪可以穿过旋转中的螺旋桨形成的圆盘,进行射击。

加罗斯在莫拉纳·索尔尼埃 C 型飞机试验螺旋桨偏转片

1915 年初,加罗斯找到索尔尼埃,请求给他的飞机装上滑弹板。对加罗斯来说,这一举措是极其危险的。子弹打在桨叶上的冲击力会在发动机上产生非对称反应,从而引起发动机故障。

1915 年 4 月 1 日,加罗斯驾机起飞了,他的任务是侦察德军阵地,但真正的目的是试验他的新式武器。天空一片片云彩并没有影响加罗斯的视线,当他四下观察时,发现前面出现了一架德国飞机。加罗斯调整一下情绪,信心百倍地迎了上去。600 米、500 米,两架飞机越来越接近了。德国飞行员已经能较清楚地看到加罗斯,他想,等到对方接近时再侧飞,并用机枪扫射加罗斯。根据以往惯例,他相信,只要对方不把机身侧过来,他就不会有危险。正在这位飞行员思考他的战术动作时,加罗斯的飞机竟然奇怪地从机头冒出了火光。一串子弹穿过风挡玻璃,正好击中他的眼部。可怜的德国飞行员还来不及想明白怎么一回事就一命呜呼了。他驾驶的“信天翁”飞机就像脱缰的野马翻滚着朝地面坠去。加罗斯靠他的“新式武器”轻松地击落了一架德机。此后不到 20 天,加罗斯的

战果达到5架，其中2架是被他追降到地面的。

法国报纸铺天盖地地对加罗斯大加宣传，他的座机及其机枪的照片显赫地见诸报端。有一天，一家报纸抛出一个新词“ace”，送给加罗斯。“ace”原是法国人用来赞誉体育巨星的词汇，如今安到加罗斯头上，顿时令其他所有赞美之词黯然失色，从此便约定俗成地成为对空战英雄的荣誉称谓。这个词在中文里就叫“王牌飞行员”。不久，美国人率先以击落5架敌机作为获得“王牌”称号的最低标准。

加罗斯没有想到，他的辉煌才刚刚开始，很快便嘎然而止了。更始料不及的是，他和他的革命性武器日后竟引发了一场令他的同胞们抱头鼠窜的巨大灾难。1915年4月18日，加罗斯照例在德军阵地上空飞行。很不幸，飞机在3 000米左右的空中被击伤。加罗斯本想滑翔飞回自己领空后迫降。可是一阵歪风把飞机吹到德军防线内。飞机倒是安然着陆了，可一群德国士兵围了上来，把他抓了起来。当他们得知，他就是大名鼎鼎的加罗斯时，立即通知了航空队。加罗斯在降落时没有来得及毁坏他的偏导板系统。德国人知道这个装置的价值，把整个机头送到在德国工作的荷兰飞机设计师福克那里。

不久，福克就为德国制造出一种福克E.I型的改进单翼机。机上装有断续器，其办法是：在机械联动装置的末端有一个凸轮，这个凸轮恰好在桨叶转到枪口前面之前受到螺旋桨突出部的撞击。凸轮的运动通过联动装置与机枪的击发系统联通。当桨叶通过机枪口时，机枪就停止击发，凸轮回到原来位置时再继续射击。

使用这种飞机后，德国在空战中立即占据了明显的优势。从1915年下半年开始，足足好几个月时间，英法空军被打得狼狈不堪，简直抬不起头来。史书上把这段往事称作“福克灾难”。

德国人用加罗斯锻造的利剑杀了个回马枪，把对手刺得遍体鳞伤，这一意想不到的后果令加罗斯羞恼万分。在德国战俘营度过的几年里，他一直被一种悔恨痛楚的悲哀所笼罩。战争结束前的几个月，他终于找机会逃出了集中营，辗转回到法国，立刻驾机重上蓝天，准备一洗自己蒙受的耻辱。但事与愿违，加罗斯却栽在一位不知名的德军飞行员手下。他毕竟远离空战太久了，飞机的性能和空战战术在这3年中有了突飞猛进的发展，已把他远远抛在后面。在最新式的战术面前，“老英雄”简直不堪一击。

加罗斯牺牲的那天是1918年10月5日，在他正要进入而立之年，就过早地陨落了。

加罗斯开创了“王牌飞行员”时代，后人认真地研究“王牌”现象后发现，所谓“王牌”，有如一台高效的杀人机器。综合两次世界大战交战双方的统计，被击落的飞机中40%是由占飞行员总数4%的“王牌”们完成的，“王牌”不愧是以一当十、以一当百的军中顶梁柱，难怪各国都致力于培养和造就自己的“王牌”。

"里尔之鹰"
——德国空战战术发明人殷麦曼

德国飞行员殷麦曼是一位善于用脑子的飞行员。他在第一次世界大战中击落敌机15架，他的作战地点多在法国北部的里尔上空，故得名"里尔之鹰"。但他真正的超人之处是，他发明了著名的"向上跃升接半滚改平"机动动作，史称"殷麦曼转弯"，从而开辟了垂直机动的新领域，使空战真正成为一种全方位机动作战。直到当代，这个动作还在格斗训练和特技表演中使用，名为"半斤斗翻转"或"上升倒转"。

1890年9月21日，马克斯·殷麦曼出生在德国东部的德累斯顿。年轻时，他就非常喜欢冒险，羡慕军人的生活。后来，他进入萨克森士官学校就读，并于第一次世界大战前毕业。毕业后，殷麦曼分到铁道兵团，当见习军官。为了学习技术，他放弃了当军官的机会，转而进入高等技术学校学习机械制造。继而，他又迷上了飞行，当上了飞行员。大战开始后，飞机主要用于军事侦察，殷麦曼成为一名侦察飞行员。

殷麦曼

当侦察飞行员使他很快就感到厌倦，每天的飞行无非是在战场上空转上几圈。除了遇到敌人的侦察机相互横眉竖目瞪上几眼，或者遭到敌人地面部队射上几枪外，基本上再也没有什么能令他紧张、兴奋的事情。一切都单调平淡，一点儿也没有刺激性。

随着双方的空中活动日渐增多，双方终于无法再心平气和地看着对方也在同一空间里悠然自得地行动。空中的小打小闹开始变成大规模的残酷厮杀。殷麦曼淤积在心头的格斗欲望终于得到了发泄的机会。这时他改为驾驶"福克"单翼飞机，频频飞入天空寻找战机。

殷麦曼很快显示出他与众不同的品质。他头脑冷静，极注意总结战斗经验,因而找到了一些行之有效的战术,创造了“偷袭俯冲攻击战法”。他受到地面偷袭战术的启发,设想在空中先找一大朵云,躲藏在里面埋伏起来,等敌机从一旁经过,再突然杀出来,像老鹰抓小鸡那样扑过去,从敌机尾部发起攻击,以迅雷不及掩耳之势打敌人一个措手不及。1915 年 8 月 1 日,他终于取得了第一个战果——击落一架英国飞机。

英国人吃了亏,很快找到了对付德国人的办法。这迫使殷麦曼再想新的战法。为了利用高度优势,殷麦曼想出一种新的机动动作。1915 年秋,在法国北部德占区的一个机场上空,一架单翼战斗机平飞一阵后改为向下俯冲,速度加快,好似在做攻击动作。飞机越来越快,高度也越来越低。突然,飞机抬起头大角度向上跃升。它越爬越高,改成垂直状态继续向上冲,接着变成向后上方斜向飞行,机腹朝上,成了倒飞状态。接着以机身为轴心作了个横滚,一下子恢复到正飞状态,同时改成水平飞行,向刚才飞来的方向飞去。这时的飞机位置比刚才整整高出一大截。这就是殷麦曼创造出来的一个全新的空战战术动作。

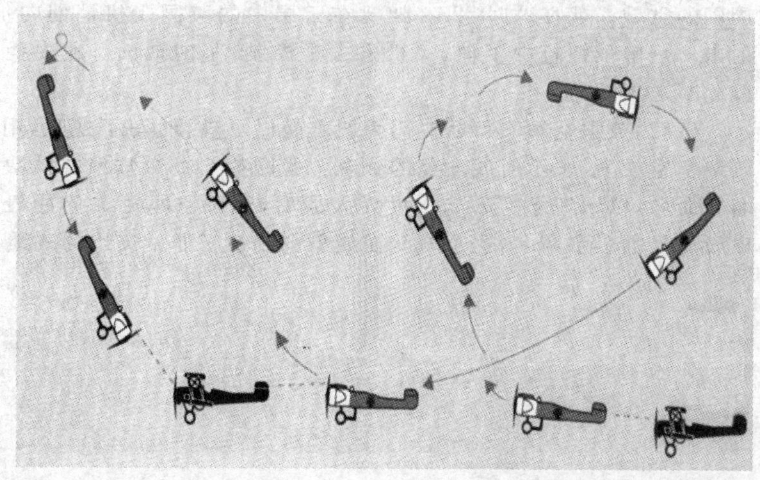

“殷麦曼转弯”示意图

和以往的机动动作的区别在于:它是向上机动,而不是左右机动。它的实战价值在于,在摆脱尾追敌机的同时,重新获得高度,并抄到敌机尾后,可反过来对敌机实施攻击。这是一种守中寓攻、由守转攻、化被动为主动的极佳战法,攻—守—攻 3 个环节紧密相连。到 1915 年底,他已打下了 7 架敌机,成为德军首批王牌飞行员。

世界上最早的双机编队是殷麦曼和他的战友波尔克共同创造的。波尔克也是一个极富创造性的人,头脑聪慧,战术品质极佳。他发现“骑士”式的单机格斗效果不好,战斗中没有掩护和策应,既不利于攻击敌人,也不利于保护自己,因而提出改孤军奋战式的空战为集团化、协同化的空战,把飞机合理编组,联合作战，在战斗中相互掩护、相互协同，形成整体威力，克敌制胜。他选择了殷麦曼作为自己的搭档，试验双机编队空战。

他们两人配合默契，共同努力，制定了一套用手势、飞行姿态来传递信息的空中联络方法，解决了通信问题。同时他们潜心研究双机编队的位置关系，确定了一架飞机必须在另一架飞机的视界盲区中飞行的原则，来为对方提供掩护。在空战中，他们一反过去各自为战的做法，实施一架主攻、一架掩护的新战术。

1916 年 1 月 16 日，他们同时获得军功勋章。紧接着，他们双双投入了紧张激烈的凡尔登战役。从 2 月 21 日到 6 月 15 日，德国集中了 160 多架飞机，对地面部队的猛烈攻击进行空中掩护和支援。在此期间，殷麦曼击落敌机 8 架。

1916 年 6 月 18 日，殷麦曼又出战了。这天好像天公不作美，阴沉沉的。一架英国飞机出现在殷麦曼的视线中，飞行员的面目清晰可见。殷麦曼一推操纵杆朝下猛冲，想再接近一点就射击。也许他过于专注，过于自信，竟然没有观察周围的空域。就在这时，另一架躲在云层中的英国飞机悄悄向他飞来，瞄准他射击。一串子弹打中了他，飞机失去了控制，坠向地面。殷麦曼这位空战能手就此断送了性命。

事后，英国空军飞行队专门为殷麦曼做了花圈，写了挽联，用降落伞从德国阵地上空投下，表示对殷麦曼的敬意。德国第 162 轰炸航空队决定以殷麦曼的名字命名，以示纪念。第二次世界大战后，德国空军第二俯冲轰炸机联队继续以殷麦曼的名字命名，这个联队在战争中创造了非常突出的战绩。

为美国利益而战的男子汉
——王牌飞行员里肯巴克

在美国，里肯巴克被认为是空军真正伟人之一。他 1918 年成为美国第一次世界大战中的头号王牌飞行员，并接着在第二次世界大战中展示出少有的领导才能和勇气。他被认为是 20 世纪美国领导人及爱国者的完美的典型，被誉为“为捍卫自己的利益而战，为扩大美国的利益而战的男子汉”。

1890 年 10 月 8 日，里肯巴克生于美国俄亥俄州的哥伦布市，是一个瑞士移民的后代，排行老三。他的父亲是一个工人，经常要打他，结果使他变得性情粗暴，12 岁时已成为远近闻名的打架能手，甚至一些比他大的孩子对他也俯首听命。后来，他父亲在工作时被人暗杀，成为他彻底转变的一个契机。当时他还不满 14 岁，尽管不是长子，但他就开始挑起养家糊口的重担。

里肯巴克

20 世纪初，美国的汽车也获得飞速发展，厂商们热衷于提高汽车的行驶速度，汽车赛事频频。1903 年，里肯巴克赶时髦进了密勒汽车公司，准备学习新职业。起初他只能偶尔为经理义务做打扫卫生等杂务。渐渐地，经理让他做随从机械工和赛车时的助手。里肯巴克立志成为一名赛车手，出人头地。他戒掉了烟酒，一反从前的暴躁性格，变得和蔼可亲起来。1914 年，他终于当上了全美赛车冠军，驾驶“奔驰”汽车创速度 226 千米每小时的世界记录，饮誉美国。

1917 年 4 月美国参加第一次世界大战，里肯巴克放弃他的名望和优厚的收入，志愿充当司令部的驾驶员，只拿中士的薪金。到了法国以后，他坚信，他会慢慢进入飞行部队，把汽车方向盘换成飞机的驾驶杆。

在法国，他用事实证明自己是个非常出色的汽车司机，并获得领导的赏识。

后来，他进入了法国图尔初级航校，开始在一架小小的切梢翼的“企鹅”飞机上练习，经过教员两小时的带飞，就放了单飞。他在17天中总共飞了25小时，航校毕业后授予中尉军衔，进入美国陆军通信兵服役。

1918年3月，里肯巴克终于加入第94中队参战了。该中队驻扎在离前线32千米的韦尔蒂新城，他们的新飞机“纽波特”28陆续到货。这种战斗机每架18 500美元，是参战的最昂贵的飞机，它的发动机功率大，所以速度高、机动性好。法国人很高兴把它们卖给美国，自己的军队却越来越少用它了。他们知道，在漂亮的外表下掩盖着严重的设计问题。发动机和机枪射击的振动常常使输油管路破裂，油流出来会引起灾难性的空中着火。即使侥幸不起火，在俯冲时也会解体，因为空速增大会把上翼的前缘撕扯下来，使蒙皮鼓起而脱离机翼，从而失去升力。

里肯巴克和他的伙伴们就是用这样的装备，甚至从来没有在一架“纽波特”28上训练过，却要去对付久经沙场、装备着精良的飞机的敌人。幸运的是，94中队来了一位击落过17架以上敌机的战斗英雄鲁弗贝利，他和里肯巴克十分投缘，里肯巴克第一次上前线作战时，鲁弗贝利为他护航保驾。里肯巴克后来说：“我学会的一点一滴，都是向鲁弗贝利学的”。他们同是机务人员出身，因此把很多业余时间都花在地面的机务工作上，琢磨改进“纽波特”的性能。别的中队发动机用30小时就要翻修，而94中队可以延长一倍以上。

不幸的是，里肯巴克发现，他升空时只能看到空中少部分的物体，而且因为他的视力有问题，在盘旋爬升时，容易晕机。为克服这些困难，他飞得更多，练得更苦。他为自己树立两个目标：要在中队里首先击落敌机；首先成为王牌飞行员。但另一位飞行员道格拉斯·堪培尔抢了他的先，令他极度失望。1918年4月29日，他首次击落一架德国飞机，他觉得，获得本中队的祝贺特别满足，这比全世界的人向你鼓掌欢呼更有价值。

由于中队飞行指挥员霍尔在随后的战斗中牺牲，里肯巴克就被指定接替他的工作。其实此时里肯巴克到前线还不到两个月，总共飞行时间不足150小时，但他毅然挑起领导大家作战的担子。他尽心尽职地给新来的飞行员上课，陪伴他们每个人完成第一次的前线飞行。5月17日他志愿执行巡逻飞行，在6 000米高空，开放式座舱里冷得彻骨，没有氧气，没有无线电，没有降落伞，他和他的伙伴在缺氧状态下，瞄准一架敌机，一个俯冲就把它击落，然而当他们再急剧拉起时，飞机的机翼前缘却撕裂飞掉了，飞机陷入急速的尾旋之中，两架敌机又紧紧追来，向他们射击。里肯巴克终于在1 200米高度上得以拉起，最后跌跌撞撞迫降在基地。

为了实现当王牌飞行员的目标，里肯巴克经常独自飞巡逻任务。现在危险越来越大了，因为德国人装备了当时最好的战斗机福克D. Ⅶ。但里肯巴克此时已经练就了一身功夫，能在很远的地方就发现敌机。他充分发挥“纽波特”飞

机的长处，避开它的短处。5月28日和30日，里肯巴克又各击落一架敌机，达到了王牌飞行员的标准。随后的6月、7月、8月，战争形势变得更加严峻，94中队损失了8架飞机。里肯巴克因病停飞数周，但只要他还能爬进机舱，就坚持飞行。可这太危险了，他既没有力气，反应也迟钝，于是又被迫住进医院。在手术之后，医生断言，他再也不能飞了。但他们错了。

在一般人看来，里肯巴克已经是军官，又是王牌飞行员，很不错了，可以回家了，但他不这么看。7月5日，他又去航空站接第一批新飞机"斯帕德"S. XIII。这是一种先进的飞机，飞行员们都喜欢它，但它的发动机很复杂，经常会出问题。里肯巴克利用战场相对平静的这段时间熟悉了这种飞机，在9月的战斗中，他执行了大量的对地攻击的任务。9月14日他击落了第7架敌机。在部队，里肯巴克始终是个有争议的人物，那些名门望族出身的人总是瞧不起他，但他的主管上司却很欣赏他的才能。任命他为94中队的指挥官后，他立刻召开两个会议：一个是飞行员会，他做出规定，要求飞行员在前线不许胡来(即"窝里斗")，每个人都要关心机务人员，每个人要经常飞行，每个人都要有进取心；另一个会议是机务人员的会，他告诉他们，他很理解"斯帕德"飞机维护的困难，他100%地支持他们。仅几周时间，该机的发动机翻修间隔时间达到100小时，而别的中队的却是30小时。只开了两个会，里肯巴克就把一盘散沙的94中队变成响当当的战斗机部队。

1918年里肯巴克在"斯帕德"S. XIII飞机上

此后，里肯巴克多次率中队参加战斗。直至大战结束，他共击落德国飞机22架、气球4个，位居美国第一次世界大战王牌第一名。里肯巴克领导的94中队也成为第一次世界大战中最有名的中队之一。第二次世界大战期间，里肯巴克奉政府之托远赴海外，与有关国家洽商航空方面的合作，并以老英雄的身份遍访战区美军航空部队，为新一代飞行员们加油打气。一次在飞越太平洋时，他的座机不慎发生故障，迫降到远离陆地的海面，他爬上救生筏，苦苦坚持了21天才被救出。战争结束后，他当上了东方航空公司的总裁，继续以旺盛的精力活跃在国内外航空界。1973年7月23日，83岁高龄的他安详地告别人世。

“红色男爵”
——王牌飞行员里希特霍芬

第一次世界大战中，德国有一位最著名的王牌飞行员，因其使用的飞机经常全身漆成红色而被人称为“红武士”、“红男爵”。他所领导的航空中队，各架飞机也不时改变颜色，被人们称为“空中马戏班”。“红男爵”名叫里希特霍芬，是歼击机飞行员，他一生中共击落过80架协约国的飞机，在敌对双方所有飞行员中，他的战绩名列第一。

1892年5月2日，曼弗雷德·冯·里希特霍芬出生于东普鲁士一个贵族家庭，他排行老大，从长辈那里继承了男爵爵位。他从小不爱读书，喜欢格斗和打猎。1911年参军，在一个骑兵部队服役。1913年到航空队接受飞行训练，1915年作为侦察机后座飞行员在东线参加第一次世界大战。经他一再请求，终于成为战斗机驾驶员，调往战事正酣的西线。

里希特霍芬

里希特霍芬被选入王牌飞行员波尔克领导的第二歼击机中队。1916年9月17日，他与波尔克一起参加了空战。在空中格斗中，里希特霍芬驾驶一架“阿尔巴特罗斯”D.Ⅱ飞机，击落了一架英国飞机F.E2B，首开记录。到11月前，他共打下10架飞机，名声鹊起。

1916年10～12月，德国第2歼击机中队损失7架飞机，但取得击落76架英国飞机的优异成绩。1917年1月，里希特霍芬升任第11中队指挥官。4月，阿拉斯战役爆发。英国航空队在数量上占优势，但德国飞行员中的尖子们有力地抑制了他们数量优势的发挥。在空战头5天，德机就击落英机75架。4月6日又击落44架。德军在4月共击落英军150架飞机，打死空勤人员316人，击落法国、比利时飞机

200 架。里希特霍芬在 4 月击落 21 架敌机。英国人称之为"血的 4 月",协约国再次在制空权上居下风。至此,里希特霍芬击落飞机共 52 架,超过了他的前辈、被称为"空战之父"的奥·波尔克(共击落 40 架)。

1917 年 6 月,里希特霍芬所在的中队与另外 3 个中队合并,成为第一歼击机联队,他出任联队长。他的座机涂上红色和螃蟹图案,以示区别。在数量上居劣势情况下,德国飞行员采用一种名为"空中马戏团"的战术,即数架飞机编成圆圈式战斗队形,每架飞机都可攻击前方之敌,自己的尾部都有另一架飞机掩护。这种圆圈式的战斗队形犹如马戏团的表演,故此得名。后来里希特霍芬改装了福克 Dr. Ⅰ新式飞机,在战斗中击落了更多的对手。从 1916 年 9 月首次击落敌机开始,到 1918 年 4 月的 20 个月里,他平均每月要击落 4 架敌机。里希特霍芬除具有勇猛顽强的战斗精神外,还善于在空战中迅速占据有利攻击位置,尔后从近距离用精确的机枪火力将敌机消灭。他的空中射击技术好,人称"天才射手"。

里希特霍芬使用的福克 Dr. Ⅰ三翼机

但是,王牌也有失手的时候。1918 年 4 月 21 日,在法国东北部松姆地区上空的空战中,他终于栽了跟斗。这天,里希特霍芬率领 10 架福克式战斗机进入法国境内,准备寻机歼敌。另一方英国 15 架战斗机正由西向东飞来,他们的任务是掩护低空执行任务的两架侦察机。

双方机队在 5 000 米高度上相遇,距离约 3 ～ 4 千米。里希特霍芬率领机队俯冲下去,企图置侦察机于死地。英机也跟了下来,双方在低空展开激战。里希特霍芬瞄准一架英机猛射,使其中弹坠落。当里希特霍芬攻击另一架英机时,和那架英机搭伴的布朗上尉就上前奋勇相救。里希特霍芬转身对付布朗。两机在空中厮杀,上下追逐,枪弹雨点般地射击。布朗的机枪终于过热而不能发射，发动机也受损，机身布满了几十个弹孔，他只好且战且退，转入低空。里希特霍芬则穷追不舍，一直打到距地面约 30 米的高度。这时，英军地面阵地同时用机枪和步枪向这架红色飞机射击，里希特霍芬终于坠地身亡。

加拿大籍飞行员布朗驾机追击里希特霍芬

“红男爵”被击落，英军皇家航空队的飞行员和陆军防空部队中的澳大利亚籍机枪手都争相认为是自己的战果。医官从死者胸部命中的两发子弹的进入角度分析，是飞机机枪的战果。但是，争论并没有平息。直到现在，航空史学家在写到这次战事时，常常把两种意见都写上。1979 年英国出版的《空中战争大全》一书中是这样叙述的：“里希特霍芬究竟是怎样死的，至尽仍令人怀疑，有人说他是被加拿大的布朗上尉驾驶的“骆驼”式飞机击落的，有人则说他是被澳大利亚机枪手巴伦从地面击落的。”

里希特霍芬死后，德国举国哀悼，认为是整个国家的损失。里希特霍芬的伙伴们则咬牙切齿，立誓要为他报仇。为了悼念他，一些人甚至想出了各种离奇的劫尸计划。只是因为计划过于荒唐、未被批准，那些人才不得不作罢。

英国人倒是为这位德国王牌飞行员举行了一次相当隆重的葬礼。1918 年 4 月下旬，里希特霍芬的棺木由 6 名上尉（和死者的军衔一样）和一队飞行员护送，一个荣誉鸣枪队向他致告别礼。他的满盖着鲜花的坟墓被拍成照片，由一架飞机投掷到德军一个机场上。

西方人历来崇尚那些大智大勇、武艺高强、风度翩翩的中世纪骑士。第一次世界大战虽然已经进入了全火器的大兵团作战时代，战争从地面打到了空中，骑士已没有了容身之地，但人们在潜意识里仍然怀念着他们。英国为其对手、德国王牌飞行员举行葬礼便是当时人们迷恋、呼唤、怀念骑士精神的最好写照。

从街道打斗仔到美国英雄
——率 B－25 轰炸东京的杜立特

1942 年 4 月 18 日，在珍珠港事件中遭日本偷袭的美国人，策划了一次重大的报复行动：由杜立特率领 16 架 B－25 轰炸机从驶近日本列岛的航空母舰上起飞，对东京进行了一次突然轰炸，迫使日本调兵遣将，加强国内防空，从而牵制了日本南下扩张的兵力。

美国十大上将中，惟一的空军上将阿诺德后来回忆说："挑选杜立特领导这次差不多自杀的使命是很自然的……他无所畏惧，技术出众，不仅能让人放心地自己去完成一件在人力所及范围内的可行任务，而且能将自己的精神传授给他人。"

杜立特 1896 年 12 月 14 日出生于美国加利福尼亚州阿拉梅达市，3 岁时母亲带他来到阿拉斯加诺姆镇和加入淘金浪潮的父亲团圆。童年的杜立特长得个子矮小，为了保护自己，很快学会了打斗。尽管自己个子小，但每每遇到大个孩子想欺负他，他从不怯懦，而是勇猛还击，而且一定要打赢。1908 年，在母亲的坚持下，全家迁回洛杉矶。在新学校，杜立特依然靠拳头确立自己的地位。他的兼任拳击教练的英语老师发现，他有拳击的天赋，对他刻意栽培，使他 15 岁小小年纪就成了美国西海岸最轻量级业余拳击冠军。这时杜立特不仅在拳台上比赛，有时也在街道上斗殴。有一次，杜立特因为在舞厅打斗被拘捕，母亲要求警察让他在周末蹲几天大狱，才使他尝到了失去自由的滋味。此后他发誓，决不再因一时感情冲动而犯法。

杜立特

在洛杉矶一次全美规模最大的飞行运动会上，各式各样的滑翔机、飞艇、飞机竟相升空表演，让杜立特看得入了迷。他决心自己制造一架滑翔机飞上天空，可惜没有成功，滑翔机从十多米高的山顶摔下来，报废了，幸好人没有受重伤。在中学最后一年，他对骑摩托高速飞驰着了迷，还爱上了一位南方姑娘。

为了攒钱结婚，杜立特去阿拉斯加打工。后来依照姑娘的意愿，他进了洛杉矶加州大学学采矿工程。学习期间，他恢复了拳击运动，曾在两天内连续击败3个比他个子大的对手，成为大学里中量级拳王。1917年，第一次世界大战正在进行。这年夏天，杜立特参加美国陆军航空队想当一名战斗机飞行员。在圣诞节前夕，杜立特抓空与心爱的姑娘举行了婚礼。1918年1月，杜立特开始学习飞行。他在飞行中遇到的最大的问题是身材矮小，头几次带飞时，他从“詹尼”式飞机的一侧看外面的景物都很困难。但事实很快证明，他天生是个好飞行员的料，只经过6小时带飞便放了单飞。1918年3月，杜立特成为现役军官，但他没有被派到欧洲战场去作战，而是留在美国。由于飞行技术好，他被安排在陆军航空队教空中射击和战术课。

战后，杜立特继续在军队服役，他以自己出色的工作成绩为航空事业赢得声誉。在航空史上被称为黄金时代的20世纪20～30年代，杜立特是美国公众十分推崇的孤胆飞行员。1922年9月4日，他驾驶一架DH-4飞机从佛罗里达州帕布洛滩飞到圣迭戈，共飞行3 481千米，第一次用不到一天的时间(21小时19分)完成了横跨美国大陆的飞行。

1926年，杜立特创造一项从墨西哥城到圣路易斯的飞行记录

在部队服役的同时，杜立特继续坚持学习。20世纪30年代初，杜立特荣获施奈德、本迪克斯、汤普森“三大奖”，使他跻身早期航空先驱人物的行列。

第二次世界大战前，使杜立特更加出名的是他对“盲目”全天候飞行做出的贡献。当时他领导一个飞行实验室的工作，着手解决能见度差的情况下飞行存在的各种问题。1929年9月24日，他用一架NY-2海军教练机完成了第一次完全靠仪表的飞行。这次飞行他借助当时新研究出来的几种先进设备，飞行了24千米，并安全着陆，从而证明飞机在恶劣气象条件下或夜间也能飞行，大大促进了航空事业的发展。次日，《纽约时报》在报道中说，“在能见度极差的情况下，飞机飞行了24千米并着陆，雾——这一危险气象被征服了”。

1930年，杜立特从陆军航空队退役，进入壳牌石油公司航空部工作，协助研制更好的航空燃料。1940年，杜立特担任航空科学研究所所长，这时战争已迫

在眉睫，他再次应征加入陆军航空队。1942 年，46 岁的杜立特奉命领导“轰炸东京”任务。接受任务时，杜立特是中校，任务完成后被破格晋升为准将。在空袭东京以后的授勋仪式上，马歇尔将军亲自宣读总统嘉奖令：“美国陆军准将詹姆斯·杜立特，超越职责的召唤，表现出出类拔萃的领导艺术，冒了极大的生命危险，英勇果敢。尽管很明显必定会被迫降落于敌人领土或坠落于海上，杜立特将军仍亲率由志愿机组人员配置的陆军轰炸机队，对日本本土进行一次高度摧毁性的突击。”

1942 年 9 月，杜立特将军任北非第 12 空军司令，1943 年调任在地中海战场作战的第 15 空军司令官。1944 年 1～9 月，他指挥第 8 空军在英国和冲绳作战。到战争结束时，他指挥的飞机轰炸过所有 3 个轴心国的首都——德国柏林、日本东京、意大利罗马。

B－25 轰炸机

轰炸东京后，16 架飞机除一架飞往苏联外，其余均返回中国浙江沿海，杜立特和大部分机组人员被中国军民救助后转辗回到美国，这使晚年的杜立特心中充满中国情结。95 岁高龄的杜立特在一封致中国人的信中写道：“在我和机群飞行员弃机降落到中国大陆后，中国人民以巨大的勇气营救了我们，想方设法保护我们。我衷心期望我们的年轻一代永远不忘记，美中两国人民在第二次世界大战中做出的巨大牺牲，共同努力，不让战争悲剧重演。”

1993 年 9 月 27 日，杜立特在加州佩布勒滩去世，享年 97 岁。

孤胆雄鹰
——首次单人飞越大西洋的林白

1927 年 5 月 21 日，美国陆军预备役军官林白(亦有译作林德伯格的)经过 33 小时 30 分的空中飞行，以平均速度 173 千米每小时飞行 5 810 千米，横跨大西洋，从美国东海岸纽约单人不着陆直飞法国巴黎，创造了当时很多人认为不可能的奇迹。这次飞行，使林白成为第 92 位飞越大西洋的人，但他是第一个单人飞越，为此获得 25 000 美元奖金。

查尔斯·林白 1902 年 2 月 4 日出生于美国密执安州底特律，他 1 米 90 的个子被好友取了个“瘦子”的绰号。1920 年高中毕业后，林白进入威斯康星大学机械工程学院，1922 年 2 月投身飞行，但还未及放单飞，学校就停业了。他只好在一个巡回表演的飞行队当了一名机械师兼售票员，有时也客串表演在机翼上行走和跳伞。

林白

不久，林白决定买一架飞机单干。1923 年 4 月，他买了一架第一次世界大战中剩余的“詹尼”飞机。同年 10 月，他为参加全美飞行大赛来到圣路易斯。这不只成了他一生的转折点，他还对这座城市，尤其是这里蓬勃发展的航空留下了极深的印象。

在圣路易斯，林白进了美国陆军航空军官学校，并以第二名的成绩结业，后在高级航校以第一名的成绩结业。1925 年，他成为美国陆军航空兵少尉军官。

此时，恰逢陆军飞行员过剩，刚毕业的林白就退役回到圣路易斯，成了民用飞行员，只是技术今非昔比。年末，他正式受雇于罗伯森飞机公司，开展航空邮政业务。1926 年 4 月 15 日，他用第一次世界大战时的德·哈维兰飞机开通了邮政航线，虽然只在这条 458 千米的航线上飞了几个月，却积累了丰富的经验。

20 世纪二三十年代是航空技术蓬勃发展的时期，各式各样的比赛让新记录层出不穷。早在 1919 年，法国富翁奥泰格就宣布，谁如果完成纽约至巴黎不着陆飞行，他将付 25 000 美元奖金。此后，许多优秀飞行家都踊跃尝试，历时 8 年之久，试探者均以失败告终。有的机毁人亡，连尸骸也未找到。当人们听说年仅 25 岁的邮政飞行员林白想来尝试时，公众和媒体大多认为他也将会遭遇悲惨的下场。

林白有了试试夺取奥泰格奖的想法，便开始征求别人的支持。他最聪明之处也许是没有将这次飞越大西洋作为个人的冒险，而是作为圣路易斯城市的荣誉，因为这不仅能证明现代飞机的能力，还能扩大圣路易斯的知名度，显示这个城市具备发展飞机制造业和商业航空的极为理想的条件。

在征集赞助的努力中，林白遭遇了不少白眼，但他后来会见了银行家兼圣路易斯商会主席哈罗德·比克斯比，出乎意料的是，在短时间内哈罗德就为他筹集了 25 000 美元，林白可以甩开膀子大干一场了。

头号问题是找到一架能飞足够远航程的飞机。很多知名的飞机制造厂家对他的要求不屑一顾，最后一家叫瑞安航空公司的小公司答应在 60 天内按要求的性能赶制一架飞机。这架飞机是从标准的 M－1 邮政飞机改进而来的，也是瑞安公司生产的第 30 架飞机，称为“圣路易斯精神”号，经过工人加班加点整整 60 天，飞机于 1927 年 4 月 27 日完成。

林白(右三)等人为飞机和燃油做广告

经过不长时间的准备，林白决定抓住大西洋上空高压气流及随后好天气的机会，开始进行他的冒险飞行。5 月 20 日凌晨，他来到纽约长岛罗斯福机场，先对飞机进行了检查，然后将它拖上 1 500 多米长的跑道。为了进行长距离飞行，飞机除了一台发动机和基本座舱外所有能利用的地方都改成了油箱，机身和机翼中能装 1 705 升燃料，飞行员从座舱里要用潜望镜才能看到前方景物。早晨 7 点 54 分，林白驾机起飞，由于飞机过重，飞机离地瞬间差不多到了跑道尽头。

途中，林白遇到一场暴风雨的袭击。面对还有一天多时间的航程，林白要战胜的最大敌人是想睡觉。起飞前他已经有 36 个小时没有合过眼。另外，飞机在高空结冰也是一大威胁，使他几次想放弃。当他感到眼睛快要闭上时，就把脸紧紧贴在冰冷的座舱壁上，让自己变得清醒一些。经过 28 小时飞行，飞机下面出现了陆地——爱尔兰岛海岸。他随即把飞行方向对准东南，向巴黎飞去，再有5个多小时，就可以到达目的地。天色渐暗，灯光通明的巴黎犹如茫茫大海中的灯塔，塞纳河波光粼粼，几百辆汽车驶向布尔歇机场去欢迎林白，汽车的头灯把他引导到机场，飞机着陆后，林白被成千上万激动的人们包围起来。

"圣路易斯精神"号飞机

纽约-巴黎飞行完成之后，在美国人心目中，林白成为一位真正的英雄，被授予"国会荣誉奖章"，并被派到南美洲进行友好访问。在墨西哥，他遇到美国驻墨大使的女儿，两人结为伉俪。不幸的是，1932年他们的儿子遭绑架并被杀害，使林白再次成为轰动一时的新闻人物。为了躲避媒体无休止的纠缠，他躲到欧洲。第二次世界大战爆发前夕，德国空军部长邀请他参观德国空军。参观给他留下深刻的印象，以致他在1940—1941年几次告诫美国不要介入欧洲冲突，对此，美国总统罗斯福极为恼火，严加驳斥。

珍珠港事件后，林白重新入伍，帮助建立B-52轰炸机生产线、参与训练新飞行员，还亲自在南太平洋参战，打下过日本飞机。

1927年以来，林白还一直是泛美航空公司的技术顾问，战后他继续这项工作。林白的自传体小说《圣路易斯精神》获得"普利策奖"。

1974年8月26日，72岁的林白患淋巴癌在夏威夷去世。在林白成功飞越大西洋之后的70多年里，世界各国发行的纪念林白的邮票不下数百种，林白和他使用的那架飞机成为上邮票次数最多的名人和名机。

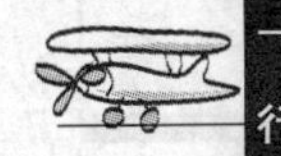

初生牛犊不怕虎
——英国女飞行家约翰逊

20世纪30年代，西方航空发达国家出现了第一次民用航空高潮，其突出特点是创造出一大批跨洋、环球远程飞行记录，随之也涌现出一批为世人所敬仰的男女飞行家。英国女飞行员约翰逊便是其中的一位。

1903年7月1日，艾米·约翰逊出生在英国约克郡赫尔市。她的父亲是一位鱼商。她生性倔强，顽皮好斗，喜欢以挑战者的姿态出现在男孩子中间，尽管常常弄得鼻青脸肿，也从不示弱。19岁时，她考入谢菲尔德大学。

艾米·约翰逊

她小时候并没有显露出飞行的才华，第一次坐飞机是在25岁那年，花5先令上天兜了一圈。这空中停留的几分钟，一下子唤起了她孩提时代上天自由翱翔的幻想。有人说她是“成名于一夜之间”。1929年，约翰逊开始在伦敦飞行俱乐部学习飞行，当时她是一位律师的女秘书，从每周5镑的工资中拿出钱来支付学费。初次飞行，飞机像一匹难以驾驭的劣马，在她手中左右挣扎，上下颠簸，落地时，不是“砰”的一声撞在地面，就是在跑道上蹦蹦跳跳。为此，她不知挨了教官多少训斥。

第二年，累计飞行时间不到100小时的约翰逊，便勇敢地走上创记录飞行的征程。她想打破一位英国男飞行员欣克勒1928年创造的用15天从伦敦飞到澳大利亚的记录。

澳大利亚这块陌生的大陆就像磁铁一样紧紧地吸引着约翰逊。她找过伦敦舰队街的《每日邮报》，尽管这家报纸过去为许多知名飞行员的冒险飞行提供过经费，但当他们听完约翰逊说明来意后，却一口拒绝了她的请求，并嘲笑她异想天开。她还找过在英国访问的澳大利亚贸易部长，得到的只是长者式的忠告:“姑娘,别干那蠢事,去澳大利亚最好还是乘船。”

忠告、嘲笑,甚至尖刻的讥讽,约翰逊并不在乎,她还执著地向一切可能提供经费的人们请求帮助。终于,她感动了一位石油大亨,他签名为她出那架飞机的钱,并在沿途供应燃油。

约翰逊从伦敦飞到澳大利亚用的“飞蛾”小飞机

1930 年 5 月 5 日,约翰逊尽管自己全部飞行时间只有 100 小时,最远的飞行距离不过 200 多千米,但她还是义无返顾地驾驶一架德哈维兰公司生产的“飞蛾”小型双翼机,从伦敦克罗伊登机场起飞了。她计划的路线是从伦敦经维也纳、伊斯坦布尔、阿勒颇、巴格达、卡拉奇、阿拉哈巴德、仰光、曼谷、新加坡、爪哇,到达澳大利亚,全程 1.6 万千米。

要知道,当时的飞机远没有今天的先进。尤其是小型飞机,飞机上几乎没有仪表,飞机起飞几分钟之后便失去和地面的联系,全靠简单的地图和粗略的计算来导航。在如此简陋的条件下要飞越浩瀚的海洋和大陆,其困难是可以想像的。

在那次飞行中,约翰逊在伦敦-维也纳航段,由于向上翼油箱泵油造成的烟气呛得人恶心,不得不把头伸出驾驶舱外飞行。第三天,她从伊斯坦布尔飞往叙利亚的阿勒顿。起飞不久,就遇到托罗斯山脉。远远望去,重峦叠嶂,主峰像巨人一样矗立在面前,高达 3 600 米。而她的飞机由于燃油超载,最大飞行高度还不到 3 300 米。约翰逊只好穿行在山谷中,四周的山把山谷包围得像口井,眼前是白茫茫的浓雾。她穿出一片云层后,突然发现,翼尖几乎擦着两侧陡峭的

石壁，不由得惊出一身冷汗。她急忙推杆一头扎进一片乌云，顿时漆黑一团，虽然仅飞了半分钟，但是就像熬过了一个长夜。她左拐右闪，凭着勇敢和机敏，终于闯出了令人惊心动魄的托罗斯山。还有一次风暴迫使她在巴格达附近的沙漠中迫降，她用布把发动机包起来，手里捏着转轮手枪以防野兽伤害，一直坐到第二天天亮才继续上路。每天白天飞行，晚上要靠月光或点火把照明维护飞机，通常每晚只能睡三四个小时。

经过 19 天的飞行，5 月 24 日约翰逊的飞机终于到达澳大利亚北部的达尔文机场，受到等候在那里的一大群人的热烈欢迎。虽然她没能打破欣克勒的记录，但一举成为世界上第一个单人驾机从伦敦飞到澳大利亚的女性。

约翰逊到达澳大利亚后，成百上千封贺电像雪片般飞来，其中有英国乔治国王、比利时阿尔倍特国王、老航空先驱布莱里奥的，更多的则来自仰慕她的航空爱好者。她的事迹鼓舞千百万普通人，使他们相信，约翰逊能办到的他们也能办到。8 月 4 日，约翰逊回到伦敦，接受了《每日邮报》1 万英镑的奖金。

以后几年. 约翰逊还完成过多次远程飞行，如 1931 年用 9 天时间从伦敦途经莫斯科飞抵日本东京。1932 年 7 月，约翰逊与当时著名的创记录飞行员詹姆士·莫里森结为夫妇，你追我赶，比翼齐飞。4 个月后，她用加大功率的飞机，打破她丈夫保持的伦敦-南非开普敦的飞行时间记录。1933 年，他们两人打算驾“龙”式飞机创飞行距离世界记录，但因飞机在美国失事而中断。1934 年，他们又驾驶“彗星”飞机参加飞往澳大利亚的拉力赛，但因故障不得不在伊拉克的巴格达停了下来。约翰逊同一位飞行家的结合，也没能躲过生儿育女的羁绊，1936 年在飞过一次开普敦之后她便在公众中销声匿迹了。

约翰逊与莫里森举行婚礼

第二次世界大战爆发后，约翰逊不甘寂寞，于 1940 年年中，报名参加航空运输辅助部队，负责把盟国生产的飞机从美国、加拿大运交英国空军在世界各地的基地。1941 年 1 月 5 日，在运送一架空速公司生产的“牛津号”飞机时，遇浓雾，被迫弃机跳伞，不幸坠海身亡。英国海军一位潜水员为抢救约翰逊也献出了宝贵生命。

英国举国上下对失去约翰逊这位女飞行英雄不胜惋惜。今天，约翰逊当年创造记录用的那架“飞蛾”双翼机仍然完好地陈列在科学博物馆里，成为向参观者进行教育的好教材。

斯大林为他抬棺护灵
——苏联英雄试飞员奇卡洛夫

苏联航空技术达到很高的水平，这不仅是因为有一批杰出的航空科学家和飞机设计师，还因为有一批英勇无畏的试飞员，奇卡洛夫便是他们中的一个。

瓦列里·巴甫洛维奇·奇卡洛夫1904年1月20日出生在高尔基州瓦西廖沃镇（现已改为奇卡洛夫斯克市），15岁便参加苏联红军。1921—1922年在叶戈里耶夫斯克飞行军事理论学校学习，1923年毕业于鲍里索格列布斯克航校，后又在莫斯科高级特技飞行学校和谢尔普霍夫高级空中射击和轰炸学校学习。1924年6月起在红旗歼击机大队当歼击机飞行员，以技术纯熟闻名。1927—1928年在布良斯克航空兵旅歼击机大队任中队长。1928—1930年在军事之友协会列宁格勒航空俱乐部任飞行教练。1930年11月起在空军科学试验研究所当试飞员。1933年起任航空工厂试飞员，曾试飞过70多种型号的飞机。他不仅是飞行员，而且是革新者。他客观地鉴定飞机，并在进一步改进设计方面，极大地帮助了设计师。他对飞行驾驶技术的发展做出了重大的贡献，研究并推广了新的高级特技飞行：上升螺旋和慢滚。他具有非凡的勇敢、顽强和坚毅的精神。

奇卡洛夫

奇卡洛夫是一位勇敢过人的飞行员，苏联航空界有很多关于他勇敢机智的传说。例如，他曾驾驶一架飞机从涅瓦河上的尼古拉大桥下穿过，飞到列宁格勒。还有一次在试飞新机时，一只起落架怎么也放不下来，奇卡洛夫就在机场上空不断地作横滚动作，迫使飞机在一连串的令人头晕目眩的特技飞行中打滚，直到把卡住的起落架甩出来，使飞机安全着陆。

奇卡洛夫试飞生涯中最引人注目的是两次远程创记录飞行，这使他成为苏联家喻户晓的英雄。第一次是1936年7月20～22日，奇卡洛夫率拜杜科夫和别里亚科夫机组驾驶安特-25飞机进行莫斯科-堪察加彼德罗巴甫洛夫斯克-

乌德岛的不着陆飞行，用 56 小时 20 分飞完 9 374 千米。为此，他和他的机组荣获“苏联英雄”称号。为了纪念这次飞行，乌德岛改名奇卡洛夫岛。第二次是著名的莫斯科-北极-美国不着陆远程飞行。1937 年 6 月 18 日，奇卡洛夫率同一机组，驾驶同一架飞机从莫斯科起飞，途经北极，于 6 月 20 日到达美国波特兰，历时 63 小时 25 分，航程 8 504 千米。

这两次飞行都是在极其困难的条件下进行的。飞机、发动机和当时还很不完善的导航设备要求空勤人员不仅要精通驾驶技术和具备技术知识，还要求有足够的勇气。例如，在 1937 年途经北极的那次飞行中，飞机起飞后因装满燃油而过重，得使尽力气才能爬高。他们后来回忆说：“飞机像疲乏的爬山者在绝壁上拼命攀登，随时有掉进万丈深渊的危险。”飞行不到 10 小时，在 1 700 米高度第一次碰到结冰的危险，结聚的冰块使螺旋桨失去平衡，飞机发生猛烈的颠簸。三人轮流用手摇除冰液压泵，与机翼前缘超过 12 厘米厚的冰连续奋战了整整 10 个小时。当飞机接近北极时，罗盘又出了毛病，任何轻微的动作都让罗盘指针猛烈跳动不止。只好由领航员不停地计算，以保持不偏离航线。通过天、地、海一片白色的北极点之后，领航员让机头对准 123 度子午线，直奔美国。不久发动机散热器又出毛病，散热液的辅助水箱空空如也，情急之下，就把所剩无几的应急饮用水和采集的尿液样本混合后供散热器使用。临近着陆，又遇到高空缺氧的困难。当时奇卡洛夫鼻孔出血，拜杜科夫像酩酊大醉般头晕目眩，别里亚科夫虚弱得手握地图在地上爬行。由于油料已经用尽，他们无法再飞更远的距离，被迫在波特兰附近的皮尔逊机场着陆。

奇卡洛夫(左)和他的伙伴拜杜科夫(中)和别里亚科夫

皮尔逊机场营区司令乔治·马歇尔(即后来的美国五星上将和国务卿)正准备用早餐，一名副官冲进来上气不接下气地报告：“俄国佬着陆了!”马歇尔立即跳进座车，直接穿过高尔夫球场驶向机场，去接他们。马歇尔夫人后来回忆道：“三只‘北极熊’像一群饿狼，抢吞食物，抢看新闻”。苏联大使专程从旧金山领事馆兼程北上，斯大林、罗斯福也发来贺电。机场主管还接到美国陆军总部发来的密电，要他们收集有关俄国飞机上的任何有用的情报。

飞行成功后，全世界很多大报都在显著位置报道了这一壮举。苏联著名飞机设计师雅可夫列夫回忆道：“当时我们都很佩服奇卡洛夫冷静的头脑、一丝不苟的准确作风和勇敢的精神，从此在航空界成为‘奇卡洛夫风格’的象征。”

1938 年，装备图曼斯基大功率发动机的歼击机伊-180 问世。新型战机的首次试飞决定于当年 12 月 15 日由奇卡洛夫来完成。在试飞成功后，飞机准备着陆。当时，奇卡洛夫大概是关掉了发动机进行滑翔，竭力降低飞行速度，保证飞机飞向跑道。突然他发现前方跑道上有一群玩耍的孩童。他立即加大油门，

安特-25 创记录飞机

想避开他们，然而发动机并没有加快转速，而一下子灭了火，与地面相撞已经无法避免了。在发动机停车无声飞行期间，奇卡洛夫打开舱盖，示意孩子们立即离开危险区。只听“轰”的一声，飞机重重地撞在地面上，奇卡洛夫连同座椅一起被抛出座舱，头部撞到地面一根木头上。被惊呆了的人们立刻向飞机跑去，只见他浑身血迹斑斑努力从雪地上爬起来，吃力地说：“不是飞行员的错，是机翼有问题。”后来虽然经抢救却无法挽救他的生命。

后来，试飞伊-180 又牺牲了几位试飞员，人们才逐渐理解奇卡洛夫临终前那句话的含义。原来该机的气动力设计有问题，是事故的真正原因。最后，以血的代价，为该机下了“不宜装备空军部队”的结论。

奇卡洛夫牺牲后，苏联全党全国人民陷入极度的悲痛之中，斯大林亲自为他抬棺护灵，葬于红场克里姆林宫墙下。在苏联曾有许多城市、集体农庄、舰艇和学校都以他的名字命名。

1975 年 6 月 20 日，在当年奇卡洛夫机组飞越北极后着陆的皮尔逊机场，美国人为他建造了一座纪念碑，拜杜科夫和别里亚科夫都参加了揭幕典礼。

从美容师到超声速女飞人
——美国女飞行家科克伦

在美国，科克伦是20世纪为数不多的、家喻户晓的女飞行家之一。第二次世界大战期间，她组织女飞行员帮助军方转运飞机，战后她成为第一个突破声障的女性，还打破过200多项飞行记录。她从一个被生身父母遗弃的孤儿，成长为有钱、有势、有事业的女强人的经历，相信会给读者留下不少有益的启示。

杰奎琳·科克伦，1906年出生于美国佛罗里达州彭萨科拉，刚刚出生不久就被遗弃，领养她的一对夫妇是从外地移居来的农工，家里很穷，一年劳作只够糊口。一家人住在棚户中，没有电、也没有自来水。她身上总是脏兮兮的，仅有的一身衣服也是用旧面袋做的。8岁时，她进了一家纺织厂当童工，每小时挣6美分，省吃俭用了几个星期，才给自己买了平生第一双鞋。

科克伦

尽管生活贫困，科克伦却充满战胜困难和与贫穷斗争的奋斗精神。12岁时，她开始学理发，从一家发廊走到另一家发廊，最终从佛罗里达来到了纽约。在那里，她成为一位有名的美容师，很快自己开了美容院，向人们推荐各种化妆品。

1932年，她生意上成功之后，开始对飞行发生兴趣。她当时的男朋友和后来的终生密友米基·罗森教会她读书写字，并指导她用口头方式（因为笔试还有困难）通过了考试，获得飞行执照。她买了一架韦科飞机参加航空大赛。她身材魁梧，骨骼大，长有一双像男性管道工一样的大手；但也有一双迷人的棕色大眼睛、一头卷曲的金发。

她学飞行很有悟性。尽管第一次放单飞因为发动机故障而迫降，但在一年内技术就有长足的进步，成为一名有竞争力的女飞行员。第一次参赛是在长岛罗斯福机场参加全女子飞行大赛。1934 年，她驾驶一架双座的 Gee Bee 竞赛机，参加麦克罗伯逊英国-澳大利亚拉力赛，由于飞机的操纵系统出现故障，迫使她不得不在罗马尼亚退出比赛，而且卖掉了那架飞机。

20 世纪 30 年代初，科克伦结识了弗罗依德，1934 年他们结为伉俪。弗罗依德是位卫理公会牧师的儿子，俄亥俄州人，起初当鞋子推销员，后来建立了自己的工业帝国。他是通用动力公司、阿特拉斯公司、RKO 公司和其他许多公司的老板；他比科克伦大 20 岁，具有真正的绅士风度，是他清除了科克伦身上的乡土气。在他因患风湿症而致瘫之前，任何飞行比赛都陪同科克伦驾机前往。科克伦为了创造速度记录而耗资惊人，但他乐意为她付账，而且还不断鼓励她多试试。

婚后，他们把家安在西部棕榈泉附近的一个牧场。这是何等豪华的一个伊甸园：24 平方公里土地上种满了绿草、各种树木，还有一个人工湖、一个 9 孔高尔夫球场、一个飞靶射击场、一个可容 12 匹马的马厩、好几个网球场、一个奥林匹克规模的游泳池。道路两旁种满了柑橘树和葡萄柚树。科克伦曾自豪地说过，春暖花开之际，她在夜间飞越牧场时，在 1 千米上空都能闻到花香。

在这里他们接待过约翰逊和艾森豪威尔两任美国总统。当然，科克伦最喜欢接待的客人是在距离牧场不远的爱德华空军基地工作和生活的、以世界上第一个超声速飞行员耶格尔为首的一帮顶尖试飞员。

1937 年 7 月 26 日，科克伦驾驶一架比奇公司 D－17W“错翼”飞机，在规定航线上达到 203.89 千米每小时，创造一项新的妇女飞行速度记录。1938 年 9 月 3 日，科克伦从俄亥俄州克利夫兰飞到加利福尼亚州伯班克，以 8 小时 10 分 31 秒飞完 2 042 千米，成为本迪克斯大奖赛的获胜者。1939 年，科克伦成功地完成了一次盲目着陆，是继杜立特 1929 年 9 月成为第一个完成盲降的男人之后，第一个完全靠仪表着陆的女士。

20 世纪 30 年代末，国际局势趋于紧张，战争即将来临。出于对国家的热爱，在科克伦的积极组织下，“为空军服务的女飞行员”组织于 1943 年 10 月 20 日宣布成立。该组织是仿照英国的模式成立的两个执行非作战任务的女飞行员团体之一。女飞行员训练毕业后奔赴 120 个基地去做各种工作，有的分到运输机中队，先进行 3 个半月的改装训练；有的分去为地面部队服务：即驾机作为“目标”、训练探照灯和雷达操作员、或夜航向部队和炮兵阵地投放照明弹和施放烟幕弹；还有的分配去执行搜索任务、运送各种物资。她们飞的飞机从轻型的 L－5 联络飞机到 C－47 运输机和 B－17 轰炸机都有。

1950 年 7 月 5 日杜立特和科克伦被哈蒙国际航空大奖组委会分别选为过去 10 年间最有成就的男、女飞行员。科克伦就是因为“为空军服务的女飞行员”组织而被提名。

经过世界上第一个突破声障的男飞行员查克·耶格尔的几周精心辅导和

训练之后，科克伦驾驶一架加拿大制造的F－86E于1953年5月18日飞出1 049千米每小时的速度，成为第一个完成超声速飞行的妇女，从而加入了过去全部由男人统治的“超声速俱乐部”。

此后几年，科克伦又创造了多项记录。1961年8月24日，55岁的科克伦驾驶一架T－38喷气教练机，从爱德华基地起飞，飞15千米直线航线，平均速度达到1 355.7千米每小时，相当于马赫数为1.3，把妇女速度记录提高了204.8千米每小时。至此，科克伦拥有螺旋桨飞机15千米男、女记录，喷气飞机女子100千米、500千米速度记录，螺旋桨飞机女子3千米、100千米、500千米速度记录。

55岁的科克伦驾驶T－38再创马赫数为1.3的飞行速度记录

1962年6月22日，科克伦驾驶一架洛克希德“喷气星”公务机从美国新奥尔良起飞，抵达德国汉诺威，首次完成女性驾驶喷气飞机飞越大西洋。1963年5月1日，科克伦驾驶F－104从爱德华空军基地起飞，以1 936.7千米每小时的速度创造女子100千米闭环航线速度世界记录。1964年5月11日，科克伦驾驶F－104G在15～25千米航段飞行，速度达2 299.6千米每小时，再次创造女子飞行速度记录。

20世纪70年代初，科克伦患上了心脏病，后来还用上了起搏器。比她大20岁的丈夫健康状况也不好。但是科克伦不服老，对疾病恨之入骨，因为她被迫退出了竞争性飞行，最后还不得不卖掉心爱的“北极星”飞机，这对她更是致命一击。她的丈夫弗罗伊德于1977年去世。此后，科克伦的身体状况开始急剧恶化，她已经放弃了活下去的念头。除了心脏病，她还有肾病，身体浮肿，睡觉时也只能坐着。最后她于1980年8月告别人世，享年74岁。

一代女强人走了，她给人留下的启示是：出身贫贱并不可怕，只要有坚强的意志，能抓住机遇，就能创造出世人难以想像的丰功伟绩。正像耶格尔对她的评价所说，如果科克伦下决心要干一件事，她就会像一辆开足马力的坦克一样全力以赴。

“无脚飞将军”
——英国王牌飞行员巴德

在英国历史的丰碑上，道格拉斯·罗伯特·斯图尔特·巴德的名字誉满天下。他是第二次世界大战中英国杰出的王牌飞行员和空中英雄。如今，人们想起那保卫英伦三岛之战，英勇挥戈的日日夜夜，对这位失去双腿的英雄，以难以想像的顽强意志，披肝沥胆，领导机队以弱胜强，打败希特勒的进攻，哪能不敬佩有加！

1910年2月21日，巴德出生于英国伦敦，4岁时父亲参加第一次世界大战去了法国，死在战场。巴德从小学习刻苦，成绩一直名列前茅。中学毕业后，家庭没有条件送他进入高等学校学习。当时各个航空联队都有特殊的文化要求，尽管他热爱航空，却没有机会进入航空部门。1928年，克伦韦尔皇家空军学院招收6名奖学金学员，巴德才盼到了机遇，深信自己具有竞争录取的条件。他刻苦准备了几个月，终于在几百名应试青年中，脱颖而出。他梦寐以求的理想得以实现，开始走向光辉的人生旅途。

1940年9月“无脚飞将军”坐在“飓风”战斗机上

1930年毕业后，巴德被派往伦敦附近的皇家空军第23中队，飞"斗鸡"战斗机。他每次飞行都一丝不苟，飞行技艺进步神速，令人瞠目结舌，尤其是垂直机动、翻滚、斤斗特技让人叫绝。不久巴德成为23中队里的特技飞行队队长。1931年他改飞"猎犬"战斗机。12月14日，在一次低空大机动飞行时，不慎左机翼碰到地面，他被抛出机舱，昏了过去。由于两腿严重受伤，医生为他做了高位截肢手术。苏醒后，当得知自己已成为没有双腿的残疾人时，巴德对生活失去信心，曾多次企图自杀，但都被医生和病友发现并制止。在他们的耐心说服和帮助下，巴德终于从精神上战胜了自己，决心勇敢地活下去。

康复出院后，巴德成为空军的一位预备役军人。尽管如此，他从没有打消驾机重上蓝天的念头。刚刚安装假肢几天，巴德就急不可耐地学走路。不几天，腿上的嫩肉便磨出了血。医生建议他暂时休息，以免化脓感染。可巴德忍着疼痛，冒着感染的危险继续练习。不久，巴德可以独自行走了，随后又能驾驶汽车和参加舞会了。

1932年7月，巴德与朋友共同驾驶一架阿芙娄-504双座飞机升空。为了实现自己重上蓝天的梦想，他耐心地说服了飞行学校教官，支持他重上蓝天。但是航空医生却一致认为，巴德不具备驾驶飞机的条件。不得已，1933年2月，巴德退役了，后到英国壳牌石油公司工作了6年。

1939年9月，第二次世界大战爆发。巴德向当地政府兵役局递交了重新加入皇家空军服役的申请。当地兵役局接受了他的申请报告，并责成医务委员会做出裁决。最终，批准了巴德的请求。这样，巴德再次成为空军的一名飞行员。起初，巴德在第19歼击机中队服役，这是英国第一个装备"喷火"战斗机的中队。随后，他被提升为第242战斗机中队队长。在部队，巴德驾驶"喷火"和"飓风"战斗机以独特的垂直机动，创造了新的战术，有力地打击了德国容克斯Ju.87单发双座俯冲轰炸机，旗开得胜。德国拼命鼓吹Ju.87的威力，扬言"喷火"和"飓风"对它奈何不得。巴德指挥中队空战，充分利用自己的优势，予以猛烈反击。Ju.87俯冲轰炸机带着扬声器，一边轰炸，一边高叫恫吓令人毛骨悚然。但是他们的飞行速度慢、航程短，在它俯冲时变为稳定的目标。这样，巴德中队沉着对付，抓住战机，在它俯冲时，将其一架一架击落。在不列颠空战中，巴德飞行中队和其他机队配合，有力地阻挡了德国法西斯的进攻。

8月底到9月初，英国出动轰炸机对柏林进行三次报复性的黑夜奇袭，引起了法西斯的惊慌。每次巴德都驾驶"飓风"战斗机护航。由于英国首先使用雷达，他们总能在德国飞机到达之前起飞迎击。在巴德的沉着指挥下，中队接连取得胜利。不久，巴德被提升为战斗队指挥和联队指挥。至此，巴德个人共击落德国飞机22.5架，成为英国第5位王牌飞行员。

8月9日，巴德驾驶"喷火"战斗机在法国上空与一架Me.109激战，不幸他的战机被击中起火，巴德立刻跳伞。由于一条假腿在空中脱落，落地后他被德军俘获。英国空军残疾飞行员参战的消息在德军中传开，许多德国飞行员都想亲眼见见这位残疾飞行员。英国空军立即为他赶制了新的假腿，送到法国北部的战俘营。安装新的假腿后，巴德便开始筹划逃跑计划，但每次都被看守识破。直到 1945 年 4 月，当美国盟军解放那里时，巴德才获解救。

战争结束后，巴德打算回到空军服役，但英国空军考虑到他的身体状况，任命他为皇家空军战斗机飞行学校校长，同时授予他上校军衔。1946 年，巴德离开空军重新回到壳牌石油公司工作。为表彰巴德的特殊贡献，石油公司任命他为该公司的高级顾问，并将英国迈尔斯公司研制的“双子星座”飞机赠送给他。

期间，巴德周游了欧洲、非洲和美洲，参观荣军医院。1976 年伊利莎白女王为他封爵。1982 年 9 月 5 日，在庆祝英国空军元帅哈里斯 90 寿辰的宴会上，巴德突发心脏病去世，享年 72 岁。

“迷途雌鹰”
——德国女飞行家汉娜·莱奇

在航空史上，汉娜·莱奇以飞行技术出类拔萃著称，她是个娇小的女人，身高1.52米，体重仅40千克。但她在飞行技术上的成就却是其他女飞行员，甚至许多男飞行员都无法与之相比的。在第二次世界大战期间，她试飞过大批著名的战斗机，执行过无数次危险的飞行任务。但是，因为她曾效忠于纳粹德国，甚至当过希特勒的私人驾驶员，航空史学家称她为“迷途的雌鹰”。

莱奇1913年3月29日出生于德国西利西亚地区的希尔施贝格。她的父亲是一位有音乐修养的著名眼科医生。莱奇从小就喜欢凝视天上变幻的浮云和观察屋顶上悠然盘旋的白鹤。4岁的时候，有一天她母亲发现她从二楼阳台上跳下去，体验飞行的感觉。

汉娜·莱奇

长到13岁，莱奇已经立下学习飞行的志愿。作为条件，她的父亲要求她必须取得优秀的考试成绩，才能参加滑翔训练。莱奇以很高的分数获得中学毕业证书，她父亲只好履行自己的诺言。

莱奇原打算继承父业，但在学会了滑翔之后就完全改变了自己的志愿。她在许多飞行比赛中接连战胜对手，有时在恶劣天气情况下也能显示出出色的技巧，莱奇很快声名大噪。掌握滑翔飞行之后，她就转向飞动力飞机。在这里同样表现出她过人的悟性。

1933年，莱奇随一个考察团到南美，利用滑翔机研究当地的热气流。回国后，她加入了达姆斯塔特的滑翔机研究所，担任滑翔机试飞员，承担过多种新机的试飞任务，研究远距、高空滑翔飞行中的问题。

1937年9月，莱奇加入德国空军，担任莱希林试飞中心的军事试飞员。德国研制的很多滑翔机、战斗机和直升机都是经她亲手试飞的。梅塞施米特公司研制的 Me.321 巨型空降运输滑翔机就是由她批准服役的。

在莱希林试飞中心，莱奇试飞的第一种飞机是福克·阿吉利斯公司研制的 Fw.61 直升机。该机 1936 年 6 月 26 日首次试飞，1937 年 10 月莱奇驾驶 Fw.61 从不来梅飞到柏林，创造了直升机飞行距离的新记录。第二年 2 月，她又在柏林体育馆完成了一次直升机室内飞行表演，引起轰动。那天，柏林体育馆座无虚席，全场鸦雀无声，一架带前螺旋桨的直升机静静地停在场馆中央。这是一架机身像固定翼飞机的当时最先进的直升机。面对造型古怪的庞然大物很多人甚至怀疑，如此大型的飞行器是否能在长 76.2 米、宽 30.48 米的室内飞行。莱奇精湛的飞行技艺令数以万计的观众叹服了。一声令下，直升机随着隆隆马达声拔地而起，而后进入前飞状态，并转入巡航飞行，然后在空中悬停，前后移动，作 360 度转弯……一切是那么的自如，在观众们看来又是那样不可思议。做完动作后，直升机稳稳落地，更令观众难以想到的是，驾驶这直升机的竟是一位年轻美貌的姑娘——汉娜·莱奇。消息不胫而走，很快传到了美国、西班牙、法国、英国等许多国家。德国直升机室内飞行成功震惊了世界。

莱奇在试飞表演中表现出的勇敢精神使她在 1941 年 3 月荣获希特勒亲自颁发的“铁十字”勋章。1942 年夏天，莱奇参加 Me.163 试飞计划。Me.163 是

莱奇在柏林体育馆完成直升机飞行表演

一种无尾式火箭截击机，以液体火箭为动力装置，最大飞行速度可以达到 933 千米每小时，装有 2 门 30 毫米口径机炮。Me.163 型飞机采用起跑架辅助起飞和利用装于机腹的滑橇着陆。

1942年10月，莱奇驾驶一架由 Me.110 双发飞机牵引起飞的 Me.163，在空中发现可投放式机轮无法脱落，莱奇与牵引机分离后，企图利用侧滑甩掉机轮，造成飞机失速坠地，飞机在地面翻滚并断裂。莱奇头部颅骨6处受伤，住院治疗5个月才得以康复。

1943年9月，根据莱奇的建议，纳粹德国曾将 V 1 型无人驾驶飞弹(即费泽勒公司 F-103)改装成有人驾驶的自杀飞机 Fi-103 R，准备由“志愿者”驾驶，轰炸敌方战略目标。V 1 原是德国用来空袭英国伦敦的秘密武器，实质上是飞航式导弹的雏形。这种飞行器改装成有人驾驶飞机后，非常难操纵，一些男飞行员在试飞中均告失败，最后只得由莱奇亲自试飞，还专门设计了教练型的 V 1 滑翔机。

1945年4月，藏身于柏林市中心地下碉堡里的希特勒要求冯·格莱姆将军去见他，此时柏林已处于苏军的严密包围之中。为了越过包围圈，冯·格莱姆先乘一架 Fw.190 双发飞机飞到柏林市郊的加托机场，然后换乘 Fi-156“鹤”超短距起落轻型飞机在地堡附近的街道上着陆。在 Fw.190 上，冯·格莱姆将军坐在后座，前座上是熟悉航线的飞行员。为了保险起见，让莱奇通过飞机的无线电舱门爬进后机身，准备在情况紧急时由莱奇接替驾驶。果然，飞机在空中被苏军的地面炮火击伤，冯·格莱姆的一条腿也被弹片击中不能动弹。这时，莱奇从后机身中爬出来，隔着格莱姆将军无法动弹的身躯，操纵飞机安全落地。

进入地堡后，希特勒任命冯·格莱姆将军为新的空军司令，随后发给莱奇一瓶毒药，并且命令她驾机攻击苏军阵地。莱奇和同来的飞行员借机驾驶一架阿拉多公司的 Ar.96 型飞机逃离柏林，希特勒则在第二天自杀身亡。

希特勒死后不久，欧洲战争结束。莱奇因有企图驾机送希特勒逃往国外的嫌疑，被盟军逮捕。莱奇的父亲因畏惧被俘受辱，开枪打死全家老少之后自尽。莱奇于1946年8月被释放，直到1949年才获准参加与滑翔机有关的活动，但许多国家都不原谅她与希特勒的亲密关系。1954年，英国禁止她参加国际飞行竞赛；1958年，波兰举行飞行竞赛时，也不肯给她发入境签证。

1970年，58岁的莱奇还创造了一项滑翔机的德国新记录。1979年8月22日，67岁的莱奇死于心力衰竭。晚年，她仍眷恋着蓝天。她这样向人们描述她对于飞行事业的感情：“动力飞行无疑是人战胜自然的伟大胜利，而滑翔机才真正体现了天人合一的美妙境界。”

第二次世界战盟军一号“王牌”
——空战雄鹰阔日杜布

在莫斯科加加林空军学院博物馆内，一架机身涂有62颗银星的“拉”式歼击机展翅挺立。这就是在苏联卫国战争期间击落敌机62架、荣获三枚“苏联英雄”金质奖章的苏联英雄阔日杜布的坐骑。阔日杜布不仅在苏联飞行员中战绩最为卓著，而且在整个反法西斯盟军中也高居榜首。他在战争的第三年才开赴战场，在这样短的时间里就取得如此辉煌的战绩。更令人称奇的是，他出战120次，却未受过一次伤，更不用说被击落，这在世界空战史上是绝无仅有的。

伊凡·阔日杜布于1920年6月8日出生于乌克兰肖斯特卡奥布拉热耶夫卡村一个世代为农的家庭。孩提时代的他胆小内向，一点也看不出是块飞行员的料。他的父亲没有多少文化，却有刚强的性格，是个硬汉子，他不喜欢阔日杜布有些懦弱的一面，所以有意识地利用一切机会调教他。

阔日杜布

在他16岁的时候，父母想让他当名工程师，可他却迷上了飞行。在20世纪30年代的苏联，政府非常重视航空业的发展，积极鼓励年轻人学习飞行技术。阔日杜布说服了家人，和一些年轻人一起报名参加航空俱乐部。在那里，他学习了航空、机械理论，还学习滑翔机驾驶和跳伞。欧战爆发后，在准备打仗的背景下，航空俱乐部全体飞行员被吸收编入歼击机航校。阔日杜布如愿以偿，跨进了空军的行列。

1941年6月，苏德战争爆发，已经从航校毕业的阔日杜布再三申请上前线，但学校坚持让他留校任教。其间，他一边当教员，一边提高自己的飞行技术，同时还特别注意研究各种空战报道和内部通报，用心揣摩战术与战法，为有朝一日上前线做好准备。这一天终于来了。1943年初，在新一轮扩大空军实力的机遇中，阔日杜布获准加入战斗机部队，分配到一个歼击机师去南线作战。

最初几次升空作战中，他和所有新飞行员一样，感到平时学的东西好像都用不上，手忙脚乱，顾此失彼，躲过了敌人的地面火力又陷入敌机的包围，险些被敌机捡个便宜。直到 7 月，在库尔斯克战役的第一天，他的飞行履历本“战功”一栏才实现零的突破。但他自己并不满意，因为缺乏经验，射击时距敌机太远，而且是长连射，所以一次击发就打光了所有炮弹。经过认真总结，阔日杜布战技术有了飞快的进步。一个半月里他又击落了 7 架敌机，一跃为全国优秀射手，并被吸收为共产党员。8 月 27 日，当师政治部主任亲临机场，向他颁发党证时，一颗信号弹升空，阔日杜布紧急驾机起飞，干净利索地取得第 9 次空战胜利为自己光荣入党献上一份贺礼。1944 年 2 月，他以击落敌机 20 架的成绩获得第一枚“苏联英雄”勋章。

1944 年五一节，阔日杜布接回了集体农庄庄员用自己的积蓄为他买的崭新的拉-5 飞机。这是人民对英雄的深情厚爱。在重新参战的第一周，他就击落了 8 架敌机。到 1945 年春，红军已把德国鬼子全部赶出国境。此时，阔日杜布的座机上已经缀满了 49 颗耀眼夺目的小银星，荣获了第二枚“苏联英雄”勋章。

1944 年 5～7 月阔日杜布使用的拉-5 战斗机

1945 年 4 月，阔日杜布参加攻克柏林的作战，一想到自己在敌人首都上空作战，他好像浑身有使不完的劲；相反，德国飞行员早已没有了战争初期那种不可一世的疯狂。4 月 24 日，他赢得了个人一生中最有意义的一次空战胜利——打下了一架刚参战不久的德国 Me. 262 喷气式战斗机。5 月 8 日，德国宣布投降，至此总共击落敌机 62 架的阔日杜布荣获第三枚“苏联英雄”勋章。

战后，阔日杜布没有停止蓝天生涯。他先后进空军学院和总参军事学院学习深造。后来，阔日杜布晋升为将军，1964 年出任莫斯科军区空军第一副司令，1971 年到苏联空军总部机关担任领导工作，他还是全苏航空体育联合会主席。1985 年在纪念伟大卫国战争 40 周年之际，阔日杜布晋升为空军元帅。

1991 年 8 月 12 日，阔日杜布病逝，苏联人民失去一位英雄。

“太平洋天空的主宰”
——美国头号王牌理查德·邦

理查德·邦是美国陆军航空兵飞行员，1942年秋来到太平洋战场。12月27日参战，10天后成为王牌飞行员，两年后以击落日机40架的记录成为全美军头号王牌飞行员。1944年底，他打下40架敌机后，退出战斗改任其他工作，但直到战争结束，这个记录都无人超过。由于他顽皮胆大，在当飞行学员期间，经常违反军纪，捅了不少娄子，人送外号“坏小子”。麦克阿瑟将军在为他颁发美国国会荣誉勋章时称赞他“是一个在太平洋上从新几内亚至菲律宾之间主宰天空的人”。

理查德·邦于1920年9月24日出生于威斯康星州的波普拉城，曾就读于州立师范学院，后来他决定从军。1941年参加陆军航空队学习飞行。1942年1月从航校毕业。在学习期间，他以调皮捣蛋、不服管教出了名，屡犯军纪，胆子大得出奇。但他的驾驶技术也好得出奇。他的空间感非常好，反应灵敏，各种复杂的飞行动作作起来总是恰到好处。毕业前夕，他刚刚学会驾驶最新式的P-38重型战斗机。那天他擅自开着一架P-38飞到旧金山市上空，上演了一出令人啼笑皆非的恶作剧。他驾着P-38在金门大桥上转来转去，玩得兴起，又一头扎向水面，从大桥桥孔钻了过去，惊得旁观者目瞪口呆。然后，他来到闹市区，在市场大街上空骚扰行人。最后，他又放肆地飞到陆军航空队司令部，在上司的眼皮下围着办公室转圈。吃惊的女速记员们挤在窗户前观望，他居然还向她们招手致意。

理查德·邦

他的上级凯利气得暴跳如雷，把邦召来骂了个狗血喷头，并关了他3天禁闭。可是当有人建议取消邦的飞行资格时，凯利却拒绝了。恼火归恼火，凯利心里很清楚，这个“劣迹累累”的“坏小子”其实是一块一流飞行员的好材料。

1942年5月，邦被编入第5航空队第49战斗机大队9中队，1942年11月调到35战斗机大队49中队。12月27日，托马斯·林奇上尉率领该大队的12架P-38“闪电”式飞机从莫尔兹比基地起飞，前往拦截一个企图袭扰美军的日机编队。

1943年10月～1944年3月期间，理查德·邦使用的42-103993号P-38“闪电”战斗机

在5 400米空中，他们遇到了日机。日机有30多架，著名的“零”式战斗机打头阵，为轰炸机和攻击机开道。林奇一声令下，12架“闪电”式飞机齐刷刷地投掉了副油箱，然后以战斗队形冲向日机编队。

这次行动是邦第一次在空中看见涂着红膏药的日本飞机，既激动又紧张。子弹在四周飞舞，双方的飞机左右来回穿梭。他感到眼睛都顾不过来了。好几分钟他不知道自己该干什么。他一遍一遍对自己说，“怕什么？怕什么？老子才是天下第一。”他终于稳住了自己的情绪，以往重复过无数次的动作要领清晰地回到了脑海中。

一架日机出现在他前方。他加大油门冲上去。对方转身想逃，邦却已经用瞄准具牢牢地套住了它。他开火了，子弹击中机身，黑烟冒出来，“零”式飞机歪了身子一会儿就栽了下去。接下来，他又干净利索地打下一架日机。

短短8分钟的战斗，49大队这批从未参加过实战的年轻人竟然打下了18架战斗机和轰炸机。其中，林奇打下2架，邦也打下2架。这时已经升任第五航空队司令的凯利将军乐得眉开眼笑。他写了封热情洋溢的信给华盛顿的陆军航空队司令阿诺德将军，极大地称赞了这些年轻人，“虽然这些新来的小伙子当年在航校干了不少错事，但他们的士气是那么高昂，简直能吓你一跳。”

邦很快向人们证明，他打下敌机绝不是凭运气。首开记录之后，他又连连得手。10天之内，又干掉了3架。1943年1月7日，他一跃成为第五航空队的新王牌。在同期参战的飞行员中，他是第一个获此殊荣的。

在这段时间里，邦一直在太平洋新几内亚一带作战。到7月底，他的记录上升到16架，成为第五航空队的头号杀手。后来因为他的座机P-38已经伤痕累累，他只好等待新机运来。10 月，他迫不及待地驾着新运来的“闪电”式飞机重上战场。在拉包尔上空进行的两次追歼战中，他又击落 4 架“零”式飞机，总战绩达到 21 架。此后，他奉命休整一段时间。

1944 年 2 月，邦回到南太平洋战场。4 月，他的战绩上升到 27 架，超过了第一次世界大战期间美国的头号王牌里肯巴克的 26 架的记录。里肯巴克一直是美国人心目中的超级空战英雄。

邦在打下第 30 架日机后，第二次返回美国，这次，他奉调去培养新飞行员。在国内，他受到社会各界的狂热的欢迎，被报章奉为“伟大的战争明星”。在训练基地，邦主要讲授射击课。他结合自己的经历，深入浅出地向新飞行员们传授他那超一流的射术。在训练新飞行员的同时，他自己的射术又有了新的提高。不久，经他一再请求，他又返回阔别近半年的太平洋战场。临行前，阿诺德将军亲自给他下了免战令，不许他参加战斗。大战临近结束，当局分外珍惜这些空战人才，生怕他们在胜利前夕意外失手。所以，邦的工作是继续当教官，但是，他哪里耐得住寂寞，他又狂热地投入了 10 月底的莱特战役中。他被授予一项特权，可以自由参加空战，他随时随地可以升空作战，无需请示批准。11 月、12 月，他的战绩直线上升，达到 40 架。这是美军飞行员在第二次世界大战中达到的最高记录。麦克阿瑟将军决定给他颁发最高荣誉奖章。邦在美国王牌榜上的排名一直保持到战争结束。然而，他没能等到这一天。

战争结束前不久邦奉命回到国内参加喷气式飞机的研制，担任试飞工作。1945 年 8 月 6 日，美国在广岛投下第一颗原子弹。就在这天，邦驾驶 P－80 喷气式飞机起飞时，因发生机械故障遇难殉职。当时，他还没有满 25 周岁。

9 天后，他的战友们迎来了日本宣布无条件投降的日子。

试飞生涯 50 年
——第一个突破“声障”的耶格尔

1947 年 10 月 14 日，美国一位 24 岁的年轻人、空军上尉查尔斯·耶格尔驾驶 X-1 研究机，在飞行中第一次超过声音的速度，向人类进入超声速时代迈出了第一步。现在，他当年驾驶的那架以他妻子的名字“格拉莫罗·格莱尼斯”命名的研究机，与美国航空史上另外两架最著名的飞机——莱特兄弟 1903 年飞行的“飞行者”号和林白 1927 年 5 月第一次以 33.5 小时单人不着陆从纽约飞抵巴黎用的“圣路易斯精神”号一起，陈列在美国首都华盛顿的航空航天博物馆的大厅里，代表着全世界航空航天史上一个重要的里程碑。

耶格尔 1923 年 2 月 13 日生于美国西弗吉尼亚州哈姆林地区的一个农民家庭，父亲先后在铁路、天然气田当机修工。少年时代的耶格尔和哥哥一起在花园里除草、喂猪，每天还要给牛挤两次奶，还有很多时间在树林里和大人一起打猎、钓鱼、在山上滑雪，练就一副好身体，为日后学习飞行打下了基础。

耶格尔

生长在穷乡僻壤的耶格尔从来没有想过自己会当飞行员，15 岁时才第一次从近处看到飞机。1941 年刚满 18 岁，耶格尔应征加入陆军航空队，成了飞机维修队员。不久他抱着碰碰运气的心情，经过考试，被录取当飞行员。经过刻苦学习，他成为班上惟一被推荐当战斗机飞行员的学员。接着，他在内华达州学习驾驶 P-39 战斗机，6 个月以后驾驶 P-39 开赴欧洲战场。

1944 年 3 月，耶格尔在第 8 次空战中被一架德国 Fw.190 战斗机击落。跳伞后，冒着九死一生的危险，穿过法国、西班牙边境，步行了 3 个月、320 千米路程，最后回到英国。按照当时美军的规定，凡被击落的美军飞行员一律送回国，不得重新参战。但倔强的耶格尔决心打破这个惯例，他从飞行大队开始一级一级地向上申诉，最后找到欧洲盟军统帅艾森豪威尔将军。是艾森豪威尔将军向国防部报告后，得到处理此事的授权，才使耶格尔继续服役。

1944 年 11 月 6 日，驾驶活塞式 P-51“野马”驱逐机的耶格尔第一次与德国的 Me.262 喷气战斗机相遇。Me.262 在 6 000 米高空速度达 870 千米每小时，P-51 远不是它的对手，但耶格尔巧妙地利用 Me.262 返回营地着陆之前的瞬间将它击落。

1945 年 1 月，22 岁的耶格尔执行 61 次任务后，结束战时生活回到美国。耶格尔在第二次世界大战中共击落 13 架敌机，虽然不是最高记录，但对于击落 5 架就算“王牌”的标准是绰绰有余了。

为了便于照顾不久要分娩的妻子，耶格尔选择在离家乡哈姆林最近的莱特空军基地（这里是美国空军试飞中心所在地）工作，又一次决定了自己日后的生活道路。取格尔来到试飞中心当助理维修官。停放在这里的几十种军用机，包括从德国和日本缴获来的飞机，他都可以尽情地飞，每天飞 6～8 小时。耶格尔对飞机的酷爱，引起试飞中心主任博伊德上校的注意。1946 年 1 月，博伊德根据耶格尔在飞行中的杰出表现，力排几十名有资历的试飞员的不同意见，安排耶格尔坐进试飞员学校的课堂，开始半年的学习。

1947 年，美国正在加紧研制超声速飞机。贝尔公司为突破声障专门研制了 X-1 研究机，开始由平民试飞员古德林试飞。破声障的飞行是一项十分危险

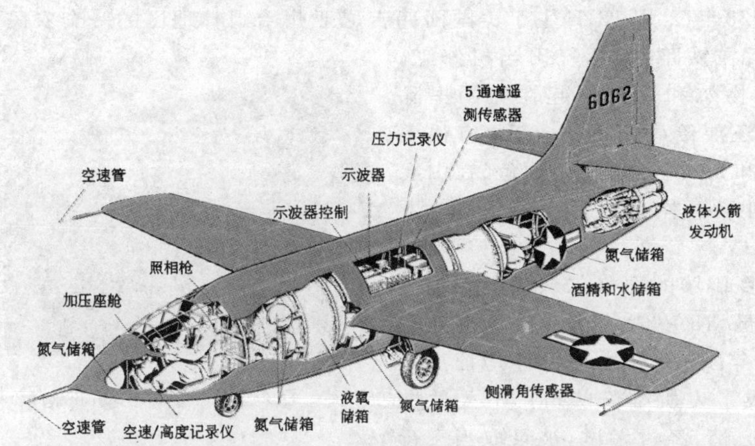

耶格尔突破声障用的 X-1 火箭动力飞机的内部构造

的工作，贝尔公司与古德林签的合同规定，古德林超过声速的话，一次付给 15 万美元酬金。但飞了 20 次之后，古德林要求改变原来的付酬办法，变一次付清为五年分期付酬，这样可以免缴税金。由于双方没有达成一致，使试飞进度推迟，惹得空军很不高兴，决定接管 X-1 试飞计划由军方自己继续飞。

经过一番艰苦的选择，空军最后决定由耶格尔担任试飞员。博伊德少将在

1976 年逝世前的一次讲话中回忆当时的情况说:“为 X－1 挑选飞行员是我一生中碰到的最难的难题之一,万一飞行员发生意外,整个超声速飞行工程就要倒退两三年……在对试飞中心的 125 名飞行员进行全面排队之后,我们认为耶格尔是最理想的候选人,就是 22 年以后的今天我也这样认为。”

1947 年 7 月,耶格尔正式被派到莫哈维沙漠穆罗克基地“执行临时任务”。经过熟悉飞机、不用动力的滑翔飞行、动力飞行一系列步骤,终于在 1947 年 10 月 14 日第 9 次飞行中使 X－1 飞到马赫数为 1.015,第一次超过了声速。很难有人相信,就在这次飞行的前两天,耶格尔陪夫人在月夜中骑马飞驰,摔断了一根肋骨,第二天他怕影响飞行硬是不肯去医院治伤,只是让私人医生简单地包扎了一下,第三天就忍着疼痛,完成了这次具有划时代意义的飞行。

美国空军自 1953 年 2 月开始,用改进的 X－1A 继续进行高速飞行试验。1953 年 12 月 12 日,耶格尔驾驶该机在 22 000 米高空达到 2 600 千米每小时的速度,相当于马赫数为 2.44。整个 20 世纪 60 年代,耶格尔都在从事飞行研究工作。随后,耶格尔作为一名上校军官,担任美国空军试飞员学校的领导工作。20 世纪 70 年代初还在巴基斯坦当过空军顾问,工作内容之一是帮助把美国的“响尾蛇”导弹装到巴基斯坦空军的歼 6 飞机上。1975 年 3 月 1 日,耶格尔从空军退役。

退休后,耶格尔不放过任何可以飞行的机会。1982 年诺斯罗普公司邀请他担任顾问,他亲自飞了该公司新研制的 F－20(原 F－5G)出口战斗机。这是耶格尔飞过的第 179 种飞机。他一生的总飞行时间超过 14 000 小时。

有 14 000 小时飞行经历的耶格尔担任“放飞百万雏鹰”活动的名誉主席

1985 年,耶格尔出版了他的自传,成为当年最佳畅销书,一年内印刷了 17 次,印数超过 100 万册。全书 32 章,真实生动、风趣细腻、扣人心弦地描述了他那令人难以置信的飞行生涯。在书中,耶格尔说:“回忆多年的往事,我深感自己的幸运。我生于 1923 年而不是 1963 年,这就是幸运,因为战争结束时我刚好 20 岁出头,正赶上航空研究和发展处于黄金时代,这是我一生的关键,使我有机会参加从螺旋桨到喷气式飞机和从喷气式到火箭推进以至向外层空间的飞跃。”他还说:“我的成功秘诀是——为了飞行,我必须想办法活到明天!”

迄今,80 岁高龄的耶格尔仍然活跃在航空战线,是美国最大的航空团体发起的“放飞百万雏鹰”活动的名誉主席,为在全美国更加普及航空而辛勤工作。

“一次飞行，消除国界”
——环球飞行家狄克·鲁顿和珍娜·耶格尔

飞机问世之后，驾驶飞机进行环球飞行的人并不罕见。但那些飞行不是分段完成，就是采用空中加油的办法，严格地说都不是真正的环球飞行。那么飞机能不能中途不着陆、空中不加油、连续绕地球飞一圈呢？能！接受这一挑战的是两个美国人：狄克·鲁顿和珍娜·耶格尔。他们经过6年的努力，从自己制造飞机开始，经过多次试飞，最后用9天多时间完成了首次不着陆、空中不加油的环绕地球一圈的旅程，实现了多年的梦想和憧憬：“一次飞行，消除国界”。

狄克·鲁顿1938年出生，比后来当了著名飞机设计师的弟弟伯特·鲁顿大5岁。小时候他们住在加州丁努巴镇，兄弟俩从小都是飞机迷，不过弟弟迷的是设计和制造飞机，而哥哥狄克更迷恋开飞机。狄克15岁就学驾驶飞机。那时他必须靠打工一个月——剪葡萄或端葡萄干盘才能赚够上一次课的学费。

鲁顿和耶格尔

中学毕业后，狄克加入空军，担任领航员。但他一直认为，担任战斗机驾驶员就好比做了神仙。1966年，他终于获得机会参加驾驶员训练，并以优异的成绩通过考试。1967年，狄克前往越南参战，前后3次，共执行过325次空中战斗任务，后来因为被击落而退役。至此，狄克在空军服役了20年。

退役后，狄克到莫哈维在他弟弟伯特的飞机制造厂工作，担任首席试飞员。1980年，在奇诺镇举行的一个飞机展览会上，认识了珍娜·耶格尔。

珍娜1952年出生在得克萨斯州。当她还是小女孩时就知道，只要努力工作，就可以做到自己一心要做的事。她有时会打扮得像

个贵妇人,有时却完全是个野孩子,不是爬树就是捞蝌蚪。1977 年,珍娜离家前往加州的圣罗莎市,在那里找到了一份绘图员的工作。

珍娜十分喜爱直升机。直升机使她想到蜻蜓在空中轻盈地翱翔和盘旋。要学习直升机必须先有飞固定翼飞机的执照。1978 年,珍娜取得了执照。

环球飞行的构想是 1980 年提出来的。一天,狄克、伯特和珍娜在莫哈维小镇的一家餐馆里吃饭。他们边吃边谈着合作进行飞行特技表演,需要一架新飞机。伯特突然提出一个大胆的想法:“你们想不想当世界上第一名中途不着陆、不加油的环球飞行驾驶员?”狄克和珍娜对此极感兴趣。“怎么才能做到呢?”他们问。伯特说:“环球飞行大约有 4 万千米,到目前为止还没有一架飞机能够飞得这么远。关键是飞机带不了飞行这个距离的燃油。”伯特说完当场进行了计算,如果用铝合金制造,那么为了装载飞行用的燃油,这架飞机将同航空母舰差不多大。这显然是不现实的。“是的,不过现代科学技术的发展已经有可能采用轻型的复合材料来制造飞机。只要设计结构合理,完全有可能造出一架外形独特的轻型飞机,带足够的燃油,完成环球飞行。”伯特充满信心地说。

他越说越高兴,随手拿过餐巾纸掏出圆珠笔画起草图来。这就是后来环球飞行用的“旅行者”号飞机的外形。它的机翼很长,机身很短,两侧安装两根支撑梁,机身前部是鸭式前翼。两台活塞式发动机前后安放在机舱里。

环球飞行的壮举就这样从这家小餐馆的饭桌上起步了。珍娜搬到莫哈维,帮助鲁顿兄弟制造这架没有先例的飞机。

资金从哪里来?在找个人、企业提供赞助失败后,他们决定用美国方式,即到处演讲来筹集资金,然后,自己动手制造飞机。他们成立了一个称为“旅行者大人物俱乐部”的组织,入会者交纳 100 美元会员费,也不放弃小额捐款,甚至一块两块的。那些会员不仅是他们经济上的支柱,而且也成为他们的朋友,不时打电话来询问进展情况,还带朋友来参观。

他们用 2 年时间,自己在简陋的设备上造出一架复合材料飞机,它的结构是三明治式的。中间是蜂窝结构,外面包浸透环氧树脂的碳纤维布。大部分的零件都可以利用一座自制锅炉就地制造。往往为了一个零件,他们就必须一连工作几天,每天工作 10～12 小时。

到了 1984 年,他们终于制成了一个看起来像是飞机的东西。虽然飞机是自制的,但里面的设备绝对是当时最先进的,包括自动驾驶仪、通信和导航设备。从 6 月开始,他们对“旅行者”进行了一系列试飞。本来预计试飞 10 次左右就能启程,但事与愿违。每天都有问题出现。他们最担心的是长长的机翼会因弯曲,在飞行过程中不断拍动而断裂。看着弯成 60 度的机翼上下挥舞,的确让人心里不安,因为飞机里装了 3 180 千克燃油,是飞机本身质量的三倍多。机舱只有 1 米高、2.5 米长,就像一个电话亭那么大。两个人进入座舱全无活动余地,一个人驾驶时,另一个人只能用双肘和膝盖匍匐在那里工作,再加上一刻不停的发动机轰鸣声。

1986 年 12 月 14 日，东方破晓，晨雾渐渐散去，一轮朝阳冉冉升起，美国洛杉矶以北 120 千米的爱德华空军基地里，一批航空爱好者目送“旅行者”离地升空，飞向远方。伯特和帮助工作的专家们乘坐一架伴飞机陪送他们飞行一段之后，由于航程已接近最大限度而不得不返航了。在伴飞机转弯飞走时，狄克和

“旅行者”号飞机

珍娜眼窝发热了，他们依依不舍地看了伴飞机最后一眼，仿佛此一别将成永诀。他们十分明白，前面是漫漫大海，无尽的高山，前途吉凶未卜。在环球飞行中，险象环生，麻烦一个接一个袭来。他们既要克服生活上的困难，定量吃喝，处理排泄问题和极度疲劳，经过好几天紧张驾驶，只能稍微打一会儿盹；又要在极其狭小的空间操纵飞机，监视、控制并记录飞机各系统的工作，尤其是燃油的消耗；更要对付印度洋上空的雷暴、非洲上空的湍流、大西洋上空的逆风……还要不断地处理发动机和其他系统的故障，不敢有丝毫的懈怠。多亏两位驾驶员娴熟高超的驾驶技术、坚强的意志，加上通过卫星获得的准确的气象预报，他们终于化险为夷。

12 月 23 日早晨，“旅行者”号在空中连续飞行 9 昼夜零 3 分 44 秒之后，完成了绕地球一周，共飞行 40 407 千米，实现了一项人们向往已久的目标。6 天后，里根总统及夫人会见了狄克、伯特和珍娜，并向他们颁发荣誉公民奖章。里根总统说，“旅行者”已加入由莱特兄弟开始的航空史上突破者的显赫行列，三个新名字被写入英雄榜上，在奥维尔和维尔伯・莱特兄弟、查尔斯・林白和查克・耶格尔之后，现在狄克・鲁顿、珍娜・耶格尔和伯特・鲁顿也将名垂史册。

20 世纪的代达罗斯
——第一个驾驶人力飞机飞越英吉利海峡的艾伦

在古希腊神话传说中，建筑师代达罗斯和他的儿子伊卡洛斯为逃脱米诺斯国王的囚禁，用蜡和羽毛为自己制造了翅膀，飞逃了出来。但后来儿子忘记了父亲的忠告，飞近了炽热的太阳，结果蜡翼熔化，坠入大海，而代达罗斯却利用这副翅膀成功地飞越爱琴海到达了那不勒斯。20 世纪有一位自行车运动员艾伦，1977 年 8 月 23 日，他先驾驶“蝉翼秃鹰”人力飞机完成历史上第一次“8”字飞行；接着，1979 年 6 月 13 日，他又驾驶“蝉翼信天翁”人力飞机从英国一侧飞越英吉利海峡到达法国，被人们誉为 20 世纪的代达罗斯。

布莱恩·艾伦 1953 年出生，身高 1.82 米，体重 62 公斤，戴一副边框很宽的眼镜。他参加过自行车比赛，也练习过滑翔。艾伦有一副健康的体魄，在用脚踏测力器进行的耐力测试中，他证明自己能连续 7 分钟发出 0.33 千瓦的功率。

造人力飞机是很多人很久以来的愿望，因为它不用动力装置，是最经济的飞行器。从 20 世纪 20 年代以来不断有新的设计出现。1959 年，英国皇家航空学会设置了一项人力飞行奖，要求人力飞机在相距 800 米的标杆之间绕弯，飞出一个“8”字。也就是说，不但要做直线飞行，还要拐几个 180 度的大弯。这一措施极大地推动了人力飞机的蓬勃发展。

艾伦

20 世纪 70 年代，早年参加过世界滑翔锦标赛、后因年纪大改为研制人力飞机的保罗·麦克里迪制成了一架奇特的人力飞机。他采用滑翔伞翼的结构特点和操纵特点，飞机没有尾翼部分。他给飞机起了一个奇怪的名字叫“蝉翼秃鹰”号。这架人力飞机机翼很长，达 30 米，只蒙着一层薄薄的塑料膜。驾驶员半仰卧地坐在机翼下的座位上，用脚蹬和链条带动机身后面的螺旋桨。这架飞机的质量只有 32 千克，它的转弯和俯仰都是靠挠性机翼和机身前面的鸭式小翼来操纵。麦克里迪请来艾伦当驾驶员。

1977 年 8 月 23 日早晨，终于实现了 18 年来没有攻破的难关——“8”字飞行。这次人力飞机总共飞行了 7 分 28 秒，高度超过 3 米，平均速度 18 千米每小时。随后，飞机徐徐飘落地面，艾伦跨出座舱，冲着向他跑来的同伴们笑着说：“这真是一次妙不可言的飞行。”

艾伦和“蝉翼秃鹰”的研制者麦克里迪共同赢得了这项航空史上奖金额最高的奖项。由于过了 18 年才有人实现，所以奖金数额不断增加，最后达到 5 万英镑。

接着，麦克里迪要研制一架能飞行更远距离的人力飞机，他的目标选在飞越英吉利海峡。新飞机取名“蝉翼信天翁”。它没有发动机，只有一套用塑料链条传动的脚踏机构，带动机翼后面的塑料螺旋桨。飞行的时候，飞行员的脚踏动力使螺旋桨旋转，产生向前的推力。飞机的外形和“蝉翼秃鹰”差不多，它有一对左右伸展的细长机翼，可是没有尾翼。机翼几乎是透明的，内部的骨架——翼肋和大梁清晰可见，翼展长 30 米左右。机翼正中的下方有一个透明的座舱，舱底下一前一后安装了两个小塑料轮子。称它“座舱”其实太夸张了，它实际不过是自行车的座子，外面罩着一层很结实的塑料薄膜。

1979 年 6 月 13 日清晨，艾伦穿着一条运动短裤，上身赤膊，套一件橘红色的救生背心。瘦瘦的脸上依旧带着那副宽边眼镜。他同送行的人热烈握手之后，把安全帽一扣就钻进座舱。助手们把飞机对准跑道，两端各有一人扶住机翼。细长而轻飘的机翼在晨曦中微微颤动。艾伦用力踏动起来，飞机沿着跑道滑跑。这架质量只有 25 千克的怪物(加上安全设备、通信器材和饮用水等共 34 千克)居然载着体重 63.5 千克的艾伦腾空而起。它升到六七米高度后，径直向海空飞去。

艾伦拼命踏动脚蹬，以 70～75 转每分钟的速度，维持向前飞行。他的目的地是海峡对岸的法国加莱地区。整整 60 年前，著名航空先驱布莱里奥第一次驾驶动力飞机飞越海峡就是这条航线，不过方向正好相反。英吉利海峡把英国和法国隔开，最窄的地方相距 35 千米。“蝉翼信天翁”正是沿着这最近的航线飞的。从艾伦的飞机上看过去，远方只见海天一线，不见陆地。

按原计划，艾伦可以在 2 小时之内飞完全程。但中途海浪变得汹涌起来，引起海峡上空气流扰动加剧，海上风速达八九千米每小时。艾伦顶风前进，速度慢下来了，逆风中的速度甚至只有 15 千米每小时。艾伦不停地奋力脚踏带动螺旋桨，发出 0.18 千瓦的功率，他所费的力相当于自行车运动员以 35 千米每小时的速度前进。但他被裹在塑料薄膜里闷热潮湿，汗流浃背，筋疲力尽，但还是努力坚持。为了迎接飞渡海峡的考验，一年多来，他一直在艰苦锻炼，曾经在热得像火炉的美国圣华金峡谷的公路上练车，峡谷里的温度有时高达 40 摄氏度，他每周 5 天，每天骑行六七十千米，终于练出了坚强的耐力和毅力。

"蝉翼信天翁"在飞越英吉利海峡

但是，由于闷热和脱水，飞行两个半小时左右，艾伦腿部发生痉挛。这时大约离法国海岸还有 12 千米，他实在踏不动了，飞机下坠到离海面只有几十厘米，他精疲力竭地向随行的救护船招手，表示顶不住了，要求用绳索拖着飞机完成最后的路程。可是当他拼命地踏，让飞机升高，以便让船靠近时，忽然感到气流平静了，似乎有一股上升的气流托着他升起来。同时，法国海岸依稀在望。艾伦精神大振，挥手让船走开，不顾腿部抽筋，坚持完成最后的航程。全程飞行 2 小时 49 分。

"蝉翼信天翁"这只人力巨鸟轻盈地掠过海边礁石，安全地降落在沙滩上。满身大汗的艾伦蹒跚地走下飞机，接受欢呼的群众献给他的鲜花。艾伦的成功在人力飞机发展的征程中又树立了一个新的里程碑，这一次他和麦克里迪获得 10 万英镑的奖励，是对他们探索创新和勇敢精神的褒奖。

企业家

这部分将介绍8位对航空发展卓有贡献的企业家。

顾名思义，飞机是“会飞行的机器”。和其他各种机器一样，飞机也经历了从早期在作坊里敲敲打打到组织现代化大生产的过程。这里就需要企业家的运筹帷幄，不断推出满足军、民用户需要的新产品。

在航空发展初期，不少发明家、设计师、飞行家和企业家很难区分，他们常常一身兼数任，自己设计的飞机，自己试飞，自己组织生产和销售。后来，随着技术的进步，推出产品的各个环节分工越来越细，才有了专门从事不同职业的不同人群，有了设计师、飞行员、企业家之间的分工。正是因为这个原因，在前面几部分中，有些人物算作企业家也未尝不可；同样，这部分介绍的8位企业家中，有的也完全可以列到其他部分去。

用汽车品牌为航空推波助澜
——福特父子对航空的贡献

亨利·福特是世界上尽人皆知的"美国汽车大王",他1908年10月推出的5座标准汽车是现代汽车的鼻祖。他组织大批量生产汽车,使美国成为"汽车轮子上的国家"。福特关心的不仅仅是汽车。早在20世纪20年代,当飞机还被看作是少数"敢死队员"在天空耍杂技的工具时,他就预见到,飞机将成为人类未来的新型交通工具,并为飞机的普及做出了自己的贡献。

老福特1863年出生于密歇根州格林菲尔德,1879年在底特律一家机械厂当学徒。后来转辗各地工厂和农场干活,他熟悉各种机械的使用和维修。他利用业余时间研制出一种适用于汽车的发动机。到1899年,他造出一种机动车,参与市场竞争。1903年,福特成立了自己的汽车公司,各种福特汽车相继问世。

福特

老福特惟一的儿子埃德塞尔·福特是1893年11月出生的,到1923年,他已开始协助父亲掌管庞大的汽车王国了。

有一天,小福特接到一封署名威廉·斯托特的招股函。其中有一段话引起他的特别注意:"……我想向您筹集1 000美元,但我只能答应您一件事,那就是您将永远再也见不着这笔钱了!"

对于小福特而言,像这样的向富人拉赞助的信,一天不知会收到多少,有些恐怕连看都没有看就扔进纸篓了。但斯托特的这封信,他非但没有扔,反而给寄上自己的1 000元支票一张,同时还奉上一张他大名鼎鼎老爸的1 000元支票。福特父子的这一举动将全世界最大的汽车制造商和羽毛未丰的航空工业联系在了一起。

就这样，斯托特在底特律工商界拉到了2万美元的赞助，成立了斯托特金属飞机公司，着手开发飞机。

斯托特听说福特父子对飞机有兴趣，便登门拜访。1924年，老福特当场答应拨给他1.1平方千米土地，条件是要为他造一个“全世界最好的机场”。机场建成后，果然够气派。福特父子让人用白色碎石子，在地面镶拼出大大的“FORT”（福特）字样，每个字母足有60米宽，即使在3 000米高空飞行的飞机里也能看得清清楚楚。

当社会上人们听说福特父子也涉足航空时，他们对“航空时代即将来临”的说法就深信不疑了。

再说斯托特的飞机公司，利用当时刚开发成功的铝合金，研制出装三台发动机的“三发福特”飞机。这种飞机是当时少有的金属结构、金属蒙皮飞机。人们因此给它一个外号叫“铁皮鹅”。“铁皮鹅”的金属结构、三台发动机的大功率和座舱内舒适的设备给人一种安全感，再加上“福特”这块金字招牌，一夜间，“三发福特”飞机便成为最受商业航空公司欢迎的飞机了，订单纷至沓来。有的公司即使只买到一架，也就先开航再说。1928年，公司卖出36架，1929年增加到86架。为了满足市场需求，公司扩建厂房，扩招员工1 600人，一个月可生产18架，从而几乎和汽车生产一样，飞机生产流水线也有了雏形。

外号“铁皮鹅”的“三发福特”飞机在20世纪20年代末成为美国航空公司的最爱

为了进一步扩大市场，此时老福特策划了一次大规模的宣传攻势。他努力说服全社会，用飞机代替火车、轮船旅行，决心让飞机深入人心。从1928年起，老福特在全美10家全国性的杂志上，连续做了一年半的广告，其内容全是福特自己的创意。他以惊喜的笔调和诱人的漫画，描述当时刚刚兴起的商业航空的美好前景。

他的广告非常成功，商业航班的机票全部卖光不说，还预售出300%的票。全美各州地方政府连忙核拨预算，兴建机场，惟恐落在后面，生怕进不了美国城

市间正在构筑起来的空运网络。

遗憾的是，当宣传攻势开展4年后的1932年，让人兴奋的商业航空理想即将成为现实时，福特父子突然激流勇退，撤出了航空业。他们这样做也是迫不得已的。因为，在20世纪30年代初，美国爆发了严重的经济危机，使得坐得起飞机的人越来越少了。福特对航空的投入大于产出。而此时，他在汽车和航空两个领域都遇到激烈的竞争，不收缩战线必然会全面崩溃：一条战线是在汽车领域与通用汽车公司的竞争加剧；另一条战线是道格拉斯、波音公司的崛起，他们推出的新型飞机，性能超过"铁皮鹅"，抢走了商业航空的主要市场。

尽管福特父子退出了航空市场，斯托特的"三发福特"飞机仍是巨大的成功，1926—1933年，共制造了198架。停产后，这些飞机更多地转到中美、南美、阿拉斯加、新几内亚等地。

福特作为"汽车大王"为航空发展做了三件事：一是，提倡空运，努力宣传，给公众带来对空运的信心；二是，制成第一架全金属上单翼客机；三是，率先建设一个现代化机场，日后在美国带来一个庞大的航空网络。至于把福特带进航空圈的人，那就是斯托特。多年后，他回忆说："我这一生为航空事业作过一件最伟大的事，那就是把福特先生拖了进来！"

航空界的福特
——美国小飞机大王派帕

派帕是美国航空发展史上重要人物之一，他是著名的派帕飞机公司创始人，一生中制造的飞机数量之多，世界上很少有人能与之相比。派帕飞机在美国几乎和福特汽车一样普及，因此，派帕也被誉为“航空界的福特”。

1881年威廉·托马斯·派帕出生于纽约州的克纳波斯湾，少年时代在宾夕法尼亚的布拉弗德度过。1899年，在上大学期间，他参加了美-西（班牙）战争，后来到哈佛大学继续学习，学的是工程。第一次世界大战期间，他供职于一家建筑企业，颇赚了一些钱。战后，派帕当了石油商。

派帕在自己的飞机上

1928年，派帕进了泰勒兄弟飞机公司，主持一项滑翔机的发展工作，而这种滑翔机被认为是“幼狐”的鼻祖。当时，派帕看到美国青年爱好飞行，觉得轻型飞机是个大市场。他劝说泰勒设计一款大众化的轻型飞机，即一种很多人都买得起的小飞机。

1930年9月，这种称为E-2“幼狐”的飞机原型机首次试飞。这是一种装一台小型双缸双循环27.20千瓦发动机、一副双叶螺旋桨的最简单的轻型飞机，有人形象地称它为“狸猫”。机上只有2块发动机仪表，没有高度表，没有空速表。驾驶员靠耳朵听吹到作为支柱的金属管上的风声来感受飞机的速度，靠眼睛看浮在油面上的软木带动的线的高度来检查飞机的油量。

该机前后可坐两人，可以从足球场起降，20世纪30年代初的定价为1 325美元。可惜的是，飞机还没有来得及正式投入批量生产，就赶上了美国经济出现大衰退、大萧条。当时公司最好的选择是宣布破产。1931年，派帕花了761美元把这家破产的公司买了下来。他设法筹集资金，恢复生产，并销售了相当数量的“幼狐”。1936年泰勒离开公司，派帕聘请了一位有航空工程学位的年轻人瓦尔特·贾莫诺任总工程师。1937年工厂被一场大火烧毁，但派帕仍不改初衷，他将公司迁到宾夕法尼亚州洛克·哈文，并贷款重新开始。

1938年，贾莫诺对飞机进行了改进，新设计称J-3“幼狐”。就是这种飞机使派帕再一次致富。“幼狐”在第二次世界大战之前在美国是如此有名，以致这个名字成为轻小型飞机的统称了。准确地说，应该是派帕的“幼狐”，其实这两个名字已经紧紧地连在一起了。在经济大萧条的第一年，“幼狐”只卖出了22架，但后来这种飞机就遍布美国各地，成为飞行俱乐部的首选。当时，凡是有机场的城镇，哪怕是个很小的机场，就总能看见这种黄色的小小的飞机飞来飞去。最诱人的是，学一小时飞行只需要花费一元钱。

“幼狐”轻型飞机

那时，这种价廉的小飞机比其他任何飞机都贴近老百姓。十几岁的小伙子如果特别想飞行，就会向父母要几块钱，去上几堂飞行课。飞机就在当地小机场起飞，从敞开的机舱向下可以看到草地、树梢、朋友的房舍、高速公路上跑着的车……后座上的教官会拍拍你的肩膀，告诉你左脚蹬舵、转弯、拉杆爬升……回到地面后再给你讲评……这就是“幼狐”，简单、便宜，充满乐趣。派帕把“幼狐”称为“飞行员成长的幼儿园”。这个说法一点都不夸张，20世纪40年代取得飞行执照的美国飞行员中，80%是用“幼狐”学成的，在第二次世界大战中服役的美国飞行员中，75%是经过“幼狐”完成初级训练的。

派帕是个大个子，他有点不修边幅，甚至有点脏乱。他既是勤奋、有商业头脑的人，也是好幻想的理想主义者。他给人的印象是松松垮垮，这和他兢兢业业、长时间连续工作的实际情形实在很不相符。他戴一顶破旧的毡帽，看起来很滑稽。他开车时，总是不停地吃花生，并随手就把果壳仍在地板上。

第二次世界大战临近时，派帕工厂一年生产1 800架“幼狐”，他的工厂成为世界上最大的飞机制造厂。当时，罗斯福总统为了备战，实施了“民用飞行员训练计划”。人们看到,小型飞机完全可以用做军事目的。美国陆军首先发现,“幼狐”可作为炮兵校射观察机,于是开始成批订购。除了训练新飞行员外,还用于前线侦察,特别是观察敌人的炮兵火力点,用于传递信息、投放补给品、搜救被击落的飞行员、航空照相等等。到日本投降,派帕总共向军方提供了 5 673 架“幼狐”。1931—1950 年间,各型“幼狐”共生产了 23 512 架,有的一直使用到 20 世纪 90 年代。

战后,派帕不断推出新型单发和双发民用飞机,到 20 世纪 60 年代末,派帕公司共生产了 70 000 多架轻型飞机,创世界飞机生产数量记录。派帕的经营口号是:“驾驶派帕的飞机就像开小轿车一样简单。”他说,“我本人就是个蹩脚的飞行员,但我要让任何一个傻瓜都能驾驶我的飞机。”

派帕直到 1931 年才开始学习飞行,只用了两周时间就学会了。那时他已经 50 岁了,而且直到 76 岁才停止飞行。1970 年 1 月他在洛克·哈文去世,享年 89 岁。1976 年 4 月 1 日,第 10 万架派帕飞机——一架 PA-31T“夏延”Ⅱ走下生产线,标志着派帕的事业达到又一个新的里程碑。

1990 年由美国国民邮政咨询委员会的主任、美国集邮协会会长、航空工程师埃墨森·克拉克提名,派帕成为美国邮政总局发行的“航空先驱”系列邮票第 14 枚的人物。派帕邮票是由画家兰·威克斯设计的,他向大家展示了一个正在微笑的派帕,强烈的阳光照射在他的脸上,风吹拂着他的白发,背景是一架黄色的“幼狐”翱翔在云层之上。1991 年 5 月 17 日,在洛克·哈文举行了派帕邮票的首发式。原定发行 17 500 万枚,后来又追加了 740 万枚,总共发行了 18 240 万枚。

把壮志留给后来人
——美国航空企业家波音

波音公司是世界上最成功的飞机制造公司，据2002年最新统计，目前，全世界使用得最多的10种客机中，有9种是波音公司的产品(含麦道公司的两种)。80多年间，与波音公司同时代诞生、历史上曾经赫赫有名的飞机公司，大多先后被兼并、破产、倒闭而销声匿迹。美国国内民用客机最后一个竞争对手麦道公司于1997年被波音公司兼并，形成波音公司独家垄断的局面。遗憾的是，波音公司的创始人波音对政治不感兴趣，过早地离开了公司舵手的岗位。

威廉·爱德华·波音于1881年10月1日出生于底特律，他的父亲是德国人，在美国做木材和钢铁生意赚了大钱，母亲是越南人。波音8岁时，父亲就去世了。波音曾就读于耶鲁大学。也许是因为母亲改嫁的缘故，他不愿继续留在家里，大学没有毕业就从美国东部只身到了西北部华盛顿州的西雅图，在那里靠木材生意赚了一笔钱。谁也没有想到，日后西雅图竟会成为美国、乃至全世界最大的飞机城。

波音

就在波音22岁那年，1903年12月17日莱特兄弟设计和制造的世界上第一架飞机试飞成功。美国人为之欢呼雀跃，在随后的几年里，多种飞行比赛和表演层出不穷。波音虽然偏居一隅，与大森林为伴，但他仍时时关注这个世界的变化。美国的航空热潮，使天性喜爱机械的波音心潮起伏，盼望着自己有一天也能参加造飞机人的行列。1910年，在洛杉矶举办了一次国际航空比赛，兴致勃勃的波音在那里第一次看到了飞机。后来，在美国纽约长岛举行的飞行比赛中，波音还看到过很有名气的飞行家寇蒂斯驾着自己设计的飞机做精彩表演的场面，人们的欢呼声，震撼着波音的心灵。

1915年7月4日，美国国庆节，波音终于第一次坐上了一架简陋的飞机。第一次飞行经历，使他着迷。以后他又飞过几次，开始以机械行家的眼光来看待这些飞机。波音觉得飞机设计得太差了，飞行太不平稳了，他暗下决心："我要造出更好的飞机！"

在一次偶然的机会，波音在西雅图大学俱乐部里结识了海军军官威斯福特。两人都热衷于飞行，决心合作制造一架飞机。他们的第一架飞机是仿制的马丁式水上飞机，用两个人姓的第一个字母取名叫B&W，也称"蓝色比尔"，由波音自任试飞员在西雅图市区的湖面上升空。不久，威斯福特因工作调动离开了波音。这时，波音雇用了一位名叫王助的中国工程师。1916年7月15日波音正式成立太平洋航空产品公司，一年后改名为波音飞机公司。王助在"蓝色比尔"飞机的基础上，改进设计了一种新的水上飞机，称C型飞机，这是波音公司成立后设计的第一种飞机，在美国参加欧战前夕被海军订购50架，作教练机用。这笔57.5万美元的合同，成为波音后来发家的基石。

早期的波音公司

第一次世界大战结束，波音公司业务陷入困境，被迫改产五斗橱、梳妆台、床头柜、木床等家具以维持生计。在不得已转产民用产品的同时，波音并没有忘记抓飞机产品的发展。20世纪20年代的几次在军用飞机竞争中的获胜终于使波音公司转危为安，度过战后萧条时期的困境，走上大发展的坦途。

度过战后萧条岁月的波音，痛定思痛，开始有了新的认识。他发现过分依赖军方订货的公司将是瘸腿公司。要克服没有军事订货的困难，就要大力发展民用产品。1925年他在一次高层会议上做出一项重要决策：在搞军用飞机研制的同时，开发研制当时社会上需要的邮政飞机。1925年，波音公司应邮政总署的要求，研制出40A型飞机，成为波音公司第一种真正的民用飞机。40A型机可运540千克邮件，在竞争中赢得了旧金山-芝加哥航线的经营权，并派生出一个专门经营邮政业务的子公司——波音空运公司。由于40A飞机性能优良，每次航班除运送邮件外还能带4名乘客，票价是净赚，所以收益颇丰。后来波音公司又兼并了太平洋空运公司，赢得西雅图-阿拉斯加航线经营权，业务迅速发展，成为兼营制造和运输的企业集团，但这也为后来的大灾难埋下了伏笔。

继40A型飞机之后，波音公司又设计出第一种真正的民用客机——12座的80型。该机机舱密封，有暖气，每个座位有阅读灯，有冷热水供应。1930年，波音空运公司还率先在飞机上聘用护士出身的空中女乘务员，成为第一代“空姐”，改善空中旅途的服务，为空运事业的发展注入新的活力。

1919年，波音(右)驾机完成从加拿大温哥华到美国西雅图的第一次国际航空邮运

波音的事业在扩大，除飞机制造外，又买进几家小航空公司，成立了联合航空及运输公司，即今天美国最大的联合航空公司的前身，成为名副其实的“航空帝国”，占有美国邮件及旅客运输市场的30%。波音将经营航空运输的收入投向新飞机的开发中，先后搞了XP-15战斗机、XF5B-1海军飞机、单翼邮政机、B-9轰炸机、P-26驱逐机、波音247型等多种军、民用飞机。波音247型是1933年研制的，堪称世界上第一种现代旅客机，几乎具备了现代飞机的所有特征，如全金属结构、下单翼、双发动机布局，有自动驾驶仪、液压防冰装置、可收放的起落架和桨距可调的螺旋桨。波音247还是世界航空史上最早进行静力试验的飞机。

20世纪30年代，美国围绕航空邮政曾爆发过一场大风波，也称“空邮丑闻”。最后出台的《1934年空邮法案》规定，任何飞机制造公司不得与经营运输业务的航空公司有任何联系。这项法案对波音实现集团经营的策略是一次沉重的打击。

在美国，1929年开始的经济危机到1934年已达到极点，让很多企业都感受到一种令人窒息的气氛。面对这一切，波音悲愤填膺地说：“现在一切都是政治的玩物，就算站在了最高峰，也一样会被政治的狂风吹落下来。站得越高，摔得越重。我的奋斗在他们眼里根本不值一提”。波音学的是机械，从事的是技术与实业，他对政治一窍不通。他讨厌政治游戏，更憎恨别人把他当作游戏的皮球踢来踢去。在这种情况下，波音本人对政府干预企业经营活动的作法感到厌倦，被迫于 1934 年 9 月 18 日宣布退出他自己亲手建立并经营了 18 年的公司。他不仅离开了董事会主席的职位，还卖掉了自己在波音公司的全部股票，切断了与波音公司的一切联系。

从这时开始，波音就像一个平常人一样过起了舒适、安逸的隐居生活，说他是功成身退也罢，说他是激流勇退也罢，反正波音就这样把自己交给了历史，把以他的名字命名的公司交给了未来。波音 1956 年 9 月 28 日于西雅图在自己的游艇上心脏病突然发作，安然离开人间步入天堂，终年 75 岁。

有 80 多年历史的波音公司，只有 18 年是在波音本人领导下运作的，其余 60 多年都是没有波音的波音公司。波音自 1934 年退出波音公司后，留给公司的不是资产，而是初创时期确立起来的传统，这成为波音公司一笔巨大的精神财富。今天，当人们走进波音公司办公楼时，会发现一块铜牌，上面刻着的一段文字。那是波音先生 1929 年讲过的一段话："我将努力让周围的人像我一样，感觉到我们是一群新科技和新工业的拓荒者，我们所面临的难题，都是前人见所未见、闻所未闻的。在我们的观念里，没有什么是荒诞不经的，也没有什么是不能做到的。我们的工作就是不断地研究与实验，并且尽快地把实验出来的结果做成成品，绝不让已经改良的飞行器及飞行装备终止我们不断求新求变的心。"

为喷气客机鞠躬尽瘁
——英国航空先驱德·哈维兰

和很多航空先驱一样，德·哈维兰也走过一条自己造飞机、自己试飞飞机、自己办飞机公司的道路。两次世界大战中都有他设计的飞机转战各条战线；战后他热衷民用航空的发展，率先推出“彗星”号喷气客机，把飞越大西洋的时间缩短了一半，为此他搭上了自己三个儿子中的两个。他被推崇为英国所有航空先驱中最了不起的人物。

杰弗里·德·哈维兰1882年7月27日出生于一个牧师家庭。在学生时代，他就是个“机器迷”，热衷于制作模型火车；毕业后，他又搞起了竞赛蒸汽汽车和摩托车的设计制作。1900年，德·哈维兰考进水晶宫工学院，其间设计了一辆摩托车，装自己造的1.12千瓦的发动机。1905年，德·哈维兰进入伯明翰的沃尔斯利公司。1908年成为该公共汽车公司的设计师。当时正值早期飞行先驱大显身手的时代，德·哈维兰被莱特兄弟和法尔芒等飞行家的业绩所打动，迷恋上飞行。他坚信自己也能设计出发动机和飞机，于是转而钻研航空科学，并为之奋斗了一生。

德·哈维兰

1908年，德·哈维兰说服祖父借给他1 000英镑，和朋友一起造一架飞机。1909年11月，德·哈维兰把机身、4片机翼、发动机和其他部件运到了罕布什尔草原。在那里他们买了机库，进行飞机的组装和试飞。摔坏了一架又装第二架。1910年，德·哈维兰自己驾驶这架很有特色的飞机，在纽伯利南部草原上空飞行了40分钟。此次飞行成功引起了军方的重视，他们的飞机很快被陆军气球工厂以400英镑的价格买了去。德·哈维兰也成为这家工厂的设计师和试飞员。

德·哈维兰的飞机获得了航空许可证，正式命名为FE.1型。1912年，德·哈维兰又设计了FE.2型，该机外形简洁，飞行稳定，是英国当时性能最好的飞机，曾创造过飞行高度3 960米的世界记录。

1911年，德·哈维兰自己驾驶FE.2，拿到了皇家航空俱乐部颁发的第4号驾驶执照。接着，德·哈维兰设计了安装拉进式螺旋桨的BE.1型飞机。这种飞机后来成为第一次世界大战初期英国空中作战的主力飞机。

1914年，德·哈维兰加入艾科航空公司，任总设计师和试飞员，在这里他首次推出了以自己的名字D.H.冠名的飞机，从D.H. 1到D.H. 18。其中，最值得一提的是1916年8月投产的D.H. 4，这可说是第一次世界大战中最成功的快速轰炸机和侦察机。该机比当时德国战斗机飞得都快，最大速度220千米每小时，而且操纵性和可靠性都很突出。英国共生产D.H. 4型机1 449架，美国也引进了该机，生产了4 800架之多，一直服役到1932年。

D.H. 4飞机

1919年8月25日开通的巴黎-伦敦航线就是用D.H. 4A侦察机改装的客机运营的。1920年9月艾科公司倒闭，德·哈维兰在伦敦北郊创建了自己的飞机公司。

两次世界大战之间的20年里，是航空事业飞速发展的黄金时代。新飞机设计层出不穷，新记录不断被创造出来。1925年名为“飞蛾”的D.H. 60成为一个大系列中的第一种飞机。很多飞行家驾驶它创造了惊人的业绩。例如，1930年5月5日，27岁的英国著名女飞行员艾米·约翰逊驾驶“飞蛾”飞机从伦敦附近机场起飞，经维也纳、伊斯坦布尔、巴格达、卡拉奇，于5月24日到达澳大利亚，成为世界上第一位由英格兰飞到澳大利亚的女性。这架飞机现在收藏于伦敦科学博物馆。“蛾”式系列飞机使德·哈维兰公司闻名于世。

1940年11月德·哈维兰研制成功了木质双发D.H. 98型“蚊”式飞机。其性能之好、外形之美在当时首屈一指。“蚊”可说是空中多面手，主要用作远程轰炸机，也有夜间战斗型、强击型和侦察型等，后来发展成4大系列几十种改型，共生产了7 781架，是第二次世界大战中最活跃的飞机之一。“蚊”、“喷火”

和“兰开斯特”被誉为第二次世界大战中英国的三大杰作机，也是德国空军最头痛的空中武器。

1944 年 6 月 15 日，英国的莫斯格雷夫空军上尉驾驶“蚊”，在英吉利海峡上空首次击落德国的 V-1 导弹，为飞机打导弹开了先河。鉴于德·哈维兰对英国航空工业的巨大贡献，1944 年他被封为爵士。

早在 1937 年 4 月，英国著名航空工程师弗兰克·惠特尔就成功地制造了第一台喷气发动机。但第二次世界大战中，喷气飞机的应用仅限于战斗飞行。直到 1943 年，一些有眼光的政治家才开始作大战后经济发展的展望。英国的和平发展计划中，民用航空被列在重要位置。德·哈维兰勇敢地承担了发展飞越大西洋航线的喷气客机的任务。这也是他多年的愿望。他认为，快速的喷气客机可以缩短空中飞行时间，减少人们处于狭窄座舱中长途旅行的疲惫。喷气发动机无振动，维护简单，可以高飞在云层之上的平稳气流中。美妙的前景使他充满信心去攻克一个又一个难题。

1946 年，德·哈维兰研制出两种喷气式飞机：一种是 4 发、有 20 度后掠翼的 D. H. 106“彗星”；另一种是大后掠翼的 D. H. 108“燕子”。同年 5 月 8 日，德·哈维兰的长子、公司首席试飞员小杰弗里驾驶“燕子”创造了速度达 980 千米每小时的世界记录。不幸的是，在后来的一次试飞中，他遇难身亡。德·哈维兰为他所热爱的事业献出了自己的爱子。

1952 年 5 月 2 日，“彗星”的第一个定期航班载着 36 名旅客从伦敦希思罗机场出发，在罗马、贝鲁特、喀土穆、恩德培、利文斯顿几经停顿之后，最后比预定时间提前 2 分钟到达目的港——南非的约翰内斯堡，全程 23 小时 34 分，即以 790 千米每小时的速度巡航飞行了 10 819 千米。

这架“彗星”对商业飞行所做出的贡献就和 20 年后的“协和”号一样，把当时的飞行时间缩短了一半。第一次喷气航班的成功激发了人们对“彗星”的兴趣，定单接踵而至。

前进的道路并不一帆风顺，灾难一个接一个。这也是为超前付出的代价，为后来者做出的牺牲。从 1952 年 10 月至 1954 年 4 月的 18 个月里，在给 4 家航空公司交付的 17 架“彗星”中，就有 6 架相继发生事故，总共 99 名旅客和机组人员为此付出了生命。

“彗星”陨落震动了世界。英国首相丘吉尔下令，不惜一切代价，搞清飞机解体的原因。神秘的事故更引起航空工业界的高度重视。为此，英国海军出动舰队，打捞起失事飞机的残骸，送回英国详细研究。最终查明，失事原因是机体结构金属产生疲劳，金属表面存在细小裂纹，随着蒙皮承受外力的变化，裂纹扩大招致最终爆炸。在此之前，金属疲劳对航空安全的威胁还从没有引起过人们的注意。

此后，德·哈维兰不遗余力地把有关金属疲劳的新知识用于改进喷气客

"彗星"4 喷气式客机重上蓝天

机，终于又研制出一种新型的"彗星"4 号。英国海外航空公司对他的顽强精神非常感动，率先订购第一批产品。说来也好笑，那些被坠机搞得有些神经质的检查官，对"彗星"经过极其严格的材料应力试验——相当于正常操作 80 年的材料试验之后，才最终同意，给该机颁发了英美通用的"适航证"。"彗星"4 比旧的"彗星"又大又快，从伦敦到纽约只要 6 小时。1958 年 10 月 4 日"彗星"4 正式成为第一架飞越大西洋航线的喷气客机，虽然不久美国波音 707 等巨型客机接踵而至，使"彗星"黯然消逝，但它已经起到了开路先锋的作用。

德·哈维兰热爱飞行。早期，他设计的飞机都是由他自己试飞的；此后他也没有放弃飞行，他最后一次驾机飞行是 1952 年 8 月 14 日，他以 70 多岁的高龄飞"豹斑蛾"。1965 年 5 月 21 日，德·哈维兰以 83 岁高龄溘然长逝，他的骨灰由他设计生涯中最后一种飞机——D. H. 121"三叉戟"撒在英国大地上。在英国航空工业改组中，他的公司于 1966 年并入霍克·西德利集团。

投身航空，终生不悔
——不得意的企业家洛克希德

洛克希德公司今天是美国、也是全世界最大的航空航天和防务制造商，然而，它的创始人洛克希德早在1932年就离开了公司。洛克希德公司聘请专家设计过几种出色的飞机，但终于在20世纪30年代经济大萧条中破产。尽管如此，洛克希德对自己献身航空从不后悔，并且为没有洛克希德的洛克希德公司的成就感到骄傲。

艾伦·海恩斯·洛克希德1889年1月20日出生于美国加州奈尔斯，只念过9年书。自从他听说莱特兄弟1903年飞行成功的消息后，就开始不可救药地痴迷于航空。1904年，15岁的洛克希德驾驶着自己拼装的赛车在家乡附近飞奔。同年，他研究了一架别人飞过的滑翔机，从此一生再也没有离开过航空了。

洛克希德和"织女星"飞机

1908年，他哥哥写了一本《航空器》的科普读物，更是对他产生了重大影响。1910年，他在芝加哥第一次飞行。那是给飞行师吉姆当助手，从来没有飞过的洛克希德作为副驾驶在一架发动机装在后面的推进式双翼机上操纵副翼。那年晚些时候，他在飞机上自学驾驶，飞了1.5小时，就放了单飞，后来成为飞行教员，还到乡村集市上进行过特技飞行表演。当时他跟朋友说："我希望看到航空成为最安全的运输手段，速度达到65～80千米每小时，飞机将越过水面和陆地，毫无障碍地飞行。"

1912年，洛克希德开始在旧金山设计和制造一种三座的水上飞机，在他另一个哥哥的帮助下，实现了自己的预言。他给飞机取名叫G型水上飞机。在他们的钱花完了的时候阿尔柯汽车公司资助他们 4 000 美元，于是他们的公司就叫阿尔柯水上飞机公司。

1913 年 6 月 15 日，洛克希德和他的哥哥到附近旧金山湾去试飞他们的飞机。洛克希德第一个飞，飞机达到 100 米的高度，速度达到 96 千米每小时。着陆后他又载着哥哥飞行。据当地媒体报道，当天飞了 3 次。1915 年，在旧金山举办的巴拿马-太平洋展览会期间，那架飞机带过 600 名乘客飞行，赚了 4 000 美元。

1916 年，弟兄俩在加州圣巴巴拉注册了洛克希德飞机制造公司，开始制造 10 座双发 F－1 水上飞机，也获得成功。该机 1918 年 3 月 28 日首次试飞，可携带 12 人。这时，第一次世界大战已近尾声，海军取消了大部分合同。随着战争结束，剩余飞机比比皆是，一架新飞机只能卖 300 美元。1921 年洛克希德公司遭破产清算。哥哥马尔库姆·洛克希德就此离开了航空业，转而发展他的汽车刹车事业，获得成功。而弟弟艾伦·洛克希德却痴心不改，抓住航空不放。

1926 年，在他的发起下，重新创建了洛克希德飞机公司。洛克希德把先前帮助过他设计 F－1 的总工程师诺斯罗普和工厂总管斯塔特曼等人，又从道格拉斯公司请了回来。新公司的第一个产品是设计制造了胶合板做的单翼机“织女星”。“织女星”1927 年 3 月 4 日首次试飞。当年试飞的地方现在成了洛杉矶国际机场。“织女星”共生产了 144 架，后来成为一种传奇飞机，许多知名飞行员驾驶它创造了多项速度和距离记录，其中包括威利·波斯特，他第一次环球飞行用的就是“织女星”。

“织女星”飞机

“织女星”销售很好。公司还计划生产其他飞机。于是洛克希德就把公司迁到伯班克。1929 年中，一家叫底特律飞机公司的控股公司买下了洛克希德公

司的大部分股权，殚精竭虑地想成为空中的"通用汽车公司"。当时洛克希德是反对的，后来事实也证明他是对的。公司合并后，洛克希德仍担任总经理。到10月，美国经济遭遇空前的衰退，股市崩盘，殃及到底特律公司。1932年6月6日洛克希德公司在法院拍卖。当时在大萧条背景下，只有一个投资者愿意出价4万美元。最终这位叫罗伯特·格罗斯的投资人买下了洛克希德公司。当时洛克希德就坐在观众席上，他真想筹集资金把公司买回来。就这样，洛克希德公司换了主人，但是没有改名字，在格罗斯的经营下，逐步发展、壮大，成为今天全球数一数二的航空防务公司。

20世纪30年代，洛克希德确实又办过2家飞机公司。一家是在加州格兰代尔和他哥哥一起投资的洛克希德兄弟飞机公司；另一家是在旧金山的阿尔柯飞机公司。但两家都没有成功。他的最后一种飞机是"阿尔柯"运输机，是一种8座下单翼飞机，两台气冷式发动机并列放在机头里，但在1938年原型机试飞时，飞机失去控制，驾驶员和一名旅客跳伞，飞机沉没在金门大桥附近水中。此时，洛克希德对航空已感筋疲力尽，拿了飞机保险金，还清债务，公司就关门了。

第二次世界大战期间，洛克希德担任制造海军战斗机部件的密歇根公司飞机分公司经理。此后，他先在加州、后又到亚利桑那州搞房地产。20世纪50年代中期，洛克希德飞机公司要求洛克希德返回公司担任顾问，主要是帮助公关部编写一本有关本公司人物和历史的书。洛克希德欣然接受邀请，很高兴回到洛克希德公司，把自己珍藏多年的照片和剪报都贡献出来。1986年，艾伦·洛克希德被收入位于代顿的"国家航空名人堂"。1969年，洛克希德患癌症去世。

公务航空先驱
——比奇夫妇

全世界公务航空最发达的国家是美国。全球近 2 万架涡轮式公务飞机中,美国占三分之二。对美国发展公务航空有过杰出贡献的人物当中,有一对夫妇——沃尔特·比奇和奥利维·比奇夫妇。从 20 世纪 20～80 年代,这对伉俪先后领导比奇飞机公司,把公务航空事业带上一个个新高地。

1891 年 1 月 30 日,沃尔特·比奇出生在田纳西州一个农场主家庭。1905 年,14 岁的比奇第一次接触航空,他用母亲的一条床单蒙在木制的骨架上做成一架滑翔机。但直到 1913 年 23 岁时,他的第一架飞机才飞上蓝天,当时他和一位朋友一起把一架破烂的寇蒂斯双翼机重新造好,并由比奇单独驾驶上天。从那时起,航空就成为他终生的事业。

沃尔特·比奇和奥利维·比奇夫妇

第一次世界大战爆发后,比奇参加了陆军通信兵航空处(美国空军的前身)。1920 年退伍后,比奇进了莱尔德飞机公司,但为了增加收入,不得不兼作表演飞行员。20 世纪 20 年代,美国很时兴巡回飞行表演,表演者大都是第一次世界大战时期的飞行员,他们三五成群组成“飞行马戏团”,很受百姓欢迎,表演的节目有翼上行走、做杂技动作、荡起落架,从一架飞机换到另一架飞机……十分惊险刺激。比奇在这些巡回飞行表演中,切实体会到飞机驾驶员每天面临的挑战,使他明白飞行员期望飞机具备什么样的性能。

在各地辗转表演一年后,1921 年比奇决定在当时欣欣向荣的石油城威奇托定居下来,他接受“雨燕”飞机公司的邀请,担任试飞员和销售代表。尽管公司挺成功,但比奇感到用金属造飞机将是

未来飞机的趋势。当雨燕飞机公司董事长宣布公司将坚持造木质飞机时，比奇觉得他该建立自己的公司了。1924 年，为了实现自己制造最新型飞机的梦想，比奇和另外两位热心航空的先驱——赛斯纳和斯蒂尔曼一起，在威奇托创办了旅行航空制造公司(简称 TA)，并很快建立起高质量飞机制造商的信誉。这期间，TA 公司的主要产品有：1925 年 8 月首次试飞的 TA 1000，一种三座双翼机，采用不同发动机有 15 种不同型别。比奇亲自驾驶本公司生产的飞机，多次在美国最有影响的航空大赛上取得胜利，在 12 天赴 14 个城市的巡回比赛中，战胜了 40 个竞争对手。

遗憾的是，三位航空先驱由于对飞机发展前景的看法不同，没有多久便分道扬镳了。赛斯纳和斯蒂尔曼先后离去，只有比奇留守在 TA 公司继续他原先的追求。

20 世纪 20 年代末，世界经济危机波及美国，大萧条开始了，民用飞机销售业务一下子停顿下来。为了度过难关，1929 年 TA 公司与寇蒂斯·莱特公司合并，比奇成为新公司的总裁兼销售副总裁。比奇的这些新职务要求他搬到纽约去，但他并不喜欢到大城市去当行政官，他认为最适合自己的工作是自己动手设计、制造和销售飞机。于是 1931 年晚些时候，比奇辞去寇蒂斯·莱特公司的职务。

40 岁出头的比奇仍然梦想设计、制造一流的飞机。当时位于威奇托的 TA 公司关闭不久，尽管飞机市场十分不景气，比奇相信危机一定会过去，他决心和结婚两年的妻子一起打回威奇托。1932 年 4 月，比奇夫妇在威奇托创建了比奇飞机公司，比奇自任总裁，妻子奥利维·比奇出任财务主管。他们很快确定了第一架比奇飞机的技术参数：单发、5 座、封闭式机舱的双翼机，内装修舒适豪华，让人想起精致的小轿车；最大速度 320 千米每小时，着陆速度 96 千米每小时，航程 1 600 千米。

经过 7 个月的努力，比奇 17 R 原型机问世了。试飞表明，新飞机不仅满足设计指标，有些地方还超过了设计指标。由于飞机的下机翼在上机翼的前方，上下两个机翼的位置是错开的，该机被称为“错翼”飞机。1933 年 1 月，17 R 原型机在迈阿密航空大赛中获 Texaco 大奖。最后，一家公司买下这架飞机，用于公务运输。

“错翼”飞机成为当时的一种经典飞机，到 1948 年为止共生产了 781 架，在和同时期飞机的竞争中，几乎没有对手。比奇飞机公司的成功，在很大程度上是因为比奇决心生产尽可能好的飞机。在公司成立不久就竖起的一块标牌，表明公司对质量的承诺：“世界各地人们的生命有赖于我们工作的质量，让我们慎之又慎”。

1935 年，在单发“错翼”飞机成功的基础上，比奇开始研制一种新的双发单翼机——18 型，通称“双发比奇”。18 型为 7～8 座，速度与 17 型一样快，1937

年1月首次试飞，装两台雅格布斯发动机，售价3.5～3.8万美元。“双发比奇”在世界各地获大量商业用户。从1937年到1969年11月，“双发比奇”共生产了7 091架，生产线维持了32年，是美国生产周期最长的飞机之一。

1940年晚些时候，由于美国正准备参战，比奇飞机公司的军用飞机订单很多，所有民用飞机生产几乎全部停止，而转向军用机的开发。战争中，90%以上的美国轰炸员和领航员都是在各型“双发比奇”飞机上练习他们的技能的。整个第二次世界大战期间，比奇公司向美国各兵种交付了7 400多架军用飞机。

即使在第二次世界大战最困难的日子里，美国通用航空制造商们仍然没有忘记普通民众对飞行的渴望，并为战后生产民用飞机作好了准备。当第二次世界大战渐渐停息下来后，比奇公司立刻就有序地返回到民用飞机制造上，着手对17型和18型飞机进行改进，并开始设计一种新的飞机——全金属、4座单发V型尾翼的35型“富豪”。

第二次世界大战期间，比奇夫妇在检查为美军生产的飞机

1946年，比奇作出决定，把“富豪”飞机投入市场。这种飞机可载乘4人（包括飞行员），安装了可在白天或夜晚飞越全国使用的“目视飞行规则”仪表，甚至还有一个双向无线电标准设备。

20世纪40年代后期，民用飞机销售不畅，但比奇带领他的公司成功地完成了从战时到和平时期艰难的过渡。1950年，比奇公司获得5 000万美元军用机订单，民用飞机市场也开始转旺，为他的公司创造再度辉煌打下了基础。但是谁也没有料到，这一年11月29日，当比奇在威奇托主持一个晚宴时突发心脏病，抢救无效，离开人世。

比奇突然去世之后，他的妻子奥利维·比奇接过了公司的领导权，在后来的30年里把比奇未竟的事业引向新的高度，不断推出新的产品。其中重要的有：60年代的“空中女王”和“空中国王”，80年代的“比奇喷气”400和比奇1900等。

20世纪80年代对美国通用航空是残酷的10年。由于经济滑坡和一些政策的不利影响，美国通用航空的发展陷入低谷。比奇飞机公司于1980年成为雷神公司的一家分公司。但这些变化没有改变人们对比奇这位有10 000飞行小时经历的飞行员、教官、工程师和企业家的怀念。为了纪念和表彰他的贡献，比奇公司的员工在公司总部为他建了一个4.5米高的纪念碑和一幢陈列展览

厅。但更能让人们回忆起比奇的是那些至今仍在蓝天上翱翔的飞机，其中最知名的是比奇在40年代亲自决策的"富豪"，这种单发小型飞机自1947年首次交付以来，到1997年50周年庆典时已交付17 376架，至今仍在继续生产。

富豪飞机

导弹鼻祖
——飞行员出身的企业家
格哈德·费泽勒

德国第二次世界大战期间推出一种V-1“飞弹”，号称“复仇武器”，它是现代地对地巡航导弹的前身。这种V-1飞弹的原型就是费泽勒公司的Fi-103。费泽勒公司还有几种重要产品，如至今仍有使用的Fi-156“鹤”、德国惟一的舰载机Fi-176等，费泽勒因此也成为航空史上的一位人物。

费泽勒1896年4月15日出生在德国科隆附近。第一次世界大战期间，他作为战斗机飞行员在中东战场作战，到战争结束时，共击落敌机22架，荣膺“马其顿之虎”的荣誉。

费泽勒

战后，他也和其他许多飞行员一样，当上了特技表演飞行员。但他不停留在搞那些哗众取宠的小把戏上，而是刻苦钻研特技飞行术。他在欧洲各国空军中教授先进飞行技巧，1928年，还在法国和英国示范表演“外筋斗”。

1930年，他在卡塞尔买下了一家滑翔机工厂，两年后开始生产动力飞机，并把工厂改名为费泽勒飞机制造厂。早期生产的产品有：为费泽勒自己量身定做的双翼特技飞机Fi-2“虎”、利皮施设计的Fi-3，接着还生产了一种装襟翼的4座飞机Fi-5R。

1935年，费泽勒的工厂经过扩建，专利生产了12架He.46、200架He.51和30架He.72，与此同时，还继续生产自己设计的飞机，如Fi-98单座俯冲轰炸机(后来在竞争中输给亨舍尔公司的Hs.123而未投产)、德国惟一一种用于投放水雷和侦察的舰载战斗机Fi-167(在竞争中胜过阿拉多公司的Ar 195，但最后因航空母舰未建成，也未投产)。Fi-167性能良好，超过帝国航空部的要

求，与竞争对手相比，不仅速度快、航程远，且载荷多一倍。有一次，费泽勒亲自试飞 Fi-167，几乎在地面同一位置上，从 3 000 米下降到 30 米高度，显示了飞机极其出色的低速操纵性能。

费泽勒最成功的飞机是 Fi-156“鹤”，该机 1936 年 5 月首次试飞，投入使用后转战欧洲各个战场，能执行联络、病员疏散、与陆军协同等多种任务。Fi-156 最突出的特点是由于采用增升装置（机翼整个前缘上有缝翼，在整个后缘上有带缝的副翼和襟翼），使起飞滑跑距离不足 60 米，而着陆滑跑距离只有 20 米。Fi-156 被称为是世界上第一种超级短距起落飞机，其性能使很多人惊叹不止，甚至连英国统帅丘吉尔、蒙哥马利都要用缴获来的“鹤”亲自飞一飞，体验一下。

由于 Fi-156 的出色短距起落性能，德国人用它执行过一些独特的任务。如 1943 年 9 月 12 日，用这种飞机营救出墨索里尼。当时，墨索里尼被反政府势力囚禁在亚平宁山脉最高峰莱特柯诺南坡 1 800 米处的一家饭店里。饭店距离意大利首都罗马 180 千米，通往山上的道路全被封锁，饭店周围有重兵把守。德国派 6 架“鹤”载 18 名突击队员从天而降，强行在饭店山顶一小块三角地着陆，强攻饭店并救走了墨索里尼。另一次特殊任务是德国女飞行家汉娜·莱奇驾驶 Fi-156 在 1945 年 4 月 26 日德国崩溃前夕飞进被盟军重重包围的柏林，机上还带着将被任命为德国空军新司令的冯·格莱姆将军去面见希特勒。

1939—1945 年期间，费泽勒工厂生产了 1 549 架 Fi-156，另外法国的莫朗·索尼埃公司和捷克的穆拉兹公司还仿制了不下 1 346 架，使生产总数达 2 895架。

费泽勒公司另一种最有名的型号是无人驾驶的 Fi-103“飞弹”，更通俗的名称是 V-1“复仇武器”。说是飞弹，其实也是一种“自杀”飞机，不过它比日本用飞行员去自杀轰炸要高明一些。飞机飞到预定目标为什么就能“自杀”爆炸？原来 V-1 上装备了定高器、程序控制装置、自动驾驶仪和导航计算机等，用预定指令程序控制着飞机的舵面。这样，飞机就按预定的飞行轨迹飞向目标。V-1 头部装有罗盘，后面有一吨炸药，中间是贮存 450 千克燃料的油箱，后端有自动驾驶仪和一个小电台，以代替飞行员操纵飞机。

从航空发展的角度看，这种飞机还是占有重要地位的。V-1 装一台脉动式冲压空气喷气发动机，工作起来发出简短的啸鸣爆炸声，所以也有人叫它“啸声飞机”。这种飞机总飞行质量 22 000 千克，比一般飞机小，但比炸弹大得多，速度为 640 千米每小时，射程 200 千米。

V-1 结构简单，质量轻，可在水泥斜面轨道上发射，依靠蒸汽做功的抛射机起飞。起飞之后就由冲压发动机继续推进，到达一定距离后就按预定指令，由自动驾驶仪控制俯冲下去，发出可怕的怪啸声，飞机“自杀”了，换来的结果是 3 ～ 4 座房子被炸毁。

V-1生产总数达33 000枚，不过在费泽勒工厂生产的并不多。1943年底，随着战局恶化，有人建议，把V-1改成有人驾驶的飞机，用以精确攻击少数有重要价值的目标，这项建议于1944年3月获得批准。14天内，第一批样机出厂，称Fi-103R，4月开始进行有人驾驶的试验。

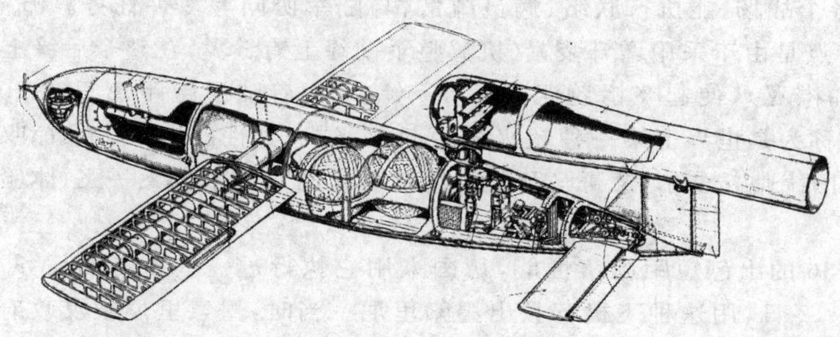

V-1飞弹

有人驾驶的Fi-103R与无人驾驶的Fi-103(V-1)的主要区别是，在机身中部有驾驶舱，安置飞行员和各种控制仪表，驾驶员的任务是当飞机脱离母机之后，把飞机引导到目标，然后爬出飞机靠降落伞救生。德国著名女飞行家汉娜·莱奇亲自进行过试飞，在一次事故中受伤。Fi-103R总共生产了175架。但到战争结束，一直没有投入实战。

第二次世界大战之后，法国莫朗·索尼埃公司继续生产Fi-156"鹤"，不过改名为MS 500。直到20世纪70年代，很多"鹤"还用作滑翔机的拖曳机，在很多民间飞行表演和比赛中都能见到这种号称"短距起落飞机鼻祖"的身影。

1987年，费泽勒告别人世。

从一本笔记本发展出一个产业

——缔造航图王国的杰普森

杰普森是一个有心计的飞行员，他把自己在笔记本上积累的航行资料变成出版物，又进一步变成一个庞大的产业。现在，飞行员只要翻开那个熟悉的小本子（如今这些航图很多都以CD盘的形式出版），就会想起杰普森不朽的功绩。

埃雷·杰普森祖籍丹麦，父亲是个木匠，1907年生于美国俄勒冈州哥伦比亚河畔的波兰特城。在他少年时，欧洲和美国盛行第一次世界大战飞行员在各地进行飞行马戏表演。对于想飞行的人，只要花些钱，飞行员就能带你飞上天。杰普森非常羡慕飞行，他打破了储蓄罐，拿出他仅有的5块钱，这点钱虽然不够，但好心的布列格斯上尉还是带着这个倔强的14岁男孩上天转了几圈。

杰普森和他的笔记本

太痴迷于飞行的杰普森不久就离开了学校，16岁开始他的飞行生涯。1925年，他18岁，参加了著名的蓝钦飞行马戏团。起初只是在门口卖票，后来帮着摇螺旋桨以发动飞机。他勤奋好学，不久便能在飞行中的机翼上行走，在起落架上翻腾，当上了特技演员。后来，他设法搞到500美元，买下了一架退役的寇蒂斯公司的“詹尼”式双翼飞机，自己组织了一个飞行马戏团。

他一边飞行，一边攻读工程、数学和摄影课程。他很快就学会了判断在某个地方是否能赚到钱的诀窍：每到一个城市，先在城市主要街道上空低低飞过，如果没有很多人翘首仰望飞机的话，就说明不久前刚刚有他们的竞争对手来过，就不值得停下来表演了。

1928年，杰普森为仙童公司在墨西哥州进行首次航测飞行，1929年获得由奥维尔·莱特亲自签发的正式的飞行执照，1930年进入波音空运公司，当上了邮运飞行员。杰普森后来回忆当时的情景时说,“那时我们很困难,也很危险。有时天气不好,我们不得不在应急机场迫降,从波音公司 40 型邮政飞机敞开的座舱里爬出来,人都冻僵了,还要守着一口袋邮件和一架飞机,坐在那里等待风暴过去,然后再次出发。我们没有航图,只有一张兰德·麦克耐利公路-铁路图。遇到坏天气时,我们只好跟着铁路走向飞。那时既没有无线电,也没有空中交通管制。天空任你飞,不过你必须努力。”他还说:“1930 年,我们在加州的奥克兰和俄怀明州的夏延之间飞邮运的共有 18 个飞行员,那年冬天,就先后有 4 人死于事故。这对航空公司也是极高的代价。”

杰普森是个有心人,他要挽救驾驶员的生命,也包括自己的生命,他必须掌握机场和航路及其周围的环境条件。于是,他决定搞清楚这一切。他花了 10 美分,买了一个活页笔记本,将各个机场跑道长度、走向、障碍物的位置和高度、信标、灯光等等都记录在本子上。

从那个时候起,他用心寻找一切有用的航行资料,不管走到那里,无论是城市还是乡村,无论是遇到工程师还是农民,或是勘察人员,他都尽量搜集对他的航图有用的信息。他利用业余时间,到处摄影,他爬山、上烟囱搞测量。令他吃惊的是,当年地图上绘出的盐湖城东的布莱斯山从来没有真正测过高度,过去都按一个平均高度来飞。他在自己背上绑了三个高度表,爬上山顶,并测了山顶上的温度。杰普森把这些数据送到犹他州立大学物理系进行处理,得出山的海拔高度,然后在此基础上再加上 150 米,这样会更安全些。

为了绘制进场图,他驱车从芝加哥到奥克兰,以察看应急机场和机场周围的障碍、看障碍物离铁道有多远、看进入机场的不同途径,计算出在这个机场要飞的最低绕场高度。20 世纪 30 年代初,美国政府开始在各地建设无线电导航台,杰普森逐个飞遍每个导航台的各边波束。他还针对夏延到盐湖城、由奥马哈到奥克兰沿线每个机场的情况,编制出一套安全穿降程序。

杰普森收集的航行资料引起同事们的兴趣,这个消息通过美国飞行员协会不胫而走,人们纷纷传抄。1934 年,杰普森开创自己的公司,将笔记本中的第一批 50 幅航图印刷出版,他编的第一本航路手册售价 10 美元。手册第一版在几天内就销售一空,获利 5 000 美元。

后来,他供职的波音空运公司合并成为联合航空公司,他改飞波音 247 型飞机,结识了机上的乘务员、后来成为他妻子的耐丁。耐丁成为他事业上的好帮手,在自家地下室印刷航图直至深夜。

当时,他曾提出把版权以 5 000 美元的代价卖给航空公司,但公司没有接受,拒绝了这棵“摇钱树”,航空公司后来感到后悔莫及。1941 年他全家迁到丹佛,租了房子经营他的航图,当时已经有许多航空公司订购他的产品了。

杰普森的飞行手册真正走红是在第二次世界大战期间。那时美国陆军首先向他大批订购手册,接着海军干脆和他签订长期合作的合同。在瞬息万变的

战场上，他的手册大放异彩，拯救了许多美军飞行员的性命。战后，各航空公司也正式采用了杰普森手册。

1949 年，杰普森被选为美国十大杰出飞行员之一。1954 年，他告别蓝天，提前退出飞行，专门从事航图出版工作，把业余制图变成一门生意，一项日臻完善的事业。至此，杰普森的小笔记本成为《杰普森航路手册》。1961 年公司年销售额达到 500 万美元。

1957 年，为了更好地服务于日益增长的东半球顾客的需求，杰普森在德国法兰克福设置了办事处，雇佣大量职员处理有关欧洲、非洲、中东、南亚、中国和俄罗斯等地区的航图和导航数据。

1961 年，杰普森将公司卖给《时代镜报》出版公司，但依然担任公司董事会主席 27 年。

今天，杰普森在科罗拉多州首府丹佛市盖的公司大楼中，完整地保存着全世界几百万千米的航路图，8 000 多个机场的详细情况，全套的美国气象资料以及雷达和电子助航设备资料。几百名员工用现代化手段，迅速地处理来自世界各地的最新信息。每年有 500 万份航图从这座大楼发送到全世界各地。这里，每周都出版最新的修正活页。这本手册仍然是全球商业和私人飞行员必备的标准航行资料。杰普森航图的使用大大减少了航空运输飞行事故。杰普森还帮助美国统一了仪表进近程序，并建立了联邦航空局飞行数据中心。杰普森对国际民航所做的其他贡献还有出版第一部甚高频全向信标进近图及区域导航进近图。

竖立在丹佛机场的杰普森雕像

1971 年 11 月 16 日，美国联邦航空局向他颁发了一枚杰出服务功绩勋章。发奖仪式上，联邦航空局局长谢佛称赞他是“全世界测绘机场的先躯，历史上为天空画像的第一人”、“全世界飞行员最好的朋友”。1995 年 9 月 28 日，国际民航组织将国际民用航空领域最高荣誉奖——29 届爱德华·沃纳奖授予杰普森机长，以表彰其对国际民航，特别是空中航行的发展所做出的杰出贡献。

1996 年 11 月 26 日，杰普森逝世，享年 89 岁。

后　记

名人是人类社会的重要角色和突出代表，是在某一时期或某一领域发挥过重要作用、产生过重大影响的著名人物。在航空领域也不例外，自飞机诞生以来的100年里，从早期的航空先驱到当代的科学家、发明家、设计师、飞行家和企业家，他们共同为推动航空技术的发展做出了卓越的贡献。

用现在的眼光看，1903年莱特兄弟成功试飞的第一架飞机简陋无比。它的主要材料是木材和蒙布，只有少量金属骨架，发动机是自己动手制造的8.8千瓦四缸汽油发动机。第一次飞行只持续了12秒，飞行距离36.6米，这个距离只比今天波音747半个机身长一点。

100年后的今天，飞机的面貌从外形到内部系统都已今非昔比。飞机的结构再不像早期那样松松垮垮；空气动力效率大大提高；各种操纵面能控制飞机按人的要求准确地完成不同的机动动作；装2台发动机就足够完成过去需要4台、6台、甚至8台发动机才能完成的任务；军用机不再是简单的目视射击或投掷炸弹的平台，先进的武器系统使飞机在各种气象条件下攻击精度大大提高；在运输机上摆几排藤椅给旅客乘坐的时代早就过去了，现代飞机的舒适性大大提高，飞行中，乘客可以看电视、听音乐，可以和全球各地保持通信联络；飞行员的工作强度也大大减轻，靠座舱里各种电子设备的帮助，甚至“大撒把”也能平安到达目的地。这一切都是人类在短短100年里，依靠科技进步实现的，其中包含着本书介绍的所有科学家、发明家、设计师、飞行家和企业家为之付出的心血。

本书介绍了各类著名航空人物共82位，这远远不是全部。所介绍的人物中，属于航空先驱和历史人物的居多，原因不难理解：在航空发展早期，个人作用更加突出；他们的事迹已成定论，有较多的素材。另外，本书是全套丛书中的一个分册，为避免各分册内容的过多重复，有些人物若在其他分册中已有介绍，本册就不再单独列篇了。

高山仰止。本册中所介绍的每位人物，都在某一个方面对航空发展，从而对人类文明的进步做出了自己的贡献。每一个人身后都蕴藏着一部感人至深的故事。每个人物有不同的经历，在不同的领域有自己的追求，最后在不同的地方创造出令人赞叹的辉煌业绩。读完全书，犹如看到他们的音容笑貌，听到他们的言谈举止，感受到他们的理想、信念、胸怀和情操。每位读者从他们的奋斗经历中，从他们追求卓越的精神和他们把握机遇的能力中，无疑会受到深刻的启迪，从而在做人、做学问、做事业方面获得教益。

需要说明的是，限于每册书的篇幅，对每位人物只能简明扼要地介绍其主要事迹。读者如果需要对其中一些人物做更深入的了解，可以进一步阅读其他专著和个人传记。另外，书中部分图片由于诸多原因，无法在出版前征得著作权人的同意，所以请图片作者直接与出版社联系。

今年是飞机发明100周年，知名航空媒体——美国《航空周刊和航天技术》目前正在举办世界航空名人评选活动，从众多候选人中将评出100位对世界航空技术进步贡献最大的人物。评选结果将在今年6月法国巴黎航展期间公布。届时，将会有更多涉及人物的文献、资料公诸于世，对于热衷航空人物的读者来说，无疑是一个领略、学习的好机会。

王钟强

2003年8月于北京